全国高等教育自学考试指定教材
法律专业(本科)

票 据 法
(2007年版)

(附:票据法自学考试大纲)

全国高等教育自学考试指导委员会 组编

主 编 傅鼎生
撰稿人 王跃龙 张 驰 傅鼎生

图书在版编目(CIP)数据

票据法:附票据法自学考试大纲:2007 年版/傅鼎生主编.
—3 版.—北京:北京大学出版社,2007.3
(全国高等教育自学考试指定教材)
ISBN 978 - 7 - 301 - 03919 - 9

Ⅰ.票… Ⅱ.傅… Ⅲ.票据法 - 中国 - 高等教育 - 自学考试 - 教材　Ⅳ.D922.287

中国版本图书馆 CIP 数据核字(2007)第 022480 号

书　　名:票据法(2007 年版)
　　　　　PIAOJUFA
著作责任者:傅鼎生　主编
责 任 编 辑:周 菲
标 准 书 号:ISBN 978 - 7 - 301 - 03919 - 9/D·0400
出 版 发 行:北京大学出版社
地　　　址:北京市海淀区成府路 205 号　100871
网　　　址:http://www.pup.cn
电　　　话:邮购部 62752015　发行部 62750672　编辑部 62752027
　　　　　出版部 62754962
电 子 邮 箱:law@pup.pku.edu.cn
印　　刷　者:河北滦县鑫华书刊印刷厂
经　　销　者:新华书店
　　　　　880 毫米×1230 毫米　32 开本　11.375 印张　325 千字
　　　　　2007 年 3 月第 3 版　2024 年 4 月第 9 次印刷
定　　　价:17.00 元

未经许可,不得以任何方式复制或抄袭本书之部分或全部内容。
版权所有,侵权必究
举报电话:010 - 62752024　电子邮箱:fd@pup.pku.edu.cn

组编前言

21世纪是一个变幻莫测的世纪,是一个催人奋进的时代。科学技术飞速发展,知识更替日新月异。希望、困惑、机遇、挑战,随时随地都有可能出现在每一个社会成员的生活之中。抓住机遇,寻求发展,迎接挑战,适应变化的制胜法宝就是学习——依靠自己学习、终生学习。

作为我国高等教育组成部分的自学考试,其职责就是在高等教育这个水平上倡导自学、鼓励自学、帮助自学、推动自学,为每一个自学者铺就成才之路,组织编写供读者学习的教材就是履行这个职责的重要环节。毫无疑问,这种教材应当适合自学,应当有利于学习者掌握、了解新知识、新信息,有利于学习者增强创新意识、培养实践能力,形成自学能力,也有利于学习者学以致用、解决实际工作中所遇到的问题。具有如此特点的书,我们虽然沿用了"教材"这个概念,但它与那种仅供教师讲、学生听,教师不讲,学生不懂,以"教"为中心的教科书相比,已经在内容安排、形式体例、行文风格等方面都大不相同了。希望读者对此有所了解,以便从一开始就树立起依靠自己学习的坚定信念,不断探索适合自己的学习方法,充分利用自己已有的知识基础和实际工作经验,最大限度地发挥自己的潜能达到学习的目标。

欢迎读者提出意见和建议。

祝每一位读者自学成功。

全国高等教育自学考试指导委员会

2005年1月

目 录

第一编 序 论

第一章 票据概述 (1)
 第一节 有价证券 (1)
 第二节 票据的概念与特征 (6)
 第三节 票据的种类 (18)
 第四节 票据的沿革 (22)
 第五节 票据的性质和功能 (24)

第二章 票据法概述 (28)
 第一节 票据法的概念和特征 (28)
 第二节 票据法的基本原则 (34)
 第三节 票据法的法系、体例结构、统一运动 (39)

第二编 总 论

第三章 票据上的法律关系 (47)
 第一节 票据关系 (47)
 第二节 非票据关系 (58)

第四章 票据权利 (68)
 第一节 票据权利概述 (68)
 第二节 票据权利的取得和消灭 (73)
 第三节 票据权利的行使与保全 (82)

第五章 票据行为 (86)
 第一节 票据行为的概念与特征 (86)

第二节　票据行为的性质和种类 …………………… (95)
　　第三节　票据行为的有效条件 …………………… (98)
　　第四节　票据行为的解释 ………………………… (102)
　　第五节　票据代理 ………………………………… (103)
　　第六节　空白授权票据 …………………………… (109)
　　第七节　票据的粘单 ……………………………… (114)

第六章　票据的伪造与变造 …………………………… (116)
　　第一节　票据的伪造 ……………………………… (116)
　　第二节　票据的变造 ……………………………… (121)

第七章　票据的更改与涂销 …………………………… (125)
　　第一节　票据的更改 ……………………………… (125)
　　第二节　票据的涂销 ……………………………… (128)

第八章　票据抗辩 ……………………………………… (131)
　　第一节　票据抗辩的概述 ………………………… (131)
　　第二节　票据抗辩的限制 ………………………… (135)
　　第三节　票据抗辩的范围 ………………………… (139)

第九章　票据的丧失 …………………………………… (147)
　　第一节　票据丧失的概述 ………………………… (147)
　　第二节　我国票据丧失之救济 …………………… (149)

第十章　票据时效与票据利益偿还请求权 …………… (155)
　　第一节　票据时效 ………………………………… (155)
　　第二节　票据利益偿还请求权 …………………… (157)

第三编　分　　论

第十一章　汇票 ………………………………………… (163)
　　第一节　汇票的概念和种类 ……………………… (163)
　　第二节　出票 ……………………………………… (172)
　　第三节　背书 ……………………………………… (185)

第四节　承兑 ··· (201)
　　第五节　票据保证 ······································· (215)
　　第六节　到期日 ··· (225)
　　第七节　付款 ··· (231)
　　第八节　追索权 ··· (248)
　　第九节　复本和誊本 ··································· (266)

第十二章　本票 ··· (271)
　　第一节　本票的概述 ··································· (271)
　　第二节　本票的特殊规则 ····························· (274)
　　第三节　本票的强制执行 ····························· (283)

第十三章　支票 ··· (286)
　　第一节　支票的概述 ··································· (286)
　　第二节　支票的特殊规则 ····························· (291)
　　第三节　特种支票 ······································· (302)
　　第四节　空头支票 ······································· (306)

后记 ··· (309)

票据法自学考试大纲

（含考核目标）

出版前言 ·· (313)
Ⅰ　本课程的性质与设置目的 ····························· (315)
Ⅱ　课程内容与考核目标 ··································· (317)

第一编　序论
　　第一章　票据概述 ······································· (317)
　　第二章　票据法概述 ··································· (320)

第二编　总论
　　第三章　票据上的法律关系 ·························· (322)
　　第四章　票据权利 ······································· (324)

3

第五章　票据行为 …………………………………（326）
　　第六章　票据的伪造与变造 ………………………（329）
　　第七章　票据的更改与涂销 ………………………（331）
　　第八章　票据抗辩 …………………………………（333）
　　第九章　票据的丧失 ………………………………（335）
　　第十章　票据时效与票据利益偿还请求权 ………（337）
　第三编　分论
　　第十一章　汇票 ……………………………………（339）
　　第十二章　本票 ……………………………………（344）
　　第十三章　支票 ……………………………………（346）
Ⅲ　有关说明与实施要求 ……………………………………（348）
Ⅳ　题型示例 …………………………………………………（351）
后记 ……………………………………………………………（353）

第一编 序 论

第一章 票据概述

内容提示 本章在介绍有价证券含义和特征的基础上阐述了票据的概念和法律特征;介绍了票据的种类,分析了汇票、本票、支票的区别;介绍了票据的沿革;探讨了票据的性质,阐述了票据的功能。

第一节 有价证券

一、有价证券的概念

有价证券,是指表彰权利,具有财产价值,能成为交易客体的书面凭证。股票、债券、仓单、提单、汇票、本票、支票等均为有价证券。

有价证券具有如下特征:

(一) 有价证券是一种权利凭证

有价证券是表彰权利的凭证。它具体记载着一定的法律关系。比如,债券记载着债券发行单位与债券持有人之间的债权债务关系,其中还详细记载着债权数额和种类,以及双方当事人应享有的权利和应承担的义务。在民事生活中,有价证券的拥有者以此来彰显和证明自己所拥有的权利。

(二) 有价证券具有财产价值

有价证券属于财产性权利的凭证,所反映的权利属于财产权。如物权、债权、股权等。有价证券与权利高度结合。权利的凭证有两种,一种是仅仅作为权利的证明性文件而存在,如房地产权证、书面合同等;另一种是能成为交易对象的权利凭证,如汇票、本票、支票、提单等。两者的区别在于:前者,行使权利时不以出示权利凭证为要件,后者,行使请求权时须提示证券;前者,权利的凭证与权利可以分离,后者,权利与凭证高度结合。

(三) 不记名有价证券以占有为权属之公示方式

有价证券有记名与不记名之分。不记名有价证券以占有作为权属之公示方式。除法律另有规定,或当事人另有约定之外,有价证券的权利移转,以交付有价证券、移转占有为条件。占有不记名有价证券的,推定占有人拥有该有价证券。不记名有价证券的占有人即便对其占有的有价证券无处分权,其后手基于无权处分人对该不记名有价证券的占有外观而有偿受让该有价证券的,适用善意取得制度。

(四) 有价证券具有流通性

一般而言,财产权可以移转(法律另有规定、当事人另有约定或权利之属性本身决定权利不得移转的除外)。权利非同动产、不动产,没有有形的物质形态。财产权虽具有财产性,但其无形的特点给流转带来诸多不便。于是,有价证券作为权利的载体便应运而生。借助书面形态,权利被记载其中,便于识别,便于交易。权利证券化,证券可依据动产变动规则而移转。移转权利的,应交付有价证券,享有证券所记载之权利的,应拥有有价证券。有价证券之存在价值,在于其流通性。故而,能成为交易的客体是有价证券的一个显著特征。

虽说交易的客体为有价证券,但其本质属于证券所反映的权利,只是为帮助权利的移转而采用的形式而已。《中华人民共和国担保法》(以下简称《担保法》)规定了权利质。汇票、本票、支票、仓单、提单等有价证券可以设定质押。以这些有价证券出质的,应当将有价证券交付质权人。票据、仓单、提单的质押,实质为权利的质押。

二、有价证券的分类

根据不同的划分标准,有价证券可以分成不同的类型。

(一) 债权证券、物权证券、社员权证券

依据有价证券所表彰的权利内容的不同,有价证券可以分为债权证券、物权证券、社员权证券。

债权证券所表彰的权利为债权。例如，汇票、本票、支票、债券（包括由国家发行并由国家财政负责其本息偿还的国债、由银行及其他金融机构发行并负责还本付息的金融债、由公司发行并负责偿还本息的公司债）属于债权证券。债权证券的持有者所享有的权利为债权；证券发行者所承担的义务为债务；发行者依据证券记载的事项履行承担还本付息的债务。

物权证券所表彰的是物权。例如，仓单、提单。仓单是提取仓储物的凭证。《中华人民共和国合同法》（以下简称《合同法》）第387条规定，存货人或者仓单持有人在仓单上背书并经保管人签字或者盖章的，可以转让提取仓储物的权利。提单，是指用以证明海上货物运输合同和货物已经由承运人接受或者装船，以及承运人保证据以交付货物的单证。单证中载明的向记名人交付货物，或者按照指示人的指示交付货物，或者向提单持有人交付货物的条款，构成承运人据以交付货物的保证。依据《中华人民共和国海商法》的规定，提单的转让应当依据一定的规则。即：记名提单不得转让；指示提单经过记名背书或者空白背书转让；不记名提单无需背书即可转让。仓单、提单又属物权凭证。仓单、提单转让的，该物权证券所反映的物权随之而转让。

社员权证券所表彰的是社员权。例如，股票。股票，是指股份有限公司签发的证明股东所持股份的凭证。股份有限公司是社团法人，由作为团体成员的股东出资成立。股份有限公司的资本划分为股份，每一股金额相同。公司的股份采取股票的形式。因而，股票至少能够彰显以下内容：其一，团体之成员。股票是证明公司股东地位的凭证。记名股票将团体成员的身份记载在股票中，不记名股票之持有者被推定为股东。其二，表明股份的数量。尽管公司股份每股金额相同，但投资者对公司的投资金额不同，因此股票应当反映股东所持股份数额。其三，反映股东与股份有限公司之间的法律关系。基于彼此之间的法律关系，公司投资者享有股东权。股东权之内容主要是参与公司管理的权利、取得红利的权利，以及公司终止后分割公司财产的权利。除法律另有规定之外，股票可以转让，上市公司的股票可以上市交易。股票移转的，受让人取得公司股东的地位，享有股东权。

有价证券被划分为债权证券、物权证券、社权证券的意义在于不同的法律适用。由于不同的有价证券所反映的法律关系的不同,适用的法律也各不相同。

(二) 证权证券、设权证券

根据证券权利发生依据的不同,有价证券可以分为证权证券、设权证券。

以证明权利的有价证券为证权证券。债券、股票、仓单、提单都属于证权证券。

以创设权利的有价证券为设权证券。汇票、本票、支票都属于此类证券。设权证券所反映的权利,随有价证券的签发而创设。有价证券的签发是权利发生的依据,当然,设权证券也是权利证明的凭证。

证权证券与设权证券的区别在于,前者证明业已存在的权利,后者创设一个新的权利;前者先有权利后有有价证券,后者先有有价证券后有权利。比如,投资者基于投资行为形成公司股权,公司向投资者签发股票以证明其股权的存在。此时,股票所反映的股权并非股票签发行为所致,而是基于股东的投资行为,故为证权证券。票据则不然,票据签发后才产生票据权利,故为设权证券。

将有价证券作此区分,其意义在于明确两者所反映的法律关系。证权证券所反映的法律关系为原本已经存在的法律关系,证券的移转即原法律关系的变动。如上所述,某人出资若干成为某股份有限公司的股东,公司因此签发股票,该人将股票让与他人后,他人成为某股份有限公司的股东,股东权利移转。设权证券所反映的法律关系为新设的法律关系,并非其基础关系,证券的转让使新创设的法律关系变动,基础关系不变。比如某商店购买某房产公司房屋一套,为支付购房款而向某房产公司签发支票一张,某房产公司将支票转让给第三人后,只发生票据债权人变更之后果,而某房产公司对某商店的购房款支付请求权并不因票据的让与而转让。

(三) 完全证券、不完全证券

根据有价证券之占有与权利享有之间的关系作为划分标准,有价证券可以分为完全证券与不完全证券。

以证券之占有为享有权利之必要要件,丧失证券之占有,即失享有权利之依据,从而不能享有权利的,为完全证券。[①] 完全证券的权利凭证与该权利凭证所反映的权利高度结合,权券一体。有券即有权,有权必持券。货币是一种典型的权券一体之凭证,权与凭证不分。货币被毁灭后,相应的权利也消灭。票据是完全证券。签发票据的,应当交付票据;转让票据权利的,应当移转票据;行使票据请求权的,应当提示票据。

不是权券一体的有价证券属于不完全有价证券。不完全有价证券之权利人行使权利时不以提示证券为必要。比如,记名股东行使股权不必占有股票或提示股票。股票一旦毁损灭失,股东有权要求重新补发。

区分完全证券与不完全证券的法律意义在于,前者权利的发生、转让、行使以交付证券、移转证券、提示证券为前提条件。后者权利凭证的交付、移转是权利发生或转让的结果,权利的行使也不以提示证券为必要。

(四) 有因证券、无因证券

以证券的签发是否以原因关系为前提条件作为划分标准,有价证券可分为有因证券与无因证券。

在民事、商事活动中,民、商事主体基于一定的原因关系而签发有价证券。比如,因投资者的出资行为,公司签发股票;因买房人向卖房人支付购房款而签发票据。在众多的有价证券中,有些有价证券的效力与原因关系紧密联系,有些有价证券的效力与原因关系无关。

当事人之间的原因行为的效力能够左右有价证券签发行为效力的,该有价证券为有因证券。属于有因证券的,有价证券是否有效除了有价证券签发行为本身因素之外,还取决于原因行为是否有效。原因行为的无效或被撤销直接影响有价证券的签发效力。

当事人之间的原因行为的效力不能左右有价证券签发行为效力

---

① 曾世雄、曾陈明汝、曾宛如:《票据法论》,中国人民大学出版社2002年版,第2页。

的,该有价证券为无因证券。属于无因证券的,有价证券是否有效并不取决于原因行为的效力。原因行为的变更、解除、无效、被撤销不影响有价证券的效力。票据属于无因证券。

区分有因证券与无因证券的意义在于区分两种有价证券签发、背书等行为效力的认定依据,以及原因行为对两种有价证券签发的不同影响力。尽管任何一种有价证券的签发、背书等行为,客观上都建立在一定的原因关系基础之上,然而某些有价证券,法律基于某种目的将原因关系与有价证券的签发、背书等行为进行人为的分离,使之具有无因性。民事、商事主体在接受无因证券的转让时可以不考虑转让人取得无因证券的原因关系。

(五)记名证券、无记名证券

依有价证券是否记名,可将其分为记名证券与无记名证券。

有价证券上记载权利人姓名或名称的,为记名有价证券。有价证券上不记载权利人的姓名或名称的,为无记名有价证券。

两种证券区分的实益是,记名有价证券的转让须经背书,无记名证券的转让只需单纯交付;记名证券的权利人为有价证券中记载的最后一个被背书人,无记名证券的权利人为有价证券持有人;记名证券之权利人在行使权利时,不仅需要持有有价证券,而且权利人的身份须与有价证券中记载的权利人相吻合,无记名证券之权利人在行使权利时只需提示有价证券。

有价证券还可分:流通证券与非流通证券、金钱证券与非金钱证券、要式证券与非要式证券等等。

第二节 票据的概念与特征

一、票据的概念

票据是商品交易发展到一定阶段的产物。"票据"一词,有广义、狭义之分。广义上的票据,泛指各种有价证券,如债券、股票、仓单、提单等。狭义上的票据,仅指以支付金钱为目的的汇票、本票、支票的统称。比如,中国人民银行发行的"中央银行票据",虽也被称为票据,但其性质为投资金融债券,而不是票据法所规定的票据。①

票据法所称之票据,为狭义上的票据。本书所谓之票据,也为狭义上的票据。

不少采纳日内瓦统一票据立法模式的国家②,将汇票、本票、支票分别规定于两个法律文件中,因而这些国家的票据立法中不可能抽象出票据的法律定义。然而,在将三种票据规定在一个法律文件的国家立法中,也没有对汇票、本票、支票进行抽象后下一定义。《中华人民共和国票据法》(以下简称《票据法》)仅在第2条第2款表述:"本法所称票据,是指汇票、本票和支票。"揭示票据的定义,不能求诸法律,而应委之于学说。

通说认为,票据是指出票人签发的,约定自己或委托他人于到期日无条件按票载金额向收款人或持票人付款的有价证券。

上述定义表明:

(1) 票据是一种有价证券。票据是一种权利凭证,反映一定的权利,属于债权凭证,并具有流通性可以上市交易,成为交易的客体。

(2) 票据所反映的权利为金钱债权。票据权利以权利人受领金钱给付、请求票据债务人金钱给付为内容。权利人只有按票载金额得到金钱,其权利才实现。因而,提示付款是票据债权人的基本权利;在票据上签章的票据债务人必须按照票据上记载的金额付款或担保付款。我国《票据法》第4条第1款规定:"票据出票人制作票据,应当按照……所记载的事项承担票据责任。"第3款规定:"其他票据债务人在票据上签章的,按照票据所记载的事项承担票据责任。"票据法所称票据责任,是指票据债务人向持票人支付票据金额

---

① 中国人民银行公开市场业务操作室于2006年7月12日发布编号为[2006]第47号《中央银行票据发行公告》中载明中国人民银行将于2006年7月13日发行2006年第49期中央银行票据。中国证券监督管理委员会、财政部、中国人民银行、中国保险监督管理委员会等均将中央银行票据定性为债券。参见2005年7月1日生效的《证券投资者保护基金管理办法》、2005年8月17日生效的《保险机构投资者债券投资管理办法》(保监发[2005]72号)。

② 为谋求各国票据制度的趋同,以适应不断发展的国际贸易的需要,1930年法国、德国等三十多个国家在日内瓦召开了国际票据统一会议,近三十个国家签署了《日内瓦汇票本票统一公约》,次年签署了《日内瓦支票统一公约》。

的义务。

（3）票据是由自然人、法人或其他组织签发的有价证券。签发票据的自然人、法人、其他组织被称为出票人。我国票据制度就某些票据的签发主体资格作了一定的限制。银行汇票、本票只能由银行签发；签发支票的出票人，是在经中国人民银行当地分支行批准办理支票业务的银行机构开立可以使用支票的存款账户的自然人、法人、其他组织。

（4）票据是一种无条件付款的约定或委托。票据的付款人可以是出票人自己，也可以是他人。本票，是约定自己付款的票据；汇票、支票是委托他人付款的票据。在我国，银行汇票、银行本票都属于约定自己付款的票据。票据付款不得附条件，否则就严重影响了交易的确定性。

（5）票据有明确的付款时间。票据的付款时间，即票据债务的履行时间。除法律另有规定以外，票据的付款时间反映在票据上，票据上没有记载的被推定为于见票时作为付款时间。

二、票据的特征

（一）票据是一种设权证券

票据所反映的权利由票据行为所创设，是票据形成后新产生的权利，不是在票据形成前已有的权利。票据的这一特征便将它与证权证券区别开了。证权证券在形成前，该证券所反映的权利已经存在。比如，提单所反映的权利属于在运货物的所有权。提单签发前，当事人对提单项下的财物已经取得了所有权，提单的签发并未产生新的所有权。票据则不然，票据签发前当事人不存在票据权利，票据权利随票据的签发而产生。票据的签发虽然基于一定的债权债务关系（比如，买受人欠出卖人货款若干，因而向出卖人签发票据一张），然而票据签发所产生并表明的权利不是原债权债务关系中的权利。

票据的这一特征也将它与其他反映债权的权利凭证区别开了。下文以借据为例说明两者的区别。某甲向某乙借钱若干，出借据一张。此时，借据的出具仅仅发生权利证明之作用，借据所反映的债权因双方的借贷合同所生，为合同债权。倘若某甲向某乙借钱后某甲没有向某乙出具借据,而是向某乙签发票据一张,允许某乙于还款日凭票据取还所出借的钱款,则所产生的法律后果与出具借据之情形截然不同。此时,某乙拥有的权利不仅仅是借款合同项下的合同权利,还包括因票据行为所生的票据权利。换言之,某乙有两个权利,一个是合同债权,另一个是票据债权。因为票据的签发是创设新权利的行为,该票据所反映的权利不是合同债权而是票据债权。

基于票据的设权性和无因性(关于票据无因性问题,容后详说),票据权利的发生不求诸票据基础关系。票据基础关系中的权利义务的消灭,不消灭票据权利义务关系。票据债务人履行了其在基础关系中的义务后,票据债权人仍向票据债务人行使票据权利的,可产生两种后果:其一,票据债权人若与票据债务人有直接债权债务关系的,票据债务人可以基础关系中的债权债务关系业已消灭为由进行抗辩,拒绝履行票据义务。其二,票据债权人若与票据债务人没有直接基础关系的,票据债务人不得以自己与票据债权人前手之间的抗辩事由对抗票据债权人,应当向票据债权人履行票据义务。

票据的设权性是票据流通的需要。票据作为信用工具在流通中充分发挥作用。为助长和促进票据的流通,必须简化票据转让手续、确保交易安全。这便要求票据权利同票据凭证合为一体。只要移转权利凭证便能发生票据权利转让的效力,不必以基础关系中的债权转让作为票据权利移转的前提。于是,票据的转让变得简便快捷,票据的受让人在取得票据过程中只要无主观恶意及支付了相应的代价,便可以取得票据权利。票据权利和票据凭证的一体性,必须以票据的设权性为前提。

(二)票据是一种完全证券

票据是完全证券,具有权券一体性。票据权利和反映票据权利的凭证不能分离。票据的权券一体性与货币的权券一体性极为相似。因而,票据签发的,必须交付票据;票据权利人转让票据权利的,须交付票据;票据权利人向票据债务人行使票据权利的,必须出示票据;票据债务人履行票据债务后,持票人应将票据缴还给履行付款义务的票据债务人。

基于票据的权券一体性,持有票据的,被推定为拥有票据权利①;票据提示承兑的,付款人应当向持票人签发收到汇票的回单;票据被他人不法取得的,可要求不法占有人返还票据②;为防止票据不法取得者转让票据,可依法对票据采取保全措施或者执行措施③。

票据之所以为完全证券,是因为票据是一种信用工具。票据的信用功能在流通中被体现。票据的流通要求票据交易的安全,以及票据交易的迅捷。在票据交易中,不能要求票据受让人对票据转让人是否拥有票据权利进行实质性审查,否则不利于市场经济的发展。

(三) 票据是一种无因证券

票据签发、背书、承兑、保证等往往基于一定的原因关系,诸如因买卖、运输、承揽、保管、租赁等交易关系中的货款、运费、加工费、保管费、租金支付义务而签发或转让票据。比如,某学校向某书店购买图书一千本,因而向某书店签发票载金额二万的支票一张。此案中,学校与书店的买卖关系是学校签发支票给书店的原因。然而,原因关系的无效、被撤销不影响票据的效力。这就是票据的无因性。

任何一个具有民事行为能力的民事主体都不会无缘无故地实施票据行为,票据的签发、背书、保证、承兑都是基于一定的原因。因而,就生活逻辑、市场行为逻辑而言,一定的原因关系是票据行为发生的前提或基础,但是,立法者基于维护交易安全、促进交易发展的立法政策考虑硬将原因关系与票据关系割裂,确立票据的无因性,从而使票据关系的建立不依赖于原因关系,也使票据行为不因原因关系的无效而无效,不因原因关系的被撤销而被撤销。

在经济生活中,人们为使交易快捷,在票据的转让过程中很少顾及,或者根本不去关心对方所交付的票据是否基于合法、有效的原因而取得,在客观上也没有能力去获取这一信息。随着经济的发展,信

---

① 根据《最高人民法院关于审理票据纠纷案件若干问题的规定》,向人民法院提起诉讼行使票据权利的应当提供诉争票据(第9条第2款)。这意味着,持有票据的被推定享有票据权利。这一点与动产占有制度原理相同。

② 《最高人民法院关于审理票据纠纷案件若干问题的规定》第37条规定:"失票人为行使票据所有权,向非持有票据人请求返还票据的,人民法院应当依法受理。"

③ 《最高人民法院关于审理票据纠纷案件若干问题的规定》第8条规定的票据保全制度说明了这一点。

用交易已成为一种主要的交易形式。票据作为一种信用工具在信用交易中又扮演了重要的角色。票据的信用功能必须建立在安全的基础上,这就需要尽可能地规避交易风险。因票据的无效而使票据权利不能实现的情形是一种主要商业风险。规避这一风险,加强商业信用力度的措施是增强票据的外观效力。具体地说,法律仅依据票据的外观定其效力。只要票据外观符合法律的要求,就应认定该票据有效,除能证明持票人恶意外,就应认定持票人享有权利。这样,商事主体在取得票据时只需要审核票据的外观,无需了解票据以外的事情。另外,票据的兑现是取得票据的终极目的,它通过票据债务人的付款行为来实现。当一张票据进入流通领域后,付款人便无从知道持票人为何人,更不知道持票人基于何种原因取得票据。当持票人向付款人提示付款时,付款人所能了解的仅仅是票据是否真实、有效及持票人的身份,至于持票人基于何种原因取得票据则无从了解,付款人只能凭借票据的外观确定其效力。因而不应当以票据原因关系之有无或是否有效来左右票据行为的效力,进而认定票据的效力。

票据若作为一种信用工具,票据行为的效力只能依其本身予以确认,而不问其是否有因、基于何因,也不问其原因关系是否有效、是否被撤销。

时下,各国票据制度,无论是大陆法系的票据制度还是英美法系的票据制度均肯定了票据的无因性。我国《票据法》对票据的无因性持一定的保留态度。我国《票据法》颁布前,调整票据关系的规范性文件是中国人民银行1988年《银行结算办法》(现已废止)。《银行结算办法》明确规定,票据的取得必须具有合法的商品交易关系。这表明在当时票据是有因的。我国《票据法》颁布后,票据制度虽然没有沿用《银行结算办法》的规定,但仍对票据的无因性持一定的保留态度。我国《票据法》第10条第1款规定:"票据的签发、取得和转让,应当遵循诚实信用的原则,具有真实的交易关系和债权债务关系。"同法第21条规定:"汇票的出票人必须与付款人具有真实的委托付款关系,并且具有支付汇票金额的可靠资金来源。不得签发无对价的汇票用以骗取银行或者其他票据当事人的资金。"这些规定在一定程度上限制了票据的流通,与其他助长票据流通的规则(如依票付款规则、抗辩切断规则)难以协调。我国《票据法》对票据无因性的态度,说明了票据法着眼于我国目前的经济生活。我国的市场经济正处于起步阶段,现时的经济生活中存在着大量的不规范状态,票据意识和观念还未完全形成,商业信用现象也不够乐观,利用票据骗取财物、资金的情形屡有发生。因此,票据法明确规定票据关系应建立在真实的交易关系之上。这是转型时期的规则,将来可以通过修改票据法对票据的无因性作出明确的规定。

然而,通观我国《票据法》的各项规定,我国票据制度并不断然否定无因性。我国《票据法》规定,持票人依照票据法的规定提示付款的,付款人必须在当日足额付款,付款人在付款时应当审查票据背书的连续,并审查提示付款人的合法身份证明或者有效证件[①];还规定,票据债务人不得因自己与出票人之间或者与持票人前手的抗辩事由拒绝承担票据责任。[②] 这些规定表明,票据付款人于票据付款时没有义务审查持票人所得票据是否建立在真实的交易关系之上;持票人在提示付款时也没有义务向付款人提供其票据取得的原因。一旦发生票据纠纷,如果票据的签发、承兑、背书转让、交付不涉嫌欺诈、偷盗、胁迫、恐吓、暴力等非法行为的,持票人通过诉讼途径请求票据债务人承担票据责任时,无须就自己在取得票据时所依赖的交易关系或债权债务进行举证。《最高人民法院关于审理票据纠纷案件若干问题的规定》第9条规定:票据诉讼的举证责任由提出主张的一方当事人承担;向人民法院提起诉讼的持票人有责任提供诉争证据。上述规则均是票据无因性的体现。

可以认为,我国票据无因性已形成这样一个特点:票据关系当事人如为直接前后手关系(如,某甲签发票据一张给某乙,某乙将该票据背书转让给某丙,某丙再让与某丁,以此类推至某戊、至某己,在这一票据链关系中,某甲与某乙、某乙与某丙、某丙与某丁、某丁与某戊、某戊与某己均为票据关系当事人直接前后手关系),则票据不强

---

① 参见《中华人民共和国票据法》第54条、第57条。
② 参见《中华人民共和国票据法》第13条。

调无因性;票据关系当事人如非为直接前后手关系(如前例中某甲与某丙,某甲与某丁,某甲与某戊,某甲与某己),其票据关系效力的认定以票据无因性为准则。《最高人民法院关于审理票据纠纷案件若干问题的规定》第 14 条规定:"票据债务人以票据法第十条、第二十一条的规定为由,对业经背书转让的持票人进行抗辩的,人民法院不予支持。"无因性规则的确立,旨在维护交易安全。

(四) 票据是一种要式证券、文义证券

经济规律告诉我们,在同一时间内交易越频繁所获得的利润越高。商事主体在利益的驱动下力求频繁的交易,整个社会经济也希望在高速运转的经济关系中不断快速发展和繁荣。商事主体,以及客观的经济活动要求交易敏捷。为实现交易迅捷,商事交易必须定型化,包括交易客体定型化、交易型态定型化和交易程序定型化。票据交易的定型化主要表现在交易客体的定型化和交易程序的定型化。

票据交易客体的定型化表现在两个方面:其一,票据权利的证券化。权利证券化,证券动产化是交易发展必然。票据交易的客体是一种无形的权利,为使其在交易中能迅速被辨认,具备有型的外观以便交易,法律要求其以凭证的形态表现出来,使权利证券化。其二,票据凭证的可识别性。"票据是用来替代通用货币进行支付的,在此意义上,票据如同金钱。"[①]为使公众便于辨认和识别证券,法律又对票据应具备的格式作了明确规定,使之划一,使之成为定型,"甚至票据用纸的规格、颜色等都有具体而又详细的规定"[②]。比如,我国《票据法》第 108 条规定:"汇票、本票、支票的格式应当统一。票据凭证的格式和印制管理办法,由中国人民银行规定。"中国人民银行《票据管理实施办法》第 35 条规定:"票据的格式、联次、颜色、规格及防伪技术要求和印制,由中国人民银行制定。中国人民银行在确定票据格式时,可以根据少数民族地区和外国驻华使领馆的实际需要,在票据格式中增加少数民族文字或外国文字。"中国人民银行

[①] 刘心稳:《票据法》,中国政法大学出版社 2002 年版,第 5 页。
[②] 同上。

《支付结算办法》第256条第1款和第2款规定:"银行汇票、商业汇票由中国人民银行总行统一格式、联次、颜色、规格,并在中国人民银行总行批准的印制厂印制。由各家银行总行组织定货和管理。银行本票支票由中国人民银行总行统一格式、联次、颜色规格,并在中国人民银行总行批准的印制厂印制,由中国人民银行各省、自治区、直辖市、计划单列市分行负责组织各商业银行定货和管理。"

票据交易的程序,是票据签发、背书、承兑、保证等票据行为的运作程序。票据债务人在实施这些行为时,必须依照法律规定的方式进行,并符合法定的形式要件。商事交易需要迅捷,更需要安全。为确保安全,票据法对票据交易进行了一系列干预,使票据法带有公法色彩。其主要表现是对票据行为的形式进行干预。各国票据法均对票据的记载事项作了严格的要求,凡票据中欠缺绝对必要记载事项的,该票据无效。我国《票据法》亦然,法律不仅对票据的绝对必要记载事项作了明确的规定,而且对某些事项应如何记载也进行了严格规范。比如,我国《票据法》第8条规定:"票据金额以中文大写和数码同时记载,二者必须一致,二者不一致的,票据无效。"

以上票据格式的统一、票据记载事项的法定无不说明票据的要式性。票据的要式性是加速票据流转、确保票据交易安全的需要。

票据是一种按票载文义确定效力的证券。即便票据上所作记载与实际情况不一致,仍应按票载文义定其效力。之所以确立这一规则,是基于维护交易安全的需要。否则,交易当事人将蒙受不测损害。除法律另有规定外,票据债务人不得以票据记载事项与真实情形不一致来对抗持票人。比如,某甲欠某乙货款1千元,签发票据一张给某乙,在票据金额的记载中甲错写为1万元,某乙将该票据背书给某丙。当某丙要求某甲承担1万元的票款给付责任时,某甲不得以该票据记载错误来对抗某丙。

(五)票据是一种流通证券

票据从先前的主要用于银钱输送,演变为主要作为信用工具后,票据的流通性便成为票据的主要特征。商事主体在暂无资金的情形下,通过票据的签发和转让做成了一笔又一笔交易,建立了一组又一组商事关系。比如,某培训中心在暑期内为装饰教室与教学场所与某装饰装潢企业签订一份承揽合同,培训中心向装饰装潢企业签发一张3个月后到期的商业汇票。装饰装潢企业为购买装潢所需的建材,与原材料供货商签订买卖合同,并将该汇票背书转让给供货商,用以货款的结算。原材料供货商为支付租金将该汇票再度背书转让,由房屋出租人持有票据。房屋出租人于汇票到期日向汇票债务人提示付款,培训中心向票据权利人履行了票据义务。票据的签发与背书促进了交易。票据对经济社会的作用和价值在其流通中得到了充分的体现。票据的流通,是市场经济的需要,各国票据制度无不鼓励、促进票据的流通。美国甚至将票据直接称为"流通证券",调整票据关系的法律被称为"流通证券法"。

为助长票据流通,各国票据制度对票据权利转让及相关方面的规定均有别于其他民事权利的转让规定。

1. 票据权利的转让与设质,无须告知义务人,无须办理批准、登记手续,更无须经义务人同意。债权的转让则不同,各国法律规定,当事人转让债权的,应通知义务人[1]。《中华人民共和国民法通则》(以下简称《民法通则》)第91条规定:"合同一方将合同的权利、义务全部或者部分转让给第三人的,应当取得合同另一方的同意,并不得牟利。依照法律规定应当由国家批准的合同,需经原批准机关批准。但是,法律另有规定或者原合同另有约定的除外。"合同权利的让与须经义务人同意的规则是中国计划经济的产物。我国进行经济体制改革,由计划经济转为市场经济后,合同权利的转让不再需要经过合同义务人同意,但是,某些合同权利的转让仍须办理批准、登记手续。《合同法》第80条第1款规定:"债权人转让权利的,应当通知债务人。未经通知,该转让对债务人不发生效力。"第87条规定:"法律、行政法规规定转让权利或者移转义务应当办理批准、登记等手续的,依照其规定。"

票据权利虽然属于债权,但票据债权转让的这一特点,对于加速票据流通、鼓励票据交易具有积极的意义。如果票据权利的每一次

---

[1] 参见《法国民法典》第1690条;《德国民法典》第107条、第408条、第409条;《日本民法典》第467条、第468条;《意大利民法典》第1264条;《瑞士债法典》第167条。

转让也都须通知义务人,或者经有关机关批准、登记,则将极大障碍票据交易。例如,支票属于见票即付的票据,我国《票据法》规定的支票提示付款的时间只有 10 天,倘若支票背书转让须通知债务人或办理批准、登记手续,那么意味着支票不能背书转让。

将债权转让事由通知债务人的目的在于使债务人明白债权人是谁,以保障债权受让人的利益。如果债权转让未通知债务人的,债务人因不知情而向原债权人为给付的,债务人的债务因清偿而消灭。票据是一种完全证券,票据权利的转让以交付票据为要件,票据权利的行使以提示票据为要件。提示的过程,即通知的过程,使票据债务人明白谁是票据权利人。票据的提示行为,有两个意义,一是向票据债务人表明谁是票据权利人,二是告知票据债务人票据转让之事实。票据债务人可以通过票据上的记载掌握权利之状态和权利转让情形。票据请求权的行使方式,使票据债权每次让渡无须通知票据债务人。

2. 其他民事权利在转让时权利的瑕疵一并让与,票据权利的有偿转让使权利瑕疵被涤除。债权的让与,债务人可以基于对原权利人的抗辩事由对抗权利受让人。我国《合同法》第 82 条规定:"债务人接到债权转让通知后,债务人对让与人的抗辩,可以向受让人主张。"法律之所以如此规定,是基于如下两个理由:其一,由于权利是转让的对象,故而出让之权利与受让之权利应当同一;其二,不能因权利的转让而损害债务人的利益。票据权利的转让则不然,法律以社会为本位,注重交易安全,在票据权利的让渡规则中,权利受让人不继受转让人权利的瑕疵。比如,某甲在某乙的胁迫下不得已向某乙签发票据一张。某乙将该票据背书转让给善意并付出合理代价的某丙。根据我国《票据法》的规定,某甲不能因为自己进行的票据行为是受胁迫所致而拒绝履行对某丙的票据债务。此项规则保障了票据转让中的安全,对鼓励票据交易、增进流转具有积极的意义。

3. 在一般债权转让中,我国现行法律并未规定债权让与人对于债权受让人负担保之责,票据权利的转让人应当担保票据的承兑或付款。一般债权受让人受让权利后,若义务人因破产、无清偿能力而无力履行义务时,除当事人另有约定外,不能要求转让人承担责任。

比如,某甲购买某乙房屋一套,而欠某乙购房款若干,某乙对某甲享有金钱债权。某乙为履行对某丙的租金债务将对某甲的债权让与某丙。某乙与某丙租金之债因代物清偿而消灭。某丙享有对某甲的债权后,可无须某乙协助而径直向债务人某甲行使权利。某甲因破产而无清偿能力时,某丙不能再要求某乙就某甲未清偿部分履行债务。票据转让则不然。票据经背书转让后,背书人应对票据的承兑或付款负担保之责。比如,张三签发一张以自己为付款人的汇票给李四,据此李四对张三拥有票据债权,李四因欠王五的钱款而将该票据背书转让给王五,以代物清偿欠王五的金钱之债。王五因此而享有对张三的票据债权。倘若张三没有清偿能力,王五有权要求李四承担票据责任。因为,票据权利转让的,转让人应当担保票据的承兑或付款。一张票据背书次数越多,其担保力越强,持票人所受风险就越小。这有利于票据权利的转让。

值得一提的是,票据背书不连续,后者权利难以保障,转让人无担保承兑、担保付款的责任。因为只有在票据上签章的人才承担票据责任。以单纯交付方式转让票据的,票据权利人并没有被记载在票据上,票据债权人若未被记载于票据凭证,则不能通过背书的方式转让票据权利。未在票据上背书的,也就不可能在票据上为背书签章,故而,尽管权利人转让的权利属于票据债权,只要不是以背书方式转让的,仍不承担担保责任。

4. 其他民事权利因权利人与义务人归于一人而消灭,票据权利人与义务人同为一人时,票据权利不因此消灭。一张票据背书给票据债务人后,虽然票据债务人与票据债权人同为一人,仍不发生民法上"债因混同而消灭"的后果。法律之所以作如此规定,在于该票据仍有转让的可能。应允许持有该票据的票据债权人将该票据再行转让。比如,某甲签发一张本票给某乙,某乙将该票据背书转让给某丙,某丙又将该票据背书转让给某丁,某丁将该票据背书转让给某甲。此时,某甲既是票据债权人,又是票据债务人,然而,某甲的票据债权债务关系不因集于一人而消灭,某甲有权将该票据再度背书转让。某甲将该票据让与某戊,使某戊取得对某甲的票据债权。值得一提的是,取得票据债权的方式尚有票据签发行为。缘何不让票据

17

债权因混同而消灭,当事人重新签发票据创设票据权利,而要让票据权利不因混同而消灭,允许当事人转让票据权利?因为原票据继续转让给持票人与签发新票据给收款人(受款人)①不同。前者,承担票据责任的债务人为在原票据中一切实施过签章行为的人,后者,承担票据责任的债务人仅仅为出票人。就上述例子而言,某甲将该票据通过背书让与某戊后,某戊的票据债务人为某甲、某乙、某丙、某丁;某甲重新签发一张票据给某戊,某戊的票据债务人为某甲一人。作为某戊,更愿意接受背书转让的票据而不是重新签发的票据。

票据债务不因权利人和义务人同属一人而消灭的制度,对于促进票据交易,助长票据流通意义重大。

票据除上述特征外,还有其他一些特征,例如,票据是一种金钱债权证券,该证券所表彰的权利以金钱给付为内容;票据是一种交付证券,权利的签发和权利的转让都应当交付证券,权利的行使也应当交付证券;票据是一种缴还证券,票据债务人履行票据债务的,有权要求票据债权人缴还票据。

票据的上述法律特征有着内在的联系。比如,正因为票据具有设权性,才使票据具备权券一体性;正因为票据的无因性,才使票据的流通性得以表现。

第三节 票据的种类

一、票据学理上的分类

以票据由自己付款还是委托他人付款为划分标准,票据可以分为预约证券和委托证券。

出票人约定自己于到期日无条件地按票载金额付款的,为预约证券。比如,某银行向某公司签发一张票据,约定自己在见到票据时

---

① 学理上均使用"受款人"一语,我国《票据法》及其司法解释、相关行政法规、政府规章等文件都使用"收款人"一语,司法实践、票据实务也使用"收款人"一语。为表示对现行法律和实践的尊重,本书从之,除引用他人著作外,凡涉及票据关系当事人的,均表述为"收款人",而不是"受款人"。

承担票据付款责任。本票属预约证券。

出票人委托他人于到期日无条件地按票载金额付款的,为委托证券。比如,某公司向收款人签发一张票据,委托银行付款。收款人于到期日向银行提示付款。汇票、支票属委托证券。

以票据的功能作为划分标准,票据可以分为信用证券和支付证券。

票据主要作为信用工具的,为信用证券。本票、汇票属信用证券。本票、汇票之所以被认为是信用证券,是因为本票、汇票到期日比较长,往往被称之为远期票据。到期日越远,付款之承诺与承诺的兑现时间距离越远。承诺是一种信用,故而,本票、汇票是一种信用证券。我国《票据法》虽将本票限定为见票即付的票据,但是与我国的支票相比,其提示付款的时间为2个月以内,比支票长。

票据主要功能为金钱之支付,人们将它主要作为支付工具的,为支付证券。支票属支付证券。支票是一种见票即付的票据。在我国,支票出票后应当在10日内提示付款。

以票据的到期日为划分标准,票据可以分为远期票据和即期票据。

以将来某一期日届至为付款日的,属远期票据。汇票的付款日有四种:(1)出票人在票据签发时明确记载何年何月何日付款的"定日付款";(2)出票人在票据签发时明确记载付款日为出票后的一定期限的"出票后定期付款";(3)出票人在票据签发时记载收款人或持票人于提示承兑后一定期限付款的"见票后定期付款";(4)见到票据就应当即付款的"见票即付"。定日付款的汇票、出票后或见票后定期付款的汇票属于远期票据。各国票据制度还将定日付款的本票、出票后或见票后定期付款的本票也称为远期票据。

见票即付的票据属即期票据。比如,见票即付的汇票、本票、支票。我国《票据法》规定,本票、支票都是即期票据。

二、票据法律上的分类

法律上的分类则依票据法的规定。各国票据法对票据分类规定不尽一致。法国、德国、日本在票据立法上采取"三票二法"制,这些国家所称票据仅指汇票与本票,不包括支票。支票则属另一种证券,由支票法调整。英国票据法将票据分为汇票、本票两种,支票包含在汇票之中。英国认为"支票是以银行为付款人的凭票即付的汇票"。① 英国虽然制定了支票法,但仅有8条,就其内容而言,与法国、德国、日本的支票法截然不同,仅仅是对1882年英国票据法的补充。

我国《票据法》将票据分为汇票、本票、支票三种。汇票属于委托他人付款的票据。本票属于约定自己付款的票据。支票属于委托银行等金融机构付款的票据。

汇票、本票、支票具有如下区别:

(一)票据关系基本当事人不同。汇票关系的基本当事人为三人,即出票人、付款人、收款人。本票关系的基本当事人为两人,即出票人②、收款人。支票关系的基本当事人为三人,即出票人、付款人、收款人。

(二)付款主体不同。汇票是出票人委托第三人付款的票据,付款主体是第三人。有时,被委托的第三人就是出票人自己,然此时的出票人具有双重身份,既是出票人又是付款人。本票是出票人约定自己付款的票据。付款主体是出票人。支票是出票人委托第三人付款的票据。该第三人仅仅限于银行或其他金融机构。我国票据制度中,本票的出票人仅限于银行。

(三)付款承诺制之有无不同。由于汇票委托他人付款需要他人同意,所以汇票有承兑制度。本票之付款由出票人自任,故无承兑制度。支票是出票人委托金融机构用自己在该机构的存款付款,故也无承兑制度。

(四)票据责任承担者不同。在汇票的基本关系中,于付款人承兑前,票据责任的承担者是出票人;在付款人承兑后,承兑人是先序责任承担者,出票人是后序责任承担者。在本票、支票的基本关系中,票据责任的承担者是出票人。

---

① 《英国票据法》第73条。除另有注明外,本书外国票据法的相关内容均引自余振龙、姚念慈主编:《国外票据法》,上海社会科学出版社1991年版。

② 在本票关系中,出票人同时又是付款人。

（五）保证制度之有无不同。汇票、本票有票据保证制度,当事人可以在汇票或本票上进行票据保证行为。支票无保证制度。

（六）到期日不同。多数国家的票据法中,均规定汇票、本票有四种类型的到期日:定日付款、出票后定期付款、见票后定期付款、见票即付;支票法规定的到期日只有见票即付一种。我国《票据法》规定,汇票的到期日有四种,本票和支票的到期日只有见票即付一种。

（七）提示付款的限期不同。汇票、本票提示付款的期间比支票提示付款的期间长。我国《票据法》规定,见票即付汇票的提示付款期间为出票日起1个月内,本票提示付款期间为出票日起2个月内,支票提示付款期间为出票日起10天内。

（八）票据权利时效期间不同。我国《票据法》第17条规定,持票人对汇票出票人的权利,自票据到期日起2年不行使而消灭;持票人对见票即付的汇票、本票出票人的权利,自出票日起2年不行使而消灭;持票人对支票出票人的权利,自出票日起6个月不行使而消灭。

（九）记载事项与方式不同。汇票、本票、支票各有不同的记载要求和方法。比如,支票有划线记载方式,被称为划线支票,汇票和本票都没有划线记载方式。在我国,出票人可以签发空白支票,但不能签发空白汇票或空白本票。

（十）可能存在的票据关系当事人不同。汇票关系可能出现的当事人有:(1) 出票人;(2) 付款人;(3) 收款人;(4) 承兑人;(5) 参加承兑人;(6) 被参加承兑人;(7) 参加付款人;(8) 被参加付款人;(9) 保证人;(10) 被保证人;(11) 背书人;(12) 被背书人;(13) 预备付款人;(14) 担当付款人(代理付款人);(15) 持票人。本票关系可能出现的当事人有:(1) 出票人;(2) 收款人;(3) 参加付款人;(4) 被参加付款人;(5) 保证人;(6) 被保证人;(7) 背书人;(8) 被背书人;(9) 预备付款人;(10) 担当付款人(代理付款人);(11) 持票人。支票关系可能出现的当事人有:(1) 出票人;(2) 付款人;(3) 收款人;(4) 背书人;(5) 被背书人;(6) 持票人。

应当明确的是,我国《票据法》无参加承兑和参加付款制度,出票时在票据上记载"预备付款人"的,不具有票据上的效力,因而,我国票据关系可能出现的当事人中不包含"参加承兑人"、"被参加承兑人"、"参加付款人"、"被参加付款人"、"预备付款人"。三种票据关系中,可能出现的当事人之区别可参见以下图示。

	出票人	付款人	收款人	承兑人
汇票	有	有	有	有
本票	有	出票人付款	有	无
支票	有	有	有	无

	代理付款人	保证人、被保证人	背书人、被背书人	持票人
汇票	有	有	有	有
本票	有	有	有	有
支票	无	无	有	有

第四节　票据的沿革

一般认为,"票据之发生,起源于 12 世纪意大利兑换商所发行之兑换证书"。①12 世纪,地中海沿岸的城邦商事发达,贸易繁荣,各城邦之间贸易的频繁造成异地输送金钱及货币兑换的需要。由于交通的不便及金钱的笨重,异地交易中携带现金颇为困难,并伴有极大的风险。还因各地货币种类不一,一国的货币进入他国后须兑换成另一国货币,从而造成交易的烦琐与不便,加之一些城邦国对一定种类的货币进出本国国境的限制,使贸易受到阻碍。为了避免金钱输送的困难,为了简化交易手续,为了绕过贸易障碍,便产生了货币汇兑和汇款事业。专营货币兑换的商人同时也经营汇款事务。兑换商在某地收受商人现金后,给予目的地付款的凭证,商人在目的地以此凭证请求兑换商在目的地的分支机构支付现金。比如,商人欲去异地交易,将金钱交给当地的兑换商,兑换商给付商人兑换证书,该商人到另一地后将兑换证书交给兑换商在该地的分支机构或代理机构换取该地的金钱。从兑换证书的运作方式来看,欧洲 12 世纪的兑换证书是近现代本票的雏形。

---

① 张国键:《商事法论》,台湾三民书局 1980 年修订版,第 365 页。

随着商品交换的日益频繁,异地汇款数量与日俱增,至13世纪,原本与兑换证书合并使用的付款委托证书发生独立的效力。商人凭兑换商签发的付款委托书请求异地付款人付款。兑换商对其签发的付款委托书负担保之责。近现代汇票起源于此。"15世纪,法国各地市场贸易已臻繁荣,商人群集于市,购买货物,定期交易,多交付票据以代现金之给付,兑换商每于交易市场代商人为票据上金钱之换算","承兑、保证、参加及拒绝证书等制度,均发生于此时间。"①

16世纪出现了背书制度,票据成为可以转让的流通证券。票据的流通,使票据功能从先前的汇兑作用发展到信用作用,票据的性质也产生了质的变化。它不再是一种金钱输送和兑换的工具,而是一种信用工具。

多数学者认为,支票起源于荷兰。17世纪中叶传至英国。英国的富商将巨额款项存入金钱买卖业的金银佃工商人。受款的商人向富商签发收据。该收据为无记名凭证,富商凭收据取款,受款的商人见票即付。以后基于种种原因,收受存款的商人在收到存款时向存款人交付存折,内附空白提款凭证若干。存款人于需要时在提款凭证上作必要的填写后去收受存款的商人处取款。

根据史籍资料,我国于唐代便有称为"飞钱"、"贴"的票据。当时,各地商人异地交易颇盛,往来频繁,交通的不便和钱币的沉重给商人携款外出交易带来极大的不便和困难,于是出现了以券代币,以"飞钱"为形态的凭证。商人将钱币交付富户换取"飞钱",携券轻装奔往异地,而后收受"飞钱"的一方再从富户那里凭券取款。唐代商人为图交易便利也将金钱财物交于专事银币金钱业务的柜坊保管,并委托其依凭证付款。商人在交易中向交易相对方发行一种以"贴"为形态的取款凭证,载明收款人名称、金额、日期、签发凭证者的签名。接受凭证的人凭借该证向为发证人保管金钱业务的柜坊请求付款,柜坊则及时依照凭证上所载明的金额代发证人付款。若发证人所存金钱低于凭证上所载明的金钱数额的,柜坊可以拒绝付款。至宋代,出现了"便钱"、"交子"。朝廷设"便钱务"从事便钱兑付事

---

① 梁宇贤:《票据法新论》,1994年4月自版,第7页。

务。商人前往异地进行贸易时将现金交付本地的便钱务取得便钱前往异地,便钱务则命各地机构向持便钱者支付现金。"交子"业务起源于民间。为避免钱币携带不便,由从事金钱保管业务的商人设立"交子铺",向商人发行交子,商人携交子去异地,从异地的交子铺兑换现金。后因经营交子业务的商人的衰败,信用锐减,危险增加,交子业务遂由官方接替。朝廷设交子务,并发行官方交子,禁止民间交子的发放。[①]

第五节 票据的性质和功能

一、票据的性质

中外票据的发展史表明,票据最初为银钱输送工具。随着经济的发展,商品的交换日趋繁杂,票据交易的频繁使票据成为一种信用工具。

自最初的物物互易到后来的以货币为媒介的钱货交易,凡属于现物买卖、即时交割的交易活动,人们无需对自己利益的实现有更多的担心。因为除了可能出现的商品瑕疵外,双方利益的互换在同时进行,"一手交钱,一手交货",交易双方谁都不拖欠,也不用担心对方在接受自己利益时不作出相应的给付。

经济的发展使交易形态由低级走向高级,商事主体为了更多地获利,决不盲目地从事生产活动,他们把市场需求作为组织生产的依据。各种订货活动成为明确需求的良好方法。于是,"订单"便成了企业编制计划的依据。另外,"负债经营"成了一种有效的经营方式。商事主体在资金量受到限制的情况下运用"负债经营"方式扩大生产规模。于是,远期货物买卖便应运而生。一方给付另一方现实利益时所得到的仅仅是另一方关于若干时间后给予回报的承诺。此时,交易双方利益的互换便出现了时间上的分离,出现了双方利益的不平衡。现时的不平衡可以于日后弥补。弥补的方式是兑现承

---

① 张国键:《商事法论》,台湾三民书局1980年修订版,第364页。

诺,这种有所"欠"的承诺便成了一种"信用"。交易双方产生了信用关系。

然而,诺言本身无保障力,一方的期待利益的实现还需要借助法律之力。于是,维系双方信用关系,确保双方期待利益实现的债的法律制度便应运而生。法律赋予权利人请求义务人为一定行为或不为一定行为,并有权受领义务人所为之给付的法律之力。当义务人不依约或依法为特定给付时,权利人有权要求法院采取强制措施。债是一种"信用",该信用由法律保障实现,即为一种"可期待之信用"。① 债的内容是一方请求另一方兑现"许诺"的权利。该权利属于财产权。但它与物权不同,权利客体不是有形的现实的物质资料,而是一种无形的期待利益。它只有在债务人履行义务后才能转化为现实利益。完成这一转化需要一定的时间。

为了获取更大的利润,商事主体不能坐待履行期的届至,于是便出现了权利的转让。权利人通过第三方的介入将期待利益移转,自己则从第三方换取现实利益。第三方可能因某种需求或理由,如法炮制其前手的做法,再将该权利移转给后手。如此,权利便进入流通领域。

权利的无形性给权利的流通带来极大的不便,于是,以证券为权利载体的现象便应运而生。作为权利载体的证券使权利具有外观。直观的权利使权利的移转更为形象、方便,更具有可信赖性。

票据权利是一种金钱债权,票据作为金钱债权的载体使票据权利的流通成为可能。如前所述,债是一种可期待的信用,那么,票据的性质则是这种商业信用的工具。票据的这一性质在流通中被表现得淋漓尽致。

二、票据的功能

(一) 汇兑功能

在异地交易中,票据具有汇兑作用。一地的当事人需要将一定量的货币交付另一地的交易相对人,或者携款去另一地进行交易活

---

① 杨振山:《社会主义初级阶段理论与我国民法学》,载于《中国法学》1988 年第 5 期。

动,他可以将现金交付给当地的银行要求银行签发汇票,委托另一地的银行代理付款。交易当事人亦可自己签发票据委托与自己有资金关系的在另一地的第三人付款。通过票据运作,交易当事人可以使金钱简洁、方便、迅速、安全地到达另一地,从而使票据具有汇款的功能。在国际交往中,一国的货币往往需要兑换成另一国的货币。票据的上述运作,又解决了货币兑换问题。因此,票据又具有货币兑换功能。

票据的汇兑功能是票据最初的功能,或者说是票据最原始的功能。由于它能安全输送金钱和兑换货币,操作简便、快捷,因而该功能一直沿用至今。我国的银行汇票充分体现了该项功能。

(二) 支付功能

商事活动存在着大量的支付情形。在频繁的交易关系中,支付成为经济生活中必不可少的内容。现物交易需要支付,远期货物买卖也需要支付,证券交易、期货交易离不开支付。然而,商事活动中不能都用现金支付,因为现金支付存在着关于现金保管、清点、运输、交接等麻烦和不可克服的困难。它与商事交易中简洁、迅速、安全、确定的理念相去甚远,票据的签发和背书能替代现金的支付。一方需要向另一方支付一定数额的金钱时,只需签发一张转账支票,收款人便可以凭该支票向出票人的开户行提示付款,出票人的开户行便按票载金额从出票人的账户中将金钱划出,通过收款人的开户行转入收款人的账上。这样通过票据的运作,就避免了现金携带、保管、清点、交接的麻烦,并能准确、及时地完成支付。

(三) 信用功能

债是可期待的信用,它确认让渡商品与实现价值存在时间差距。在现代商品交易活动中,信用交易大量存在,一方在向对方提供商品或服务后不能同时获得现金支付,而只能得到债权,即可期待的信用。这种信用利益的无形性以及难以期前以金钱形式实现,使得人们不愿接受信用,以这种信用为客体而交易也不为人们所接受。于是信用的交易需要依托某种载体表现出来。票据则是这一信用的载体。交易当事人在获得相对人给付的实物、金钱、劳务等利益后向相对人交付到期日明确、金额确定、无条件支付金钱的票据。收款人获得票据后既可以等待到期日届至通过票据权利的行使取得现金利益,也可以将票据转让换取受让人的对价利益,还可以贴现提前将其转化为现金。票据的信用功能极大地促进了商业信用的发展。票据的信用功能的形成虽然迟于汇兑功能的形成,但在商品经济中成为票据的主要功能,对促进商品经济的发展具有积极的意义。

（四）融资功能

票据的融资功能是其信用功能的必然演绎。出票人不仅可以通过签发票据的方式从交易相对人处换取实物、劳务等物质利益,而且还可以通过签发票据的方式从交易相对人处换取金钱利益。票据持有人可通过有偿转让票据权利的方式实现资金的周转,也可以持票向银行申请贴现获取现金。

（五）抵销功能

票据具有抵销功能。异地交易给金钱的支付带来诸多不便,票据的运作将克服这一弊端。比如,A地某甲欠B地某乙货款100万元,B地某丙欠A地某丁运费100万。某甲可签发一张委托某丙付款的汇票给某乙,某丙可签发一张委托某甲付款的汇票给某丁。某甲欠某乙的钱由某丙来还,某丙欠某丁的钱由某甲来还。债主与还债人都在同一地点,解决了异地支付的不便。再如,甲国的A因购买乙国的B原材料而应当向乙国的B支付一定量的货币,乙国的C因购买甲国的A商品应当向甲国的A支付一定量的货币。如果价值相等,则甲国的A可以签发一张付款人为乙国C的汇票给乙国的B。乙国的B可以向乙国的C提示付款。乙国的C付款后甲国的A与乙国的B之间的债权债务关系消灭,甲国的A与乙国的C之间的债权债务关系也消灭。此种抵销避免了两国不同货币的兑换之繁。

思考题

1. 何谓有价证券？有哪些特征？
2. 简述划分有价证券种类的意义。
3. 简述票据概念。
4. 票据与其他有价证券有哪些区别？
5. 我国《票据法》上的票据种类有哪些？不同种类的票据有什么主要区别？
6. 试析票据的性质与主要功能。

第二章 票据法概述

内容提示 本章叙述了票据法的基本概念,揭示并分析了票据法的法律特征;阐述了票据制度关于票据交易迅捷、票据交易确定、票据交易安全、票据交易公平的基本原则;介绍了法国票据法系、德国票据法系、英国票据法系;阐述了票据法的体例结构;介绍了票据法的国际统一运动。

第一节 票据法的概念和特征

一、票据法的概念

票据法是关于票据的专门立法。关于票据法的定义,学者的表述虽然不尽一致,但内容基本相同。谢怀栻先生将票据法定义为"规定票据制度以及票据上的法律关系的法律"。[①] 王小能教授认为:"票据法,是以票据关系为规定对象的法律规范。"[②] 刘心稳先生认为:"票据法是调整票据关系的法律规范的总称。"[③] 杨忠孝先生将票据法定义为:"是以规范票据关系为对象的商事法,是规定票据种类、签发、转让、付款和票据当事人的权利、义务等内容的法律规范的总称。"[④] 赵新华先生认为:票据法是指"专门的有关票据的法律规定"[⑤]。台湾学者梁宇贤等认为:"票据法有广狭二义。狭义票据法,系指专以规律票据关系之固有法规。"[⑥]

上述学者关于票据法之定义有两类。多数学者认为,票据法是

[①] 谢怀栻:《票据法概论》,法律出版社1990年版,第24页。
[②] 王小能:《票据法教程》,北京大学出版社1994年版,第1页。
[③] 刘心稳:《票据法》,中国政法大学出版社2002年版,第40页。
[④] 杨忠孝:《票据法论》,立信会计出版社2001年版,第17页。
[⑤] 赵新华:《票据法》,吉林人民出版社1996年版,第25页。
[⑥] 梁宇贤:《票据法新论》,台湾1994年4月自版,第1页。

规范票据关系的法律。尽管有学者(如杨忠孝先生)具体描绘了票据法的内容,但是仍局限在票据法所调整的对象为票据关系。个别学者(如赵新华先生)并没有将票据法的规范对象仅仅局限在票据关系,但是,票据法规范的对象究竟是什么,该定义没有揭示。

正确定义票据法,应当揭示票据法调整的对象。各国票据法或票据制度无一例外地将规范对象确定为:(1) 票据关系;(2) 在票据运作中所形成的非票据关系。

票据关系是平等主体之间的财产关系。票据关系的建立、变更、消灭基于当事人的意愿,当事人在实施票据的签发、背书、保证、承兑、参加承兑等票据行为时是自愿的。票据关系当事人之间在经济利益上主要是等价有偿的。除因接受赠与、接受奖励、财产继承、税收、法人的合并等原因外,票据的取得均给付对价。

在票据运作中所形成的非票据关系虽然不是由票据行为引起的,但它却与票据行为有牵连;它虽然不以支付票据钱款为内容,却对保障持票人获得票据钱款、平衡双方当事人的利益、维护票据交易安全具有积极的意义。它与票据关系有着紧密的联系。诸如,票据及票据复本、誊本的返还可以使票据债务人在为票据钱款给付行为后取得持票人的地位,防止票据落入他人之手;票据复本、誊本的签发,有助于促进票据的流通和防止因票据的灭失而丧失向付款人请求付款的地位;票据利益的偿还能平衡票据当事人的利益;汇票回单的签发能证明票据在提示承兑后持票人的地位。票据运作中所形成的非票据关系亦为平等主体间的财产关系。该财产关系的形成并非直接依据当事人的意愿,而是稳定票据关系、平衡双方利益的客观需要。票据运作中形成的非票据关系经票据法调整便上升为以权利义务为内容的法律关系,学理上称其为"票据法上的非票据关系"。其权利义务并非依当事人的意志而设立,而是直接基于法律的规定,属于票据法上的权利和义务。

据此,无论是将票据法定义为仅仅规范票据关系的法律,还是在定义票据法时不揭示其调整对象,都没有正确、完整地反映事物的全部,都缺乏对概念的内涵和外延确切的说明。

票据法是指调整票据关系及票据运作中形成的非票据关系的法

律规范的总称。

在我国,票据法有实质意义的票据法和形式意义的票据法之分。实质意义的票据法是指规范票据关系和票据运作中与票据关系相关的非票据关系的一切规范。形式意义的票据法仅指1995年5月10日第八届全国人民代表大会常务委员会第十三次会议通过,同日由中华人民共和国主席令第49号公布,1996年1月1日起施行的《中华人民共和国票据法》。本书所谓票据法是指实质意义的票据法,如指形式意义的票据法,以书名号标明。现实中,调整票据关系的法律不仅包括形式意义的票据法,还包括其他相应的规则。《最高人民法院关于审理票据纠纷案件若干问题的规定》第63条明定:"人民法院审理票据纠纷案件,适用票据法的规定;票据法没有规定的,适用《中华人民共和国民法通则》、《中华人民共和国合同法》、《中华人民共和国担保法》等民商事法律以及国务院制定的行政法规。中国人民银行制定并公布施行的有关政府规章与法律、行政法规不抵触的,可以参照适用。"时下中国人民银行制定并公布的有关政府规章主要有:《中国人民银行关于施行〈中华人民共和国票据法〉有关问题的通知》(1995年12月7日发布)、《票据管理实施办法》(1997年8月21日颁布,同年10月10日施行)、《支付结算办法》(1997年9月19日颁布,1997年12月1日施行)、《商业汇票承兑、贴现与再贴现管理暂行办法》(1997年5月22日颁布并施行)。

二、票据法的特征

票据法具有以下法律特征:

(一)票据法具有强行性

法律规范有授权性规范和义务性规范。授权性规范给予当事人权利。当事人可以行使权利,也可以放弃权利,还可以不行使权利。因而,人们往往将授权性规范称为"任意性规范"。比如,我国《合同法》规定,除法律另有规定外合同可以用口头、书面、其他方式签订。这意味着关于合同的形式,当事人有权按照自己的意志确定。义务性规范为当事人确定义务,当事人必须履行。因而,人们往往将义务性规范称为"强行规则",或"强制性规范"。比如,我国《合同法》规定,租期为 6 个月以上的租赁,必须采用书面方式订立,否则为不定期租赁。

票据法属于商法的一种。为使商事交易纳入有序的轨道,保证交易安全,商事法律制度必须具有强行性。票据是一种流通证券。为确保流通安全,规避流通风险,维护流通秩序,票据法中的不少规则是强制性规则。

票据的流转本质上是票据权利的流转。在票据权利流转规则中,票据权利的内容应当反映在票据外观上,使权利受让人能在短时间内知晓权利的内容、义务的承担者、使之毫无顾虑地接受权利,促进权利的让渡。实现这一目的,必然通过强行规则要求票据行为实施人必须按照要求在票据上作出必要的记载,否则,该票据行为无效。比如,我国《票据法》以及《最高人民法院关于审理票据纠纷案件若干问题的规定》规定,票据保证必须在票据上进行,并按照要求作出相应的记载,否则,票据保证行为无效。这一规定使票据权利有无保证人担保、提供担保的主体是何人、被保证人是谁、担保力度多大等信息跃然票据凭证上,在票据受让中一目了然,具有极强的识别性,对于票据受让人而言意义重大。

票据法的强行性并非对私法自治的否定。票据行为属于民事法律行为的一种,民事法律行为制度是私法自治的集中体现。依据私法自治原则,行为人具有是否实施民事法律行为的自由、实施何种民事法律行为的自由、以什么方式实施民事法律行为的自由,以及决定行为内容的自由。但是,当行为人选择了进行票据行为时,这些自由都受到一定的限制。因为绝对的自由将会给交易带来不安全因素,因而,票据交易行为受法律限制。值得一提的是,各国法制仅仅规定当事人在实施票据行为时应当受到强行法的限制,而不要求当事人必须实施票据行为;当事人未依照票据制度的规定实施票据行为的,该行为无效,如果该行为符合其他行为要求,当事人愿意接受其他行为后果的,则依其他行为发生效力。现以上述票据保证行为为例进一步说明之。《最高人民法院关于审理票据纠纷若干问题的规定》第 62 条明定:"保证人未在票据或者粘单上记载'保证'字样而另行签订保证合同或者保证条款的,不属于票据保证,人民法院应当适用

《中华人民共和国担保法》的有关规定。"换言之,实施票据保证行为必须严格按照票据法的规定,否则不发生票据保证行为的效力,这就是票据法的强行性,但是,如果该行为符合担保法的要件,则属于民法上的保证,依民法上的保证发生效力。学理上将此种规则称为"无效行为转换"规则。无效行为的转换在票据运作中并非无意义。在直接前后手之间,被转换为其他关系可以作为直接抗辩的理由。例如,某甲因欠某乙债款若干而签发汇票一张给某乙,某乙将该票据背书转让给某丙用以履行租金支付义务。某乙在将该票据于背书转让前,为表示免除某甲的欠款债务,而在票据上作"免除某甲票据责任"的记载。由于我国《票据法》未规定票据涂销制度,该涂销之记载没有票据上的效力。某丙要求某甲承担票据责任的,某甲不得以票据上的上述记载而抗辩。如某丙向某乙追索后,某乙向某甲进行再追索时,某甲有权以票据基础关系业已消灭为理由而进行抗辩。因为,上述记载虽不发生票据上的效力,却可以转换为免除基础关系中债务的行为,发生基础关系债务消灭的后果。

（二）票据法具有技术性

"票据是商业发展过程中用以替代货币支付、货币汇兑、资金信用而创造出来的一种商业工具,票据法是对这种精巧的商业工具的法律化。"[1]由于这种商事交易的严密,体现了精湛交易技术,因而作为规范该交易的规则也具有极强的技术性。票据法对票据的签发、背书、承兑、付款等规则作了严密而又详尽的规定,使票据的运作纳入有序而严谨的轨道,以保证票据的付款,确保票据在流转和使用中的安全。例如,我国《票据法》规定票据代理人在实施票据代理行为时必须在票据上记载被代理人的名称、表明代理之旨意、由代理人签章。再如,票据的金额记载必须中文大写和数码同时记载,二者必须一致,二者不一致的,票据无效。这些规定充分显现了票据法的技术性。

票据法的技术性并不否定票据法的道德意义。比如,各国票据法规定的"票据利益偿还请求权"制度,便是依民法诚信原则确立

---

[1] 杨忠孝：《票据法论》,立信会计出版社2001年版,第19页。

的。我国《票据法》明确规定,票据的签发、取得和转让应遵循诚实信用的原则,还规定以欺诈、偷盗或者胁迫等手段取得票据的,或者明知有前列情形,出于恶意取得票据的,不享有票据权利。此处所述技术性是相对民法、刑法等法律而显现的特性。

(三) 票据法具有应变性

票据法所调整的对象是票据关系,以及诸如利益偿还、票据缴还、汇票回单的签发等虽不以票据权利义务为内容但却与票据运作有着紧密联系的社会关系。票据法所调整的社会关系是市场经济条件下的交易关系。市场交易的方式、内容和形态在不时地发生变化,它随着商品经济的发达而发展,由低级到高级以适应社会经济发展的需要。票据交易也是如此。为了适应处于不断变化的票据交易,作为调整票据交易关系,规范票据交易活动的交易规则也应当随之而改变。因而,与时俱进是票据法的一个显著特征。它既不能滞后于现行交易,也不能过于超前现行交易,必须合乎现实的交易状况。学理上将票据法的应变性称为票据法的先进性。法国票据制度的嬗变充分说明了这一点。法国票据制度是法国商法典的组成部分。当时的法国票据是作为银钱输送工具而存在,因而票据并非无因证券。票据基础关系与票据关系有紧密的联系,票据基础关系无效或被撤销直接影响票据关系。随着商品经济的发展,这种票据制度显然不能适应社会发展的需要。因而,法国票据制度改变了票据主要功能,票据作为信用工具,属于无因证券。时下法国的票据制度与法国革命胜利后的票据制度有重大区别。

(四) 票据法具有二元性

票据法是综合性法律,它具有二元性。票据法的二元性主要表现在以下各方面:

票据法在性质上为私法,但有公法色彩。票据法以保护主体个人权益(即私益)为目的,所调整的对象是平等主体之间的关系。票据法为私法。为了维护交易秩序,确保交易安全,票据法虽然以私法条款为核心,但又有一些公法性质的条款。诸如我国《票据法》关于禁止签发空头支票的规定、关于伪造或变造票据实施欺诈行为应承担行政责任或刑事责任的规定、关于金融机构工作人员在票据业务中玩忽职守应承担的责任规定等。

票据法为任意性规范,却又含有强行性规范。票据法主要调整票据关系。票据关系由票据行为引起。票据行为属法律行为的一种,以意思表示为要素。因此,票据法充分尊重当事人的意志,允许当事人自主地设定票据义务。为使票据权利义务确定,维护票据交易安全,票据法又有强制性规定。例如,票据的签发、背书、承兑、保证不得附条件,票据的记载必须符合法律的规定等。

票据法是实体法,但又有程序性规定。票据的运作注重程序,票据权利的取得必须依法定程式。票据权利的行使与保全也应按严格的程序进行,否则,票据权利会因保全手续不当而消灭。比如,持票人不获承兑时可以向前手行使追索权。行使追索权的,应制作拒绝证书。拒绝证书应于规定的期限内作成。拒绝证书作成后,应在规定的期限内向前手通知不获承兑的事实。① 持票人未制作拒绝证书的不得行使追索权。② 持票人未向前手发出退票通知的,票据债务人的责任被解除。③ 票据丧失后,所采取的补救措施具有严格的程序规则(此容后详说)。

票据法是国内法,但包含着国际统一性规则。④ 一国的票据法仅适用于本国领域,故为国内法。然而,随着国际贸易的发展,票据的国际流通日益增多,不同国家票据法日趋统一。票据法是国际上统一程度最高的一种法律。⑤ 我国虽未加入关于票据规则的国际公约,但是我国的票据规则中有不少与国家公约的规定相一致。

第二节 票据法的基本原则

票据法的基本原则是票据关系的本质、票据活动客观规律,以及立法者在票据活动领域中所行政策的集中反映,是票据立法准则,是

---

① 《日内瓦汇票本票统一公约》第43条、第44条、第45条。
② 《日内瓦汇票本票统一公约》第44条。
③ 《英国票据法》第48条。
④ 姜建初:《票据原理与票据法比较》,法律出版社1994年版,第11页。
⑤ 赵威:《票据权利研究》,法律出版社1997年版,第21页。

效力贯穿票据法始终的根本性规则,是票据运作的行为准则和司法准则。

一、票据交易迅捷原则

在同一时间内,交易次数越多,所获利润越高;单位资金,周转频率越高,利润越丰厚。商事主体以营利为目的力求频繁地从事交易活动,实现利益最大化,整个社会也希冀在高速运作的交易和流转中使社会经济发展和繁荣。"时间就是金钱",速度就是效益。商事主体,以及客观的经济活动要求交易迅捷。这一要求必然反映在调整商事交易关系的规则中,成为商法的基本原则。票据交易属于商事交易的一种,票据交易的客观规律要求票据流转迅捷,票据交易迅捷自然成为票据法的基本原则。

实现票据交易迅捷,首先要使交易方式简便。为使票据交易简便,我国票据制度要求票据行为实施者在进行票据行为时按要求在预先印制的填充式文本进行填写,对不善作文者言,可不受写作之困扰。为使票据交易简便,《日内瓦汇票本票统一公约》以及依照该公约而制定本国票据制度的公约成员国的票据制度中均规定了"单纯交付"转让票据权利的方式。① 在一定的条件下,票据权利人直接将票据交付给后手,便完成了票据权利的转让。

实现票据交易迅捷,还须使交易形态定型化、交易客体定型化、交易程序定型化。

票据交易形态定型化表现在交易模式的法定。各国法律规定的票据交易模式有票据的签发、背书、单纯交付转让票据权利、承兑、参加承兑、保证、付款、参加付款。我国《票据法》规定的票据交易模式有票据的签发、背书、承兑、保证、付款。交易模式的法定性意味着当事人不得超出规定创造新的交易模式。之所以坚持交易方式的定型化,是因为行为人创造法律规定外的模式进行票据交易,票据权利的受让人因难以识别和理解前手权利取得的依据,不敢接受票据或需

---

① 《日内瓦汇票本票统一公约》第 14 条第 2 款第 3 项;《德国票据法》第 14 条第 2 款第 3 项;《日本票据法》第 14 条第 2 款第 3 项。

花费大量的时间去认识前手票据权利的取得原因。这极大障碍了票据交易。

票据交易客体的定型化,是指票据的记载必须符合法律的规定,即票据记载事项的法定性。大陆法系的多数国家都要求行为人在票据上载明票据的种类等。① 我国《票据法》还规定,汇票、本票、支票的格式应当统一。统一票据格式的目的与在票据上表明票据种类的意图别无二致,都是为了便于票据的识别。我国票据统一格式,意味着票据按照统一样式印制,使之更具有识别性。增加票据的识别性对于票据的迅捷流转具有积极意义。

交易程序的定型化,即交易程序的法定性。为促进交易迅捷,票据制度要求票据关系当事人按照法律确定的程序活动,按照法律确定的程序行使权利、履行义务。比如票据权利的行使,有严格的先后次序。追索权的行使,只有在付款提示遭到拒绝后才能进行。

二、票据交易确定原则

票据交易的迅捷必然要求交易各方权利义务关系的明确,不允许使权利义务处于不确定状态。票据交易确定是票据流转的需要。试想,倘若票据权利处于不确定状态,其如何得以流转。尽管附条件的权利也可以成为让与的对象,但是其终究不能多次流转。一种效力不确定的民事权利在市场上流转是不可思议的。权利义务的不确定状态与票据的信用工具之本质格格不入,故此,各国票据法均以票据的确定性为立法原则。

为使票据交易确定,票据法采纳了短期时效制度。票据时效为消灭时效。"时效制度之设,在于尊重久已继续之事实状态,即在于社会秩序之维持。一般真正权利人得基于权利推翻现存的事实关系,回复以前之权利关系,然此事实苟久已存在,社会皆信其为真,维持其关系,又可以维持社会之安全。"②消灭时效制度的存在理由在

---

① 《日内瓦汇票本票统一公约》第 1 条、第 75 条,《日内瓦支票统一公约》第 1 条;《德国票据法》第 1 条、第 75 条,《德国支票法》第 1 条;《日本票据法》第 1 条、第 75 条,《日本支票法》第 1 条。

② 史尚宽:《民法总论》,台湾 1970 年 11 月自版,第 561 页。

于稳定一定的事实状态关系。"尊重现存秩序,维护法律平和"①,票据关系当事人往往是商事主体,商事关系的发生、变更、消灭更为频繁。票据权利人不行使权利的事实状态经历一定的时间后,将给社会成员造成票据债务人没有票据债务的外观。以此现状为基础而建立的种种商事法律关系一旦被推翻,不利于交易秩序的稳定和交易安全的确立。因此票据权利消灭时效期间比民事权利消灭时效期间更短。

票据交易的确定性还表现为票据行为没有效力待定制度,以及票据行为不得附条件。

三、票据交易安全原则

利益的驱动能刺激交易和生产,但为了一己私利而损害他人利益又会妨害票据交易和经济的发展。商事交易的利己主义、交易的迅捷与简便会给商事交易带来诸多不安全因素。诸如,商事活动中的失信行为、欺诈行为。另一方面,商事交易中本身存在着风险。交易量越大风险越大,利润越高风险也越高。随着社会分工的日益精细,商事主体之间的联系越来越紧密,彼此的依赖日趋加强。因交易不安全或交易风险问题使交易主体之一破产,将会产生多米诺骨牌效应,引起连锁反应,最终影响整个社会经济。故此,各国商事立法无不以交易安全为己任,确立种种交易安全制度,以维护交易秩序,使交易繁荣与发展。否则,交易迅捷、交易确定将毫无意义。

为确保交易安全,国家通过立法对票据交易行为进行了一系列干预,使票据法带有明显的公法色彩。比如,票据法规定了票据的种类、票据行为的种类,规定了票据行为的形式,对票据行为的内容作出了一定的限制。值得一提的是,关于票据行为内容的限制不仅有记载事项下限规定,而且还有记载事项的上限规定。前者如我国《票据法》第 22 条之规定,该法条要求汇票必须记载表明"汇票"的字样、无条件支付的委托等七项记载,否者,汇票无效;后者如我国《票据法》第 24 条之规定,即汇票上记载《票据法》规定以外的其他

---

① 王泽鉴:《民法总论》,中国政法大学出版社 2001 年版,第 516 页。

出票事项的,该记载事项不具有票据上的效力。

为确保安全,关于票据行为的内容之确定采取文义主义,票据记载事项与客观事实不一致的,依照记载确定效力。关于票据事项的记载之形式和更改采取严格控制。比如,我国《票据法》第8条规定:"票据金额以中文大写和数码同时记载,两者必须一致,两者不一致的,票据无效。"我国《票据法》第9条第1款和第2款规定:"票据上的记载事项必须符合本法规定。票据金额、日期、收款人名称不得更改,更改的票据无效。"

为确保安全,票据制度要求在票据上签章的人承担票据责任。在票据上签章意味着实施票据行为,为确保票据的兑现,票据行为人应当承担票据承兑和付款的担保责任。票据在转让过程中,票据之受让人通过对票据上的签章来评价其安全性和信用度。"凡在票据上签章的人都得承担票据责任"已成为票据规则。

为确保安全,票据规则采用严格责任制度。为规避风险,票据之债务人承担连带责任;票据保证之保证人为两人以上的,承担连带保证责任,票据保证人无检索抗辩权。我国《票据法》还规定,出票人不得签发空头支票,否则,要承担行政责任和民事责任,利用票据进行犯罪的,得承担刑事责任。

四、票据交易公平原则

交易公平,是商事主体的普遍愿望,是票据交易规律的客观要求。票据关系当事人主要表现为商事主体。商事主体以营利为目的,无不以最小的投资谋求最大的利润。商事主体的利己性将不可避免地引发一些利益熏心、践踏公平的不当行为。为维护自由竞争与公平竞争,商事法律必须建立交易公平原则。交易公平既包括形式上的公平,也包括实质上的公平。

在票据交易中,形式上的公平强调票据关系当事人地位平等。平等是手段不是目的,目的在于票据交易自由,私法自治。我国《票据法》第12条第1款规定:"以欺诈、偷盗或者胁迫等手段取得票据的,或者明知有前列情形,出于恶意取得票据的,不得享有票据权利。"形式上的公平注重程序,票据法以公平为出发点确立了票据运作程序。票据的签发、转让、承兑、保证、付款、票据利益的追索等等必须按照程序运作,否则,不能产生行为人所追求的法律后果。票据交易中实质上的公平在于公平的交易结果。为维护票据交易的安全,为助长票据流通和鼓励票据交易,各国票据制度确定了票据行为无因性规则,然而,"在授受票据的直接当事人之间,票据原因关系的效力直接影响他们之间票据关系的效力"①。实质上的公平还表现在:票据无对价取得的,所处地位不优于前手的规定,以及允许票据债务人对恶意的持票人进行抗辩。②

除上述票据交易迅捷、票据交易确定、票据交易安全、票据交易公平原则之外,诚实信用、民事权利受保护、遵守国家法律、行政法规、不损害社会公共利益等民商法的基本原则也是票据法的基本原则。为了突出票据法的特点,本书仅就票据法特有的基本原则展开阐述。

第三节 票据法的法系、体例结构、统一运动

一、票据法的法系

由于各国法律文化的特点及政治、经济条件的差异,19世纪末世界各国票据立法形成了三大法系,即法国法系、英国法系和德国法系。

(一) 法国法系

法国最早的票据法是路易十四于1673年颁布的《陆上商事条例》中第五章及第六章关于票据的法律规定。③ 1807年的《法国商法典》第一编第八章规定了票据制度,该章中只规定了汇票和本票。1865年,法国制定了支票法。法国的商法典和支票法共同担负起调整汇票、本票、支票关系的重任,两法各司其职,彼此独立。

---

① 于莹:《论票据的无因性原则极其相对性——票据无因性原则"射程距离"之思考》,载《吉林大学社会科学学报》2003年第3期。
② 详见《中华人民共和国票据法》第11条第1款、第13条第1款之规定。
③ 赵威:《票据权利研究》,法律出版社1997年版,第25页。

法国票据制度的特点是：注重票据的支付作用和银钱输送功能，未将其作为信用工具与流通工具；票据关系与基础关系不可分离，基础关系的无效、被撤销直接影响票据关系。

法国票据制度在19世纪初风靡欧洲，许多欧洲大陆国家，如比利时、荷兰、西班牙及美洲拉丁语系各国皆受其影响，形成法国法系。

然而，随着社会的发展，法国法系已不适应商品经济的发展。1935年10月30日，法国根据《日内瓦汇票本票统一公约》及《日内瓦支票公约》对法国商法典中的票据制度及支票法进行了修改，确认了票据关系的无因性。许多曾属于法国法系的国家亦纷纷改弦易辙，向德国法系靠近。

（二）英国法系

英国于1882年颁布票据法，共5节，100条。1957年英国又制定了《支票法》，共8条。其实质性条款仅4条，其余4条为法律的效力、解释、保留、废止、适用、简称、实施日期等。因此，它虽然名曰《支票法》，实质上是对1882年票据法的补充和修改。

英国票据法的特点与法国票据法不同，票据不仅具有支付及银钱运输功能，而且还具有信用功能；票据关系和基础关系彼此分离，基础关系的无效或被撤销不影响票据关系的效力。

英国票据法对美国、加拿大、印度、澳大利亚以及其他原属英国殖民地的国家的票据立法具有极大的影响，从而形成英国法系。

（三）德国法系

德国票据法最初为各邦的立法，为了实现德国各邦票据法的统一，1847年以普鲁士邦的票据规定为基础制定了普通票据条例。1871年，德国制定了票据法。该法仅规定了汇票与本票制度。1908年，德国又制定了《支票法》。

与英国法系相同，德国票据法的特点是：票据以信用及流通为主要功能；票据关系和票据基础关系互相分离，票据基础关系的无效或被撤销，不直接影响票据关系。与英国票据法不同的是，英国法系缓和而重实际，德国法系严正而重形式。奥地利、瑞士、丹麦、瑞典、葡萄牙等国，均仿效德国票据法进行本国票据立法。

二、票据法的体例结构

票据法的体例结构主要包括三方面内容:票据法与民法、商法的关系;汇票、本票、支票规定于一部法律抑或两部法律之中;票据法的篇章结构、章节的设置以及相关的立法技术。

（一）票据法与民法、商法的关系

在票据法与民法、商法的关系方面，综观各国的立法例，既有采包含的立法，也有采分立的立法。所谓包含的立法，是指票据规则含于民法或商法之中，成为民法典或商法典的一个组成部分的立法模式。瑞士及法国的票据立法便是。瑞士债务法中规定票据方面的法律条款。法国的汇票、本票制度载于法国商法典之中。所谓分立的立法，即票据规则作为单行法规，规定于民法典或商法典之外。德国、日本即是。德国、日本于商法典外单独制定票据法及支票法。

我国采分立的立法模式，尽管迄今我国尚无民法典，也无商法典，但一般认为，我国在民、商立法的问题上采用民、商合一制。商事规则通过诸如《中华人民共和国公司法》、《中华人民共和国票据法》、《中华人民共和国保险法》、《中华人民共和国破产法》、《中华人民共和国海商法》等单行法规形式表现出来，成为民法的特别法。

票据法与民法分离的立法体例有以下优点:

1. 便于将两者作出区别，使之适用明确

首先，民法的一般性、普遍适用性规则与票据法的特殊性、个别适用性规则不容混淆。民法属于基本法的范畴，是民事规则高度抽象的结果。票据法属于部门法的范畴，在某一领域中就特定对象进行综合规范，规则具体。例如，前者将各种民事法律关系进行高度概括，抽象出一般规则或制度，如法律关系主体制度、民事法律行为制度、代理制度等;后者则针对具体的某一关系作出全面的、多方位的规定，是实体规则与程序规则的结合，横向关系之立法与纵向关系之立法的结合。票据丧失救济制度便是。

其次，两种法律的价值取向应当区分。民法的价值取向是自由、平等、私法自治。票据法为商法的一种，商事主体与民事主体不同，商事主体以营利为目的，追求利益最大化;商事行为与民事行为也不同,商事行为是以营利为目的的交易行为。营利性是商事的本质特征,也是以调整商事关系为内容的商法的本质特征和立法宗旨,因此票据法的价值取向是效率。与民事制度相比,票据制度更注重流通性,以交易迅捷、交易确定、交易安全、交易公平为原则。票据行为与一般民事法律行为的形式和内容方面的要求、生效要件、有效条件、法律后果等均不相同。

再次,民事立法具有伦理性,反映明显的感情色彩,善、恶分明,如民事法律行为的有效条件之一便是行为内容合法且不得违背公序良俗,票据规则的建立则注重技术性、无色性,票据行为不存在内容违法问题。如票据行为不存在因规避法律而无效。

将两种差异较大的制度规定在一个法律文件中,使两条立法主线交织在一起,不仅立法上比较困难,而且影响对法律的理解和法律的适用。

2. 便于对民法的规定进行补充

票据法具有自身的特点,不少规定与民法不同。如两法合于一个文件,将使规定前后冲突,频频出现例外性规则。分别立法能保障在不影响民事立法的同时体现票据规则的专门化。例如,内容合法、不得违背公序良俗是民事法律行为的有效条件,规避法律的行为无效等等,这些都是民法的一般规则。票据行为则不然,内容合法以及不得违背公序良俗并非认定票据行为有效的依据,也不存在规避法律的票据行为。又如,债权让与的,除当事人另有约定外,让与人无担保债的清偿的义务,票据债权背书转让的,转让人承担担保承兑、担保付款的责任。上述两例表明,票据规则与民事一般规则多有不同,合并规定将使整个法律文件充斥"但书",独立规定,方便立法及方便法律的适用。

3. 便于票据法的优先适用

商事立法存在两种立法例:民商分立及民商合一。在民商分立的国家中,商法是一个独立的法律部门。德国、法国、日本、意大利等国家均制订了商法典。在民商合一的国家中,商事规则或者作为民法的一个组成部分而存在,如瑞士债务法中含商事规则;或者作为民法的特别法而存在。在民商合一的国家中,商法作为一个学理概念或者作为实质意义上的法的概念而存在,不是作为形式意义上的法典而存在。我国目前既无民法典又无商法典,但已经制定了公司法、证券法、票据法、保险法、海商法、破产法、合伙企业法。就立法发展趋势而言,我国将采民商合一的立法体例,将商法作为民法的特别法。票据法是商法之一。票据法作为民法的特别法在法律适用上遵循特别法优于一般法的规则。实践证明票据法独立制定,并作为民法的特别法有利于票据法的优先适用。

4. 便于票据法的修改,不断体现票据法的进步性

民事立法具有稳定性,一般很少修改法典,商事立法具有应变性,随时代的发展而发展。票据法必须反映商品经济的发展需要。随着经济日新月异的变化,票据法也应随之而变,否则不能适应经济发展的需要。只要有新的交易模式,就应有新的交易制度,票据法应当与时俱进。将商事规则订立于民法典中,不利于商事制度的变化。

5. 便于同国际交易规则接轨

商事交易没有国界,国际贸易中的结算多以票据的方式进行,然而票据规则却各国不同,这极大阻碍着国际贸易的发达,妨碍着各国经济的发展。于是各国力图达到票据规则的统一。票据法的无色性和技术性给世界票据规则的统一奠定了基础。票据制度的单独立法对于实现各国票据规则的高度一致具有积极意义。比如,德国票据法与日本票据法高度一致,它们都属于单行法。

(二) 三票统一规制抑或分别规范

关于三种票据(即汇票、本票、支票),规定于一部法律还是两部法律,各国做法不同。法国、德国、日本等国家采用分离主义,将汇票、本票与支票分别规范,分别确立票据规则和支票规则,其票据概念的外延仅含汇票与本票,支票不在其中。英国将所有的票据制度合于一部法律。我国采用包括主义的立法体例,将三种票据关系集中于一法规定。与英国不同的是,我国的汇票、本票、支票均为独立的票据种类,并将"票据"一词作为三种票据的总概念。英国的票据为汇票与本票,支票包括在汇票之中。

将三种票据规定在一部法律的立法有其科学性、合理性并符合我国国情。

首先,汇票、本票、支票就其性质而言均为商业信用工具。同一性质的某种社会关系不宜由两个以上的法律调整。虽然三种票据有着各自不同的功能,然而票据的经济效用在不断扩张、相互渗透。汇票本具有汇兑、信用功能,但"逆汇汇票"①和"顺汇汇票"②的出现使之具有支付功能。本票原为信用功能,但它可以用于即期付款,具备支付功能。尤其是我国,本票仅限于见票即付,不允许其他形式的到期日记载。支票本为支付功能,但远期支票及旅行支票的出现,使支票超出即时支付的界限与地域的界限,其作用与本票、汇票无异。

其次,三种票据制度基本相同,统一规范可以避免重复,使条文疏而不漏、简明、精炼。

最后,用两部法规规范三种票据的模式源于大陆法系国家特殊的立法背景。法国与德国的汇票、本票的立法与支票立法相隔许多年,两法分离的现象为历史沿革所致。基于法律的稳定性,两法分离现象一直延续至今。我国票据立法中对规范汇票、本票关系及支票关系不存在时间上的间隔,客观上无分离的必要。

(三) 票据法章节的编排

由于票据规则的内容集合方式和内在逻辑结构的不同,加上三种票据是包括规范还是分别规范的差异,各国票据法的内部结构有着明显的区别。

德国、日本等国票据法同《日内瓦汇票本票统一公约》相同,在票据分类的基础上设篇章,以票据流通过程中的顺序为内在逻辑结构。其章节安排为:汇票的签发、背书、承兑、担保、到期、付款、追索、参加、成套汇票与复本、更改、时效、一般规定。英国票据法也以票据

---

① 在一般情况下,汇票的"出票人"是票据原因关系中有付款义务的人。比如,在买卖交易中,往往由买受人向出卖人签发票据。"逆汇汇票"则不然。它是以票据原因关系中的权利人为"出票人",以原因关系中有付款义务的人为"付款人"而签发的汇票。再比如,在买卖交易中,由出卖人为"出票人"向自己("收款人"也是出卖人)签发的"付款人"为买受人的汇票。"逆汇汇票"又称"指己汇票"、"己受汇票"。详见本书第十一章第一节。

② 在一般情况下,汇票委托他人付款。"顺汇汇票"则是"出票人"委托自己付款的票据,它由票据原因关系中有付款义务的人向应接受款项的人签发。比如,在买卖交易中,买受人向出卖人签发的由买受人付款的汇票。"顺汇汇票"又称"对己汇票"、"己付汇票"。详见本书第十一章第一节。

分类为基础设章节。但在内容集合方式及内在逻辑结构上以票据流通顺序与票据关系人权利、责任双重逻辑来编排体例。其章节安排为：汇票的格式和解释、汇票的流通、持票人的一般责任、当事人的责任、汇票责任的解除、参加承兑和参加付款、票据的丧失、成套汇票、法律上的冲突。美国的票据制度规定在统一商法典的商业证券编中，不以票据种类为章节设置依据，其内在逻辑结构与英国相似。

我国《票据法》的体例结构是先总后分，设总则与分则。票据法在内在逻辑结构安排上，以票据分类为主体框架，以票据行为为主线，寓票据权利、义务于其中。具体地说，我国票据法设总则将票据关系及票据运作中的共性规则进行高度抽象，作出一般性规定。于总则后，我国票据法以票据分类为依据，设汇票、本票、支票各一章。在汇票一章中设出票、背书、承兑、保证、付款、追索权六节。在本票、支票章中，除对本票、支票特殊规则作了规定外，其他均采用准用技术来避免不必要的重复。就立法技术而言，我国票据法的体例结构编排及章节的设置较为科学、完善，具有时代的特点。

三、票据法的国际统一运动

国际贸易的不断发展使票据的使用范围超出了一国的地域，成为国际贸易中的信用工具和结算工具。然而各国的票据制度不一致极大地阻碍了票据的国际流通。贸易的国际性亟需各国票据法的统一。票据法是一种技术性规范，它具有抽象性，感情色彩极少，不受各国意识形态及风俗习惯的影响。这一特点，使票据法的国际统一成为可能。

早在19世纪下半叶就有解决各国票据法冲突，实现票据法国际统一的倡导。1869年意大利商业会议提倡票据法统一运动。1873年国际法协会（International Law Association）及国际法学会（Institut-ede Droit International）曾先后发表统一票据发草案。1885年比利时政府召集的讨论国际票据法案的商法会议提出了票据法的统一。20世纪初，经德国、意大利倡议，荷兰政府于1910年在海牙召开了票据法国际统一会议，有三十多个国家参加了会议。会议拟定了《统一汇票本票法草案》、《统一汇票本票法公约》。1912年又召开了第二次海牙会议,在原拟定的"草案"和"公约"基础上制定了《统一汇票本票法规则》、《统一汇票本票法公约》、《统一支票法规则》。后因第一次世界大战,上述海牙统一票据法未能生效。尽管如此,海牙公约对德国、法国、苏联、波兰等国家的票据法,对意大利商法影响很大。

1919年成立的国际联盟于1920年在布鲁塞尔召开国际财政会议。该会议讨论了票据规则的国际统一问题。并决定由国际联盟经济委员会负责办理票据法的统一工作。1926年设置了票据专务委员会,以研究票据法统一问题。次年,又建立法律专家委员会负责票据法统一公约的起草。

1930年国际联盟在日内瓦召开了统一票据法会议,参加国有31个。此次会议签署了三项公约,即《汇票本票统一公约》、《解决汇票本票法律冲突公约》、《汇票本票印花税公约》,三种公约彼此独立。1931年又签署了《统一支票法公约》、《解决支票法律冲突公约》、《支票印花税公约》。这两次会议英国、美国未派代表参加,形成日内瓦统一票据法系与英、美票据法系对峙的局面。

1988年联合国第四十三次大会通过了《国际汇票本票公约》,目的在于解决国际贸易中汇票、本票使用上的不便,其效力仅限于作为国际贸易结算手段所使用的票据。该公约至今尚未生效。

思考题

1. 简述票据法的概念和特征。
2. 票据法为何以"票据交易迅捷"、"票据交易确定"为基本原则?
3. 简述票据交易公平原则的内容、立法理由及其在法律上的体现。
4. 简述票据法的国际统一运动。

第二编 总 论

第三章 票据上的法律关系

内容提示 票据上的法律关系包括票据法律关系(以下简称"票据关系")和与票据运作关联的非票据关系(以下简称"非票据关系")。本章全面介绍并分析了票据关系的概念特征,以及票据关系的种类与各种票据关系的主体、内容;阐述了票据法上的非票据关系和民法上的非票据关系的概念、特征,及其种类与内容。

第一节 票 据 关 系

一、票据关系的概念与特征

票据关系,是指由票据法调整,以票据权利义务为内容的商事关系。在票据关系中,享有权利的人是票据债权人,如收款人、持票人;承担义务的人是票据债务人,如出票人、背书人、承兑人、参加承兑人、保证人、支票保付人;收款人或持票人对出票人、背书人、承兑人或参加承兑人等所享有的权利称为票据权利;出票人、背书人、承兑人或参加承兑人、保证人、支票保付人所承担的义务称为票据义务。我国《票据法》第4条第5款规定:"本法所称票据责任,是指票据债务人向持票人支付票据金额的义务。"票据义务又被称为"票据责任"。

票据关系为商事关系的一种,与其他商事关系不同,票据关系具有以下特征:

(一)票据关系主要基于票据行为而发生

引起商事关系发生的法律事实具有多样性,诸如各种事件和行为。引起票据关系的发生主要是票据行为。这是因为,票据关系是基于当事人意志而发生的法律关系,是意思自治的表现。它充分体现了义务自主的私法精神。比如,票据的签发引发出票人与收款人之间的票据关系;票据的背书导致背书人与被背书人票据关系的建立以及出票人与持票人(被背书人)票据关系的建立。票据行为是导致票据关系发生的常态,但不是全部。某些法律事实也会引起票据关系的发生。比如,持票人死亡后,其继承人继承持票人的遗产后便发生票据债务人与持票人之继承人的票据关系。

(二)票据关系由票据法调整

票据关系的内容为票据债务人与票据债权人之间,以票据金额给付与受领为对象的权利与义务。票据关系的形成和消灭,票据关系的内容与性质均有特殊性。票据关系有区别于其他法律关系的自身特点,因此,它需要特殊的规则来进行规范、调整。无论是民商合一的国家还是民商分立的国家,无论是票商合一或票民合一国家还是票商分立或票民分立的国家,均由专门法规或特别规定来调整票据关系。调整票据关系的法律,有的被包含在一国的民法典或商法典中,成为民法典或商法典的一个组成部分,如《瑞士债务法》和《法国商法典》;有的表现为一种单行法规,如《英国票据法》。

(三)票据关系以金钱债权为内容

票据关系的内容为票据权利和票据义务。票据权利性质上为债权,是一种特定权利主体请求特定义务主体为特定行为的权利。权利的内容是受领和请求义务人按票据上记载的金额支付金钱。票据债务人不履行票据义务时,权利人所行使的追索权依然是金钱债权。票据起源于汇票。最初的汇票是银钱输送工具,债务人的给付当然是钱款。以后,虽情势变迁,票据的性质从银钱输送工具发展为信用工具,但该信用仅局限于钱款支付之信用,票据关系仍以一定钱款之给付为内容。

(四)票据关系内容具有多重性和义务承担者的多数性

票据是一种流通证券,为维护当事人的权益,助长票据流通,法律注重当事人的付款义务。为确保票据付款,各国票据法都规定收款人或持票人享有票据付款提示请求权和追索权。收款人或持票人于票据到期日可以请求付款人或承兑人付款,不获付款时可以行使追索权。为确保付款,法律规定除无民事行为能力人、限制民事行为能力人所作签章以外,一切依法在票据上签章的人都是票据债务人。票据债务人就票据债务承担连带责任。

二、票据关系的种类和内容

票据关系的种类不同,票据权利义务的内容亦有区别。票据关系可以依票据种类或票据行为作为划分标准进行分类。

以票据的法律上的分类作为划分标准,可将票据关系分为汇票关系、本票关系、支票关系。以票据行为作为划分标准,可将票据关系分为票据发行关系、票据背书关系、票据承兑关系、票据保证关系、票据参加关系、票据保付关系等。

以下以票据种类为主线结合票据行为阐述票据关系的内容。

(一) 汇票关系

我国《票据法》第19条第2款规定:"汇票分为银行汇票和商业汇票。"与此相应,汇票关系可分商业汇票关系和银行汇票关系两种。银行汇票是我国票据制度的特色,就票据法理论而言,它并非典型意义上的汇票。

1. 银行汇票关系

1988年12月19日中国人民银行颁布的《银行结算办法》,规定了银行汇票制度。银行汇票制度的确立在于结算之需。该票据的性质为结算及银钱输送工具,因而,其规则与商品经济条件下以商业信用为本质的票据制度有较大的区别。《银行结算办法》第13条规定,银行汇票是汇款人将款项交存当地银行,由银行签发给汇款人持往异地办理转账结算或支取现金的票据。我国《票据法》保留了银行汇票,但没有对银行汇票作出专门规定。票据法颁布后,中国人民银行于1997年9月19日颁布了《支付结算办法》,明确了银行汇票的含义及其运作规则。虽然现行银行汇票的性质已因票据法的颁布变革为信用工具,但其主要功能仍是结算和汇兑。

依据《支付结算办法》的规定,银行汇票是出票银行签发的,由其在见票时按照实际结算金额无条件支付给收款人或者持票人的票据。与商业汇票不同的是,银行汇票虽然被称为"汇票",但并非委托付款的票据。银行汇票的出票银行为银行汇票的付款人。

银行汇票的法律关系因票据行为的不同而有所不同。

其一,因票据的签发所引起的基本票据关系

银行汇票的基本票据关系,因票据的签发而发生,故又称票据发行关系。该票据关系当事人为出票人和收款人。出票人有按票载金额付款的义务,收款人有权请求付款人付款。和其他票据的签发一样,银行汇票的签发建立在一定的基础关系之上,只是票据规则的无因性将票据关系与基础关系分离开了。

银行汇票关系当事人与票据原因关系中的当事人不尽一致。银行汇票的出票人并非交易关系的当事人。比如,某甲购买某乙的商品,向乙给付一张由银行签发的银行汇票。该案中,交易关系当事人是某甲与某乙,而票据关系当事人则是银行与某乙。某甲并非票据关系的当事人,仅仅是请求银行签发银行汇票的申请人。这和商业汇票不同,商业汇票的基础关系当事人与商业汇票的发行关系当事人相同。例如,某甲购买某乙货物一批,因而某甲向某乙签发商业汇票一张。此案,票据的基础关系是买卖关系,债权人是某乙,债务人是某甲,给付的内容是货款;此案的票据关系中,票据债权人是某乙,票据债务人是某甲,给付的内容是票据金额。某乙既是票据债权人,又是基础关系中的债权人,票据债务人与基础关系中的债务人也同属一人。我国《票据法》规定,票据的签发、取得、转让应当具有真实的交易关系和债权债务关系。银行与收款人无任何交易关系和债权债务关系,这是否意味票据签发无效?回答是否定的。在银行汇票这一特定情况下,票据法中所指真实交易关系可以理解为银行汇票签发申请人与银行汇票收款人之间的交易关系和债权债务关系。

应当明确,银行之所以接受申请人的请求向收款人签发银行汇票,是因为银行与申请人存在资金关系。申请人请求银行为其签发银行汇票的同时又与银行建立了由申请人将票据金额给付银行的合同关系。金钱的给付可以在银行签发银行汇票以前,也可以在签发银行汇票以后。申请人往往请求银行签发收款人为自己的银行汇票。例如,某甲去异地经商,需要一定资金,因携带资金不便,向本地银行申请收款人为某甲的银行汇票,某甲持票据到异地后,与某乙达成商品交易,某甲将票据背书给某乙,某乙凭票请求银行在异地的代理付款人付款。如果银行汇票的收款人并非银行汇票签发申请人,则将涉及三个法律关系:银行汇票签发申请人与收款人之间的商品交易关系、申请人与银行的票据签发资金关系、银行与收款人之间的票据关系。

银行汇票通常用于异地支付或结算。当收款人或持票人之所在地没有出票银行或出票银行的分支机构,或者当收款人或持票人的开户银行并非出票银行时,这就需要委托他人付款。于是出票人便委托收款人或持票人的开户银行付款。比如,中国银行北京分行向重庆某企业签发一张银行汇票,作为收款人的重庆某企业的开户银行是中国工商银行重庆分行,此时便需要工商银行代理付款。工商银行代理付款后,再与中国银行结算。

当涉及代理付款时,又发生代理付款关系。当然出票人与代理付款人之间的关系并非票据关系。银行汇票的代理付款人是代理本系统出票银行或跨系统签约银行审核支付汇票款项的银行。

值得一提的是,银行汇票的出票人委托其他银行付款的,并不免除自己的付款责任,该项委托与商业汇票中出票人的付款委托不同。前者的委托人既是出票人又是付款人(银行汇票的出票人即付款人),后者的委托人只是出票人;前者的受托人是票据付款人的代理人,后者的受托人是票据付款人;前者的付款是代理付款,后者的付款不属于代理付款。

银行汇票的出票与付款,全国范围限于中国人民银行和各商业银行参加"全国联行往来"的银行机构办理。跨系统银行签发的转账银行汇票的付款,应通过同城票据交换将银行汇票与解讫通知提交给同城的有关银行审核支付后抵用。代理付款人不得受理未在本行开立存款账户的持票人为单位直接提交的银行汇票。

其二,背书关系

银行汇票的收款人可以将银行汇票背书转让给被背书人。银行汇票中金额之记载有三项:其一,出票金额。即出票时记载的金额,由出票人记载。其二,实际结算金额。即根据票据原因关系中实际的交易金额所作的记载。此由收款人记载。其三,多余金额。即出票金额与实际结算金额之差,由收款人记载。如果出票时能够确定实际结算金额的,银行汇票的出票金额与实际结算金额一致,多余金额为零。三项金额都由出票人记载。银行汇票的金额记载要求构成了其区别于商业汇票的显著特征。之所以如此规定,是出于便于结算的需要。"设计银行汇票的初始动机或目的,是解决购货人到异地购货但是否最终向拟定的供货人购货付款、货款金额到底多少不能确定的付款问题而设计的一种票据。"[①]例如,甲公司与乙公司约定购买乙公司价值一千万元的货物,因而向银行申请签发一张出票金额1000万元的银行汇票给乙公司,实际交货时,货柜只能容纳价值995万元货物,倘若增加一个货柜则将极大浪费运力,最终实际成交量为价值995万元货物。由于银行汇票的出票金额为1000万元,因而必须填写实际结算金额995万元,还应填写多余金额5万元。由于银行汇票有三项金额,而票据权利人的权利依据实际结算金额,因此,银行汇票的背书转让以不超过出票金额的实际结算金额为准,如,上述案例中背书转让的金额为995万元。

未填写实际结算金额或实际结算金额超过出票金额的银行汇票不得背书转让。

银行汇票背书后,被背书人获得收款人的所有权利,背书人有担保付款的责任。

2. 商业汇票关系

商业汇票是出票人签发的,委托付款人在指定日期或见票时无条件支付确定的金额给收款人或持票人的票据。商业汇票分商业承兑汇票和银行承兑汇票。商业承兑汇票由银行以外的付款人承兑。银行承兑汇票由银行承兑。与银行汇票相比,商业汇票是一种典型的汇票,因而,除明确表述"银行汇票"外,本书所指的汇票为商业汇票。

商业汇票关系因引起票据关系发生的票据行为的不同而有所

---

① 胡德胜:《银行汇票制度完善研究》,郑州大学出版社2004年版,第13页。

不同。

其一,票据发行关系

商业汇票关系基于汇票的签发而发生。商业汇票的签发形成了商业汇票的发行关系。商业汇票发行关系是商业汇票的基本法律关系。由于汇票是委托第三人付款的票据,因而汇票关系涉及三方当事人。具体为出票人、收款人、付款人。出票人对收款人有担保付款人承兑、担保付款人付款的票据责任。收款人有向付款人提示承兑、提示付款的权利。票据上有付款代理人(学理上称此为"担当付款人"或"代理付款人")记载的,收款人可向付款代理人提示付款。付款人没有票据付款责任。故此,付款人拒绝承兑或拒绝付款的,收款人享有对出票人的追索权。民法以私法自治为原则,义务自主是私法的精神和理念。民事主体只能为他人设定权利而不能为他人设定义务。票据关系为平等主体之间的关系,票据法性质上为私法。在民商合一的国家中,票据法为民法的组成部分或民法的特别法。无论采民商合一之立法还是采民商分立之立法,商事主体都只能为自己设定义务,而不能为他人设定义务。因而,汇票出票人实施签发票据行为的,因未经付款人签章,缺乏付款人的意思表示,付款人当然不承担票据责任。为了保证票据付款人付款,汇票出票人常常与付款人建立委托付款关系,双方约定付款人有义务进行汇票承兑和汇票付款。此种义务属于资金关系中的义务,并非票据义务,并且是针对出票人的义务,而不是针对票据债权人的义务,倘若付款人违反此义务的,仅对出票人承担违约责任,而不是对票据债权人承担票据责任。比如,某丙欠某甲货款20万元,某甲与某丙约定由某丙为某甲签发的汇票进行承兑并付款。某甲向某乙签发票载金额20万元的汇票。某乙向某丙提示承兑,遭到拒绝。此案,某丙虽然对某甲负有合同义务,但对某乙却没有票据义务。

在合同分类中,有束己合同和涉他合同之分。涉他合同又有利他合同与负担合同之分。负担合同,又称由第三人为给付的合同,是指缔约双方约定由第三人向合同权利人为给付,第三人不为给付的,合同义务人承担责任的合同。我国《合同法》第65条规定:"当事人约定由第三人向债权人履行债务的,第三人不履行债务或者履行债务不符合约定,债务人应当向债权人承担违约责任。"商业汇票的签发与负担合同具有类似的属性。出票人签发汇票委托付款人付款的,付款人没有付款责任,付款人拒绝付款的,由出票人承担责任。

其二,票据背书关系

商业汇票的票据背书关系因收款人或持票人的背书行为而产生。其当事人为背书人与被背书人。背书人将票据权利转让给被背书人或将一定的票据权利授予被背书人行使。背书人对被背书人有担保票据承兑和付款的义务。被背书人的权利因背书的种类不同而不同。属转让背书的,被背书人取得背书人的票据权利。属质权背书的,被背书人依法实现其质权时有权行使背书人的票据权利。属委托取款背书的,被背书人有权代背书人行使票据权利。由于背书后,被背书人取得了一定的权利,背书人必须担保汇票的承兑和付款,票据关系当事人因背书行为而扩张。票据债权人为被背书人,票据债务人为出票人和背书人。例如,某甲签发汇票一张给某乙,委托某丙付款,某乙将该票据背书给某丁。某丁是票据债权人,某甲与某乙是票据债务人。

其三,票据承兑关系

商业汇票的承兑关系因汇票付款人的承兑行为而发生。承兑是一种承担债务的行为,此种票据债务的承担不以免除他人债务为前提。汇票经承兑后,承兑人与收款人或持票人之间便形成了票据债权债务关系,原出票人和背书人担保付款的责任依然存在。承兑人有义务为票据付款,拒绝付款的要承担被追索的票据责任。

其四,票据保证关系

商业汇票的票据保证关系因保证人的保证行为而发生。保证人与被保证人对票据权利人承担连带责任。保证人所承担的责任内容与被保证人相同。保证人承担保证责任后取得了持票人的地位,有权向被保证人及其前手追索。

其五,票据参加关系

商业汇票的票据参加关系因参加人的参加行为而发生。可分参加承兑与参加付款。

实施参加承兑行为的,参加承兑人负有依票据金额付款的义务。

参加承兑人履行了票据付款义务后,取得了持票人的地位,享有对被参加人及其前手的追索权。

实施参加付款行为的,参加付款人对于承兑人、被参加人及其前手取得持票人的权利。

我国票据规则中无参加承兑、参加付款制度。

长期以来,我国的票据皆由银行介入运作,票据凭证也由银行印制。票据运作已形成银行当然是付款代理人的交易习惯。故而,在我国汇票中虽未记载"付款代理人"之事项的,收款人或持票人也可向付款人的开户银行提示付款。收款人或持票人提示付款的,往往也是通过其开户银行办理。商业汇票收款人或持票人可在提示付款期间委托开户银行收款。

中国人民银行《支付结算办法》将商业汇票区分为商业承兑汇票与银行承兑汇票两种。以汇票承兑主体的不同而进行分类是我国票据实务的特点。两者的根本区别在于商业承兑汇票的承兑人为银行以外的自然人、法人、其他组织,银行承兑汇票的承兑人是银行。

银行承兑汇票关系与商业承兑汇票关系当事人之间的权利义务别无二致。

由于银行承兑汇票关系中的承兑人是银行,银行承担着票据付款责任,因而,银行承兑汇票的出票人应当是在承兑银行开立存款账户的法人及其他组织,出票人与承兑银行具有真实的委托付款关系并符合银行对其资信要求(资信状况良好,具有支付汇票金额的可靠资金来源),否则,银行将拒绝承兑。因为银行承兑汇票的付款人是银行,所以不存在由商业承兑汇票中由付款人的开户银行担当付款(代理付款)的问题。基于票据交易的灵活性与多样性,以及意思自治原则,商业承兑汇票的出票人与付款人可为同一主体,即票据由付款人签发并承兑;商业承兑汇票的出票人与收款人也可为同一主体,即票据由收款人签发交由付款人承兑。银行承兑汇票则不然,银行的承兑活动往往是对于他人的授信行为,银行不是票据原因关系中的交易一方,加之承兑银行按票面金额向出票人收取万分之五的手续费,因此,银行一般不作为银行承兑汇票的出票人。由收款人签发交由银行承兑的汇票在票据运作实务中极为罕见。

(二) 本票关系

本票的法律关系因票据行为的不同而又有所不同。

其一,票据发行关系

本票的发行关系基于本票的签发而发生。本票关系的基本当事人为出票人、收款人。出票人承担付款义务,收款人有权于到期日向出票人提示付款。

在我国,本票限于银行签发。和银行汇票一样,本票关系的当事人与票据基础关系的当事人不一致。银行根据申请人的请求签发本票。申请人使用银行本票,应向银行填写"银行本票申请书",填明收款人名称、申请人名称、支付金额、申请日期等事项并签章。出票银行受理银行本票申请书,收妥款项签发本票交给申请人,由申请人交给收款人(交易关系中的相对人)。例如,甲公司购买乙公司货物一批,应当向乙公司支付货款10万元,为了履行货款支付义务,甲公司向银行申请,请求银行签发收款人为乙公司,票据金额为10万元的银行本票,同时甲公司将10万元金钱付给银行。在该案件中,交易关系当事人是甲公司与乙公司,票据关系当事人是银行与乙公司。银行之所以向乙公司签发票据,承担票据责任,是因为接受了甲公司的委托和资金。

其二,票据背书关系、保证关系

本票因票据背书行为而产生票据背书关系。在票据背书关系中,被背书人取得了背书人的票据权利,或者取得票据质权,或者取得委托收款的权利,背书人应对被背书人及其后手承担担保付款的票据责任。

本票关系中,也可因票据保证行为而形成票据保证关系。在票据保证关系中,保证人对被保证人的后手承担与被保证人相同的票据责任。保证人承担票据责任后,取得了持票人的地位,对被保证人及其前手享有追索权。

本票无承兑制度,也无参加承兑制度。

本票出票人也可委托他人代理付款。在我国的票据运作实践中,出票人往往委托收款人或持票人的开户行代理付款。据此,收款人或持票人的开户行并非收款人或持票人的委托取款人,而是出票人的代理付款人。

(三) 支票关系

支票的法律关系因票据行为的不同而有所不同。

其一,票据发行关系

支票的发行关系基于支票的签发而发生。支票关系的基本当事人是:出票人、收款人、付款人。出票人有义务担保付款人按票载金额付款。收款人有权向付款人提示付款。付款人拒绝付款的,收款人有权向出票人追索。在支票关系中付款人没有票据责任。其原理和汇票付款人不承担票据责任的原理相同。尽管我国《票据法》第89条第2款有"出票人在付款人处的存款足以支付支票金额时,付款人应当在当日足额付款"的规定,然而此项规定中确认的付款人之义务并非票据义务,而是票据法上的义务。因为,基于私法自治、义务自主原则,票据债务依当事人的意志而设定,基于票据行为而发生。不能否认,出票人在付款人处的存款足以支付支票金额时,支票付款人依票载金额付款是一项义务。该义务表现为两种不同性质的义务。一是,源于票据法的直接规定,目的在于维护票据交易安全和确保票据正常、稳妥地运作,具有维护交易秩序的社会性。另一是,源于出票人与付款人之间的委托合同,性质上为合同义务,其相对人是出票人。可见虽然义务的形式相同,但两种义务无论在性质上,还是在产生根据上,抑或在向谁承担义务方面均截然不同。

其二,票据背书关系

支票背书关系基于票据行为而发生。支票背书后,被背书人取得票据权利,或者享有票据质权,或者享有受托取款的权利,背书人应当担保票据付款人付款。

支票没有承兑制度、参加承兑制度、保证制度。

票据关系除上述票据发行关系、背书关系、承兑关系、保证关系、参加关系外,无论是汇票、本票,还是支票均可能因票据付款人以外的票据债务人履行票据债务而发生票据关系的变动。此为因履行票据债务所形成的关系。票据付款人或承兑人履行票据债务的,票据关系全然消灭。此时不存在任何票据关系。付款人或承兑人以外的票据债务人履行票据债务的,将产生一定的法律后果。具体地说,背书人履行票据债务的,享有持票人的权利;保证人、参加承兑人、参加付款人履行票据债务的,对于承兑人、被保证人或被参加人及其前手取得持票人的权利。

第二节　非票据关系

票据关系以外的与票据运作有密切联系的法律关系称为非票据关系。非票据关系有两种,即票据法上的非票据关系与民法上的非票据关系。

一、票据法上的非票据关系

(一)票据法上非票据关系的概念与特征

票据法上的非票据关系,是指由票据法调整的非票据关系。此类法律关系的内容虽然非票据权利和义务,但仍与票据权利和义务相关。引起这类关系发生的法律事实为事件(如"时"的经过)和行为,但不包括票据行为。一旦发生纠纷而涉讼,人民法院应当依法受理,由被告住所地人民法院管辖[①],所适用的法律为票据法。

票据法上的非票据关系具有如下法律特征:

1. 为法律关系的一种。在民商合一的国家中属于民事法律关系。当事人享有民事权利,承担民事义务。

2. 不以票据权利、票据义务为内容。这是票据法上的非票据关系与票据关系的一个根本区别。

3. 与票据运作关系密切。票据法上的非票据关系,与票据关系有着紧密的联系,为支撑票据的运作而构建的关系。比如,根据我国《票据法》的规定,持票人向汇票付款人提示承兑的,付款人有数日的思考期。提示承兑的,应当交付汇票,付款人占有汇票后基于"思考期"规则,可以不当即返还。为确保付款人到期返还汇票,我国《票据法》规定付款人得到持票人提示付款的汇票后应当向持票人签发回单,以证明获得提示承兑的汇票。汇票回单签发关系并非票

[①] 《最高人民法院关于审理票据纠纷案件若干问题的规定》第1条、第7条。

据关系,但与票据承兑的运作息息相关。

4. 由票据法调整。虽非票据关系,却由票据法调整是该法律关系的特征。比如,汇票回单签发关系、利益偿还请求权关系等等均适用票据法的规定。

(二) 票据法上非票据关系的种类与内容

票据法上的非票据关系主要有以下各类:

1. 汇票回单签发关系。汇票的收款人或持票人向汇票付款人提示承兑的,付款人有权在一定时间内考虑是否给予承兑,并非当即答复是否承兑。据此,我国《票据法》规定收款人或持票人有权要求付款人签发收到汇票的回单①,以证明收款人或持票人因提示承兑而向付款人交付票据。

2. 票据返还关系。由于票据的完全证券性,票据若落入他人之手将会使正当权利人不能行使票据权利,使无票据权利者不当得利。因而票据法确立了此项法律关系,以维护当事人的合法权益。票据返还关系主要有:(1) 票据债务人履行票据义务后请求持票人返还票据的权利义务关系。作为汇票承兑人、本票出票人的票据债务人,或者支票付款人收回票据的,可以消灭票据关系。作为清偿票据债务的参加承兑人、参加付款人、保证人、背书人收回票据的,可以行使票据权利。例如,某甲向某乙签发汇票一张,委托某丙付款,某乙将该汇票背书转让给某丁,转让前某戊以某乙为被保证人进行票据保证。持票人某丁向付款人某丙提示承兑,以后又提示付款,某丙在承兑以后,又进行付款的,有权收回票据,票据收回后该票据上的一切票据关系彻底消灭。倘若付款人某丙拒绝承兑,或者承兑后拒绝付款的,持票人某丁向保证人某戊或背书人某乙或出票人某甲行使追索权的,保证人某戊或背书人某乙或出票人某甲在履行了票据债务后,有权收回票据。倘若保证人某戊履行票据债务的,在收回票据后可以向背书人某乙、出票人某甲、承兑人某丙追索;倘若背书人某乙履行票据债务的,收回票据后可以向出票人某甲、承兑人某丙追索;出票人某甲若履行票据债务的,于收回票据后可以向承兑人某丙追

---

① 参见《中华人民共和国票据法》第41条第2款规定。

索。收回票据对于履行了票据债务的人意义重大。(2) 票据收款人或持票人在提示承兑后请求接受票据的付款人返还票据的权利义务关系。例如,上述案例中,持票人某丁向付款人某丙提示承兑后,无论付款人某丙是否承兑汇票,都应当将票据返还持票人某丁。汇票经提示承兑后为付款人占有,应于承兑考虑期后将票据返还持票人,以便持票人行使票据权利。票据若不获付款的,付款人应将票据返还给持票人,以便持票人行使追索权。(3) 正当权利人请求因恶意或重大过失而取得票据的人返还票据的权利义务关系。票据虽然为完全证券,但是并非任何取得票据的人均享有票据权利。我国《票据法》规定,以欺诈、偷盗或者胁迫等手段取得票据的,或者明知有前述情形出于恶意取得票据的不享有票据权利;持票人因重大过失未按票据法规定取得票据的,也不享有票据权利。依此规定,正当权利人有权要求上述不当获取票据的人返还票据。此外,《最高人民法院关于审理票据纠纷案若干问题的规定》第2条规定:"依照票据法第十条的规定,票据债务人(即出票人)以在票据未转让时的基础关系违法、双方不具有真实的交易关系和债权债务关系、持票人应付对价而未付对价为由,要求返还票据而提起诉讼的,人民法院应当依法受理。"其第8条规定:"人民法院在审理、执行票据纠案件时,对具有下列情形之一的票据,经当事人申请并提供担保,可以依法采取保全或者执行措施:(一) 不履行约定义务,与票据债务人有直接债权债务关系的票据当事人所持有的票据;(二) 持票人恶意取得的票据;(三) 应付对价而未付对价的持票人持有的票据;(四) 记载有'不得转让'字样而用于贴现的票据;(五) 记载有'不得转让'字样而用于质押的票据;(六) 法律或司法解释规定有其他情形的票据。"这些规定均表明,可以将票据作为有体物而请求返还。

3. 票据复本签发关系。为鼓励票据交易和促进票据流通,多数国家法律允许持票人要求出票人签发票据复本,出票人在持票人提出签发复本请求后,应当签发复本。持票人与出票人的这一关系为票据复本签发请求权关系。持票人若从背书人手中继受取得票据的,有权请求前手依次经由前手向出票人要求签发汇票复本,并有权请求各前手在复本上进行与原本同样的背书。我国《票据法》没有票据复本制度。

4. 票据复本返还关系。票据复本与原本具有同等效力，因而各复本均有独立的效力。为了不使票据债务人重复付款，付款人在付款时，或被追索的票据债务人在偿还钱款时有权请求持票人交出全部票据复本，彼此间形成票据复本返还关系。

用票据复本提示承兑的，持票人可以请求票据付款人（即复本接收人）返还其所接收的票据复本。我国无复本制度。

5. 誊本的持票人与原本接收人之间的票据原本返还关系。票据原本交付款人提示承兑后，持票人可用票据的誊本背书转让，受让的持票人可以基于票据誊本要求付款人（即原本接收人）返还票据原本。我国《票据法》没有誊本制度。

6. 利益偿还关系。持票人因未及时行使权利而致票据权利罹于时效，或因手续的欠缺而使票据权利消灭的，有请求出票人或承兑人偿还所获得利益的权利。

7. 损害赔偿关系。票据当事人违反票据法规定致他人损失的，应赔偿受害人的损失。诸如，当持票人不获承兑或不获付款未依法通知前手而因此致前手损失的，应赔偿损失。

8. 支票付款人未按照票据规则付款而在付款人与收款人或持票人之间形成的权利义务关系。我国《票据法》第89条第2款规定："出票人在付款人处的存款足以支付支票金额时，付款人应当在当日足额付款。"付款人违反此义务的，收款人或持票人有权向票据债务人行使追索权，也有权直接要求付款人承担责任。前一种关系属于票据关系，后一种关系属于票据法上的非票据关系。

9. 代理付款人（担当付款人）因过错而错误付款致人损害的，应当对受害人承担赔偿责任。例如，代理付款人因过错而未识别票据伪造而为票据付款致承兑人损失的，应当赔偿承兑人的损失，赔偿后有权向伪造者追偿。又如，代理付款人因过错未能识别来人身份而导致错误付款的，应当向持票人承担赔偿责任。我国《票据法》第57条第2款规定："付款人及其代理付款人以恶意或者重大过失付款的，应当自行承担责任。"《最高人民法院关于审理票据纠纷案件若干问题的规定》第69条规定："付款人或者代理付款人未能识别出伪造、变造的票据或者身份证件而错误付款，属于票据法第57条规定的'重大过失'，给持票人造成损失的，应当依法承担民事责任。付款人或者代理付款人承担责任后有权向伪造者、变造者依法追偿。持票人有过错的，也应当承担相应的民事责任。"第70条规定："付款人及其代理付款人有下列情形之一的，应当自行承担责任：（一）未依照票据法第57条的规定对提示付款人的合法身份证明或者有效证件以及汇票背书的连续性履行审查义务而错误付款的；（二）公示催告期间对公示催告的票据付款的；（三）收到人民法院的止付通知后付款的；（四）其他以恶意或者重大过失付款的。"

10. 金融机构的过错致人损害的赔偿责任关系。我国《票据法》第104条规定，金融机构工作人员在票据业务中玩忽职守，对违反票据法规定的票据予以承兑、付款或者保证给当事人造成损失的，由该金融机构和直接责任人员依法承担票据责任。

11. 付款人故意压票、拖延支付的赔偿责任关系。我国《票据法》第105条规定，票据的付款人对见票即付或者到期的票据，故意压票、拖延支付，给收款人或持票人造成损失的，依法承担赔偿责任。

12. 其他违反票据法的行为给他人造成损失的赔偿关系。我国《票据法》第106条规定："依照本法规定承担赔偿责任以外的其他违反本法规定的行为，给他人造成损失的，应当依法承担民事责任。"《最高人民法院关于审理票据纠纷案件若干问题的规定》第76条规定："依照票据法第107条的规定，由于出票人制作票据，或者其他票据债务人未按照法定条件在票据上签章，给他人造成损失的，除应当按照所记载事项承担票据责任外，还应当承担相应的民事责任。持票人明知或者应当知道前款情形而接受的，可以适当减轻出票人或者票据债务人的责任。"[1]

---

[1] 2004年8月28日十届人大十一次常委会对《票据法》作了修改，删去原第75条，故此处最高人民法院的司法解释中所指的"第107条"应为修改后《票据法》的"第106条"。

二、民法上的非票据关系

（一）民法上非票据关系的概念及特征

民法上的非票据关系是指不被票据法调整，与票据行为、票据关系有密切联系的民事法律关系。区分票据法上的非票据关系与民法上的非票据关系的意义在于对不同关系适用不同的法律。有观点认为，两者的区分意义还在于诉讼管辖不同。我国《民事诉讼法》规定，因票据纠纷而引发的诉讼，由被告所在地或付款地人民法院管辖。有观点认为，票据关系纠纷以及票据法上非票据关系的纠纷都属于票据纠纷。《最高人民法院关于审理票据纠纷案件若干问题的规定》第1条规定："因行使票据权利或者票据法上的非票据权利而引起的纠纷，人民法院应当依法受理。"该规定虽然没有提及民法上的非票据关系，但由于其为民事法律关系，因行使民事权利而引起的纠纷由人民法院受理应属当然。《最高人民法院关于审理票据纠纷案件若干问题的规定》第6条第1款规定："因票据权利纠纷提起的诉讼，依法由票据支付地或者被告住所地人民法院管辖。"第7条规定："因非票据权利纠纷引起的诉讼，依法由被告住所地人民法院管辖。"这些规定表明，非票据关系纠纷之诉讼管辖的规定与票据关系纠纷诉讼管辖的规定不同。因而，不能认为票据法上的非票据关系之纠纷可以由票据支付地人民法院管辖，此类纠纷不属于票据纠纷。

民法上的非票据关系具有如下特征：

1. 民法上的非票据关系是法律关系的一种。在民商合一或分立的国家中，此种法律关系以民事权利义务为内容。例如，买卖、租赁、运输等。

2. 民法上的非票据关系不以票据权利、票据义务为内容。票据关系以票据权利、票据义务为内容，民法上非票据关系则不然，这是两者的根本区别。如，同样是保证，民法上的保证与票据保证有很大的区别。

3. 民法上的非票据关系不由票据法调整。票据法虽然也调整非票据关系，但是票据法所调整的非票据关系只是其中的一部分。由票据法调整的非票据关系被称为票据法上的非票据关系。民法上的非票据关系直接由民法调整。

4. 民法上的非票据关系与票据行为有着紧密的联系。并非一切民事法律关系均可谓非票据关系。被称为"非票据关系"的民事法律关系与票据的运作具有某种意义上的联系。如票据原因关系在客观上是票据签发、背书等票据行为实施的前提;票据资金关系是汇票、支票签发的前提。

(二) 民法上非票据关系的种类与内容

民法上的非票据关系主要有:票据原因关系、票据预约关系、票据资金关系。

1. 票据原因关系

票据原因关系是指票据当事人之所以实施票据行为和接受票据的基本关系。票据的签发、背书、保证、承兑、参加承兑一般均基于一定的原因。比如,买受人为了支付货款而向出卖人签发票据或通过背书行为转让票据权利;又如,票据保证人为履行其与被保证人之间的约定义务而为票据保证;持票人基于与银行的权利质押合同将票据质押给银行。上述例子中的买卖关系、保证人与债权人约定的关系、借贷关系都是票据原因关系。

基于票据的无因性,各国都认为票据关系虽然建立在原因关系基础上,但原因关系是否被撤销、有效与否对票据关系不发生任何影响。票据关系直接基于票据行为发生,而不是基于原因关系发生。我国《票据法》对票据的无因性持一定的保留态度,它要求票据的签发、取得和转让具有真实的交易关系和债权债务关系。这意味着原因关系的有无将直接影响票据关系的建立。但是,票据一经转让,票据受让人善意取得票据并支付对价的,票据债务人不得以自己同持票人前手间的基础关系违法、双方不具有真实交易关系和债权债务关系、应付对价而未付对价等理由对抗票据受让人。

原因关系与票据关系虽然分离,不受票据关系影响,但为提高效率、避免循环诉讼,在授受票据的直接当事人之间,原因关系与票据关系仍有联系。其一,在票据关系直接当事人之间,票据债务人可以基于票据原因关系中的抗辩事由对抗票据债权人。其二,票据债权人无对价而取得票据权利的,其地位不优于前手。其三,票据债务的履行,使票据原因关系消灭。例如,某甲购买某乙的房屋一套,为履行房款支付义务,某甲向某乙签发票据一张。某甲履行了票据债务后,甲乙之间关于购房款给付的债权债务关系消灭。

2. 票据预约关系

票据预约关系是指当事人之间以授受某一票据为内容的权利义务关系。在授受票据之前,当事人双方往往存在是否授受票据、授受何种票据、授受的票据之金额、付款日、付款人、付款地等方面的约定。比如,买卖双方对于货款的支付往往约定某种方式,是现金给付还是划款,或者是签发票据。如果以票据方式结算的,还得进一步商定使用何种票据,记名与否,到期日的迟早,付款地在何处,付款人为何人等等。即便是背书,对于背书事项也需要约定。否则,当事人即使签发或背书票据,相对人也未必愿意接受。因此,实践中在票据行为实施前当事人双方对如何实施票据行为作出约定是十分必要的。

然而,上述预约显然不直接发生票据关系。票据权利义务关系的发生原因是票据行为。这如同预约与本约的关系。预约的效力仅仅在于拘束预约双方实施本约的磋商和签约行为。票据预约关系的效力是拘束当事人实施票据行为以及拘束双方按照预约授受票据。票据行为的实施是履行预约的结果。基于票据的无因性,票据预约关系的有无、是否成立、是否有效、是否被撤销,或者当事人在实施票据行为时是否遵守了票据预约等均不影响票据行为的效力。

预约关系是一种债权债务关系。当事人不履行预约关系中的义务,应当承担债之不履行的民事责任。预约关系当事人依照预约实施票据行为的,预约关系因履行而归于消灭。

3. 票据资金关系

票据资金关系,是指汇票或支票的付款人与出票人之间委托付款中的资金供给与补偿关系。在票据关系中,付款人无付款义务。为了确保付款人付款,出票人与付款人需要建立资金的供给关系,由出票人向付款人提供资金,由付款人为票据付款。

汇票、支票委托付款人付款的,需建立资金关系,但是,这并不意味其他由第三人付款的都须建立资金关系。担当付款人(代理付款人)、预备付款人、参加承兑人、参加付款人所以承诺付款或者实施付款行为,也具有一定的原因,但此种原因不是资金关系,而是票据原因关系。担当付款人(代理付款人)是基于同付款人或承兑人的代理关系而为票据付款。预备付款人、参加承兑人、参加付款人是为了维护票据信用,为了防止追索权的行使或期前行使而实施的行为。预备付款人可能由出票人确定,也可能由背书人确定;参加承兑或参加付款中的被参加人,可能是出票人,也可能是背书人或保证人。因此,实施参加承兑、参加付款行为的原因,有的存在于行为人和出票人之间,也有的存在于行为人和背书人之间等等。资金关系仅限于在委托付款的票据(汇票或支票)关系中的出票人与付款人、承兑人之间。

对于资金关系的理解,不能局限于文义。"资金关系"是表达上的用语,并不限于金钱的提供与补偿,应包含一切利益的给付。主要包括:(1)出票人与付款人之间的各种合同关系。诸如,借贷合同、买卖合同等付款人对出票人负有债务,通过票据付款清偿债务。(2)付款人与出票人有资金存储关系,付款人从出票人处受款项。(3)付款人的行为属无因管理,从而形成无因管理之债的关系。

我国《票据法》第21条规定:"汇票的出票人必须与付款人具有真实的委托付款关系,并且具有支付汇票金额的可靠资金来源。"该法第82条规定,支票的出票人在银行或其他金融机构"开立支票存款账户和领用支票,应当有可靠的资信,并存入一定的资金"。然而,基于票据的无因性,资金关系的有无不影响票据权利义务关系。据此,可以得出以下结论:(1)汇票、支票的签发不因资金关系的缺乏或瑕疵而受影响;(2)票据债务人(承兑人)也不得以其与出票人在资金关系上的抗辩事由对抗持票人;(3)票据权利人对承兑人的权利并非基于票据资金关系;(4)付款人或承兑人按照票载金额付款的,有权请求出票人作出给付,但此项权利并非票据权利;(5)出票人不得以已经向付款人或承兑人提供资金为理由拒绝履行对票据债权人的债务;(6)汇票的付款人在承兑前纵然已经从出票人处获得资金,也没有对于票据债权人的票据义务。

票据资金关系与票据关系虽然分离,但是,(1)为交易效率,为避免循环诉讼,当出票人请求承兑人付款时,承兑人可基于其与出票人之间的资金关系对抗出票人;(2)基于公平与诚信原则,付款人或承兑人基于资金关系获得利益后,票据债权人的权利因时效或保全手续不当而消灭的,应当将基于资金关系而获得的利益返还给票据债权人;(3)为维护票据交易秩序,支票出票人依据资金关系在付款人处存入足以支付票载金额的资金的,支票付款人应当付款。

汇票、支票为委托付款的票据,汇票和支票的出票人为保证票据付款往往与付款人建立票据资金关系。本票为自付票据,因此不存在票据资金关系。但是,本票由他人担当付款(代理付款)的,出票人与担当付款人之间须有类似资金关系的关系,以确保担当付款人付款。

上述票据原因关系、票据预约关系、票据资金关系统称为票据基础关系。

思考题

1. 票据关系与非票据关系有何区别?
2. 票据法上的票据关系与民法上的票据关系有何区别?
3. 简述各种票据关系当事人间的权利义务。
4. 简述民法上非票据关系的内容。

第四章 票据权利

内容提示 本章阐述了票据权利的含义与特征,以及票据权利的分类;全面分析了票据权利的内容;分析并阐述了票据权利的取得原因,介绍了票据权利取得种类,论述了票据权利取得的限制;阐述了票据权利的行使和保全时间、地点、方式。

第一节 票据权利概述

一、票据权利的概念和特征

票据权利,是指收款人或持票人请求票据债务人支付票据金额的权利。票据权利性质上属于债权。在票据权利义务关系中,享有权利的一方为收款人或持票人,承担义务的一方为在票据上签章的人(无民事行为能力人、限制民事行为能力人除外),标的为金钱给付。

票据权利具有以下特征:

1. 票据权利是一种金钱债权。金钱之债的特点在于:其一,债的不履行状态,除债务人破产外只有履行迟延,不存在履行不能。因而,当票据债务人不依票据金额履行债务,票据权利人可请求其承担迟延责任。其二,便于担保人替代履行。在票据关系中,出票人、背书人、保证人均有担保付款的责任,由于标的物为金钱,当票据债务人不获承兑、不获付款时,使担保人按原债之内容履行义务成为可能。其三,便于债的法定抵销。适于法定抵销的标的物之种类、品质必须相同。其四,在我国适于代位权的行使。我国《合同法》代位权制度规定,只有当债权人对债务人的债权、债务人对次债务人的债权均为金钱债权时,债权人才能行使代位权。

2. 票据权利与票据密不可分。票据权利以票据为其载体,票据以票据权利为内涵。两者互相结合、权券一体。票据权利因票据的制成而产生,又因票据的毁灭而消灭。票据权利的主张、行使、处分与票据不能分离。主张自己享有票据权利的,必须占有票据;行使票据权利的(如请求承兑、请求付款、行使追索权),必须提示票据;处分票据权利的(如转让票据权利、质押票据权利),必须交付票据。票据权利与票据的不可分性还表现在票据权利的内容完全取决于票据上所记载的文字。任何一个签名于票据上的债务人只对票载文义负责。

3. 票据权利具有双重性。为了确保持票人获得票据付款,各国票据制度均规定出票人、背书人应担保票据承兑、担保票据付款,当票据不获承兑或不获付款时,应承担票据责任。这便赋予了票据权利人两重权利,即承兑或付款提示权及追索权。收款人或持票人有权向付款人提示承兑,或者向承兑人、付款人提示付款,当收款人或持票人不获承兑或付款时,可以行使追索权。票据权利的双重性给票据权利的实现增加了一层保障系数,增强了票据的信用度。

二、票据权利的分类

(一)主权利与从权利

以票据权利的主从关系为依据,可以将票据权利分为主权利与从权利。

在票据关系中,因保证行为而产生的票据权利为从权利,被保证之债为主权利。由于票据行为的独立性,票据保证债权也具有独立性,它不因被担保的主债的实质上无效而无效。但票据保证的独立性并不否定它的从属性。被保证的主债务被收款人或持票人免责后,如持票人要求票据保证人承担票据责任的,票据保证人可以对该持票人进行抗辩。否则,不能达到免责的效果。比如,某甲签发汇票给收款人某乙,委托某丙付款,某乙将该汇票背书给某丁,背书前某戊以某乙为被保证人进行票据保证。后持票人某丁免除了某乙的票据责任。如果保证人的票据责任不因债的免除行为而消灭,则保证人某戊被持票人某丁追索后必定向被保证人某乙追索,持票人免除债务则毫无意义。

有主权利必有主义务,有从权利必有从义务。在票据法学领域和票据法实务中,主义务或主债务往往是指承兑人的付款义务,而在担保法中主义务是指被担保的义务,两者容易混淆。因而,有学者认为,在票据关系中,为了避免被保证之债务与承兑人的付款义务相混淆,应避免使用"主债务"一词,用"被保证人"一词代替民法上保证的"主债务人"这一常用的表达语。① 这一观点颇为人们接受。

(二) 先序权利与后序权利

这是以权利行使顺序先后为标准的分类。

两项以上相互有关联的权利中,应先行使的权利为先序权利,应在后一顺序行使的权利为后序权利。在票据关系中,收款人或持票人向付款人请求承兑的权利以及向承兑人、付款人请求付款的权利为先序权利,收款人或持票人行使的追索权为后序权利。后序权利的行使以业已行使了先序权利且其权利未实现为前提条件。收款人或持票人不得在未行使先序权利的情况下径直行使后序权利。当然如果付款人或承兑人死亡、逃匿、破产而无从提示付款或无从提示承兑的,收款人或持票人在取得相关证明材料后无须先行使付款请求权,可以径直行使追索权。再则,依据我国《票据法》第36条的规定,票据权利人在不获承兑、不获付款后背书转让票据,以及过了提示付款期限后背书转让票据(期后背书)的,只有转让人才承担票据责任,其他人都不承担票据责任。此类票据债权人在向转让人行使追索权时,可以不必先行使付款请求权,因为,就该票据债权而言,出票人、付款人、保证人、承兑人、转让人以外的背书人都没有票据责任,纵然有提示付款的行为,也不会有任何后果。

为了确保权利行使先后有序,法律规定收款人或持票人行使追索权的,必须向被追索人提供拒绝证明(即收款人或持票人提示票据承兑或付款后遭退票的证明材料,或付款人逃匿、死亡、破产等无从提示承兑或付款的证明)。《最高人民法院关于审理票据纠纷案件若干问题的规定》第4条明定:"持票人不先行使付款请求权而先行使追索权遭拒绝提起诉讼的,人民法院不予受理。除有票据法第

---

① 刘甲一:《票据法新论》,台湾1978年2月自版,第191页。

61条第2款和本规定第3条所列情形外,持票人只能在首先向付款人行使付款请求权而得不到付款时,才可以行使追索权。"①

(三) 原本权利与辅助权利

这是以权利是否具有辅助性为标准进行的分类。

在票据关系中,基于票据的签发、背书、保证、承兑行为而产生的权利为原本权利,又称"固有权利"。基于参加行为而产生的权利为辅助权利。参加人介入票据关系,辅助原票据债务人履行票据债务能保证债权人债权的实现。收款人或持票人对出票人、背书人、承兑人、保证人的权利为原本权利,对参加承兑人的权利为辅助权利。

(四) 形式上的票据权利与实质上的票据权利

这是以权利的形式与内容为标准进行的分类。

票据是一种完全证券,票据权利附载于票据之上,只要形式合法,票据又为收款人或持票人所占有,就具有形式上的票据权利。真正享有票据权利的,是实质上的票据权利。

一般而言,形式上的票据权利和实质上的票据权利是一致的。但两者不一致的情形时常发生。仅有形式上的票据权利而无实质上的票据权利有之,例如,偷盗、拾得空白票据;仅有实质上的票据权利而无形式上的票据权利的亦有之,例如,因法人的合并、继承而取得票据权利。依权利外观性和权利推定原则,前者应推定其有权利,票据债务人若主张其无权利的,应当举证,后者权利人欲主张权利应当举证。我国《票据法》第31条第1款规定:"……非经背书转让,而以其他合法方式取得汇票的,依法举证,证明其汇票权利。"

仅有权利外观而无真实权利的人将票据转让给善意受让人,善意受让人在受让票据时支付了相当的代价,票据债务人即使有充分的证据能证明出让人无真实的票据权利,也不能对抗善意受让人。据此,当形式上的权利与实质上的权利不一致时,应以实质上的权利

---

① 所谓"票据法第61条第2款所列的情形"是:(1) 汇票被拒绝承兑;(2) 承兑人或付款人死亡、逃匿的;(3) 承兑人或付款人被依法宣告破产的或者因违法被责令终止业务活动的。所谓"本规定第三条所列情形"是:(1) 汇票被拒绝承兑、被拒绝付款后再背书转让的,被背书人以背书人为被告行使追索权而提起诉讼的;(2) 汇票、支票超过提示付款期限后再背书转让的,被背书人以背书人为被告行使追索权而提起诉讼的。

为准,但实质上权利的行使应止于交易安全。例如,丙拾得出票人为甲收款人为乙的支票一张,丙伪造乙的签章后将支票背书给自己,而后又背书给丁。此案,形式上的票据权利人为丙,经丙背书后为丁;实质上的票据权利人为乙,经丙背书后为丁。丙背书以前,形式上的票据权利与实质上的票据权利不一致,此时,应当按照实质确定效力。当该票据被丙背书转让后,受让人又付出合理的代价,不能再依据实质权利否定丁依交易规则受让的权利,否则,将影响交易秩序,丧失交易安全。

三、票据权利的内容

(一) 承兑或付款提示权

1. 提示承兑权。提示承兑权,是指请求汇票付款人为汇票承兑的权利。在汇票关系中,出票人委托第三人付款,属于以第三人给付为标的的债之设定行为。任何人不能以自己的行为使他人蒙受不利益,不能限制他人自由,不能为他人设定义务,故而,在付款人承兑以前,付款人无承兑义务,也无付款义务。以第三人给付为标的的债之设定行为,属于担保第三人为给付的行为。因此,除见票即付的汇票外,票据权利人只有先向付款人提示承兑,并经其承兑后才能向付款人请求付款。提示承兑权的行使,旨在使付款人作出承兑与否的表示,使票据权利人明确付款人是否愿意承担付款责任。

对于汇票付款人而言,承兑是一项权利而不是一项义务,因此,提示承兑权不属于请求他人为一定行为或不为一定行为的"请求权",其性质为能权,一种内容具体、特定的自由权。它与请求义务人履行义务的请求权截然不同。持票人向付款人提示承兑的,付款人有权承兑,也有权拒绝承兑。

2. 提示付款权。提示付款权,是指请求付款人为票据付款的权利。它可以分为两种:一种是持票人向汇票承兑人、本票出票人、支票保付人请求付款的权利;另一种是持票人向见票即付的汇票付款人、支票付款人请求付款的权利。前者,性质上属债权请求权,其对应义务是承兑人、出票人、保付人的付款义务;后者,性质上属于以第三人给付为标的的债之设定行为,对象无对应义务。持票人向付款人提示付款的,付款人可以付款,也有权拒绝付款。提示付款的权利非债权请求权,为能权,一种内容具体、特定的自由权。

(二) 给付受领权

受领权,是指票据权利人接受票据付款人或票据债务人所为给付的权利,又称"给付受领权"。票据权利的目的和内容是受领票据付款人或票据债务人所作给付。无此项权利而获得他人给付的,为不当得利。因此,受领权是票据权利的本体性内容和根本性权能。

票据债权与其他债权不同。基于债的相对性,其他债的关系中,义务人就权利主体是明确的,故而一到履行期就应当自觉履行义务;不问债权人是否提出履行义务的请求,只要债务人未依法或依约履行债务,就应当承担民事责任。票据债务则不然,基于票据的流通性,票据签发后,就存在潜在的转让。并且票据的转让无须通知票据债务人。因此,票据债务人于票据到期日并不知谁是票据权利人,这就要求票据权利人在行使权利时提示票据,让票据债务人明白票据金钱给付的对象。票据债权人未提示付款的,票据债务人可以拒绝履行义务。据此,受领权的行使,首先应当提示付款。

(三) 追索权

追索权,是指票据不获承兑或不获付款时,收款人或持票人请求票据债务人支付被拒绝付款的金额、利息及其他费用的权利。在性质上属债权请求权。法律赋予持票人追索权的目的,在于维护票据信用、确保交易安全、助长票据流通。追索权的行使以持票人不获承兑或不获付款为前提。

第二节 票据权利的取得和消灭

一、票据权利的取得事由

票据权利的取得,即票据权利的发生。引起票据权利发生的事由有票据行为和其他法律事实。

(一) 因票据行为而取得票据权利

票据行为是引起票据权利发生的最常见、最频繁的法律事实。

1. 因票据的签发而取得票据权利。出票是票据权利设立的唯一事由,也是票据权利取得的主要事由。票据权利虽然可以因转让、清偿等原因而取得,但这一切均需以票据权利的创设为前提。票据权利一经创设,基本票据关系便发生,收款人即成了票据关系中的权利人。

2. 因票据权利的转让而取得票据权利。票据权利的转让是继受取得票据权利的法律事实。

票据权利的转让方式有两种:

一是背书转让票据权利。

二是以单纯的交付方式转让票据权利。当出票人签发一张未记载收款人的空白票据时,持票人可以仅以交付方式转让票据权利。当持票人在背书转让票据权利时只进行背书人签章,而不记载被背书人名称时,因该空白背书而受让票据权利的人可仅以交付方式转让票据权利。《日内瓦汇票本票统一公约》第14条第2款规定,如背书为空白背书,持票人得不填载空白及不作背书而将汇票转让给第三人。

票据权利仅以交付方式转让的,被称为"单纯交付"。在单纯交付中,票据占有的移转过程,便是票据权利的转让过程,转让人不在票据上作任何记载。这无疑是一种简便的转让方式,符合商事交易简便、迅捷的要求,能助长票据的流通。在单纯交付过程中,转让人在票据上不作任何文字记载,因此也不存在签章,所以,转让人于票据转让后不承担票据责任。这给持票人在确定票据权利转让方式和途径时多了一项选择,使票据行为更能体现行为人的意志。因此,多数国家的票据立法均认可单纯交付。《上海市票据暂行规定》(现不再适用)也曾确认这种转让方式。① 我国现行票据制度是否认可单纯交付这一转让票据权利的方式,票据法没有作出明确的规定。我们认为,现行票据法不允许票据权利仅仅通过交付的方式(即单纯交付)而转让。理由如下:(1)我国《票据法》规定,持票人将票据权

---

① 已经失效的《上海市票据暂行规定》第16条第2款第2项规定:"不记名支票的背书,可以记明被背书人名称,也可以不记明被背书人名称;或者不作背书仅交付票据"。

利转让给他人的,应当背书并交付票据。① 这一规定表明,票据权利的转让必须以背书的方式进行。诚然,我国《票据法》也规定,非经背书转让,而以其他合法方式取得汇票的,依法举证,证明其汇票权利。② 此处,"以其他合法方式取得汇票"的文句,不应理解为含"单纯交付"的情形。因为:其一,将其理解为包含"单纯交付"的情形与《票据法》第27条的规定相冲突。理解某项法律条文时,应把它放在相关的法律体系中,根据上下关系确定含义,不应作矛盾解释。其二,权利的"转让"和权利的"取得"是两个不同的概念。此处使用"以其他合法方式取得汇票"的文句,已排除了因转让而取得票据的情形。因此,"其他合法方式"应理解为继承、企业的合并、票据债务的清偿等非转让的方式。(2) 单纯交付也有其显著的弊端:一是,转让人不承担担保票据承兑和付款的责任,使票据权利的实现少了一层保障。二是,由于交付转让的票据无任何记载,使得票据当事人无从知晓该票据经历过多少流通环节,一旦发生纠纷,也难以认定票据债务人与债权人是否属于直接债权债务关系的当事人。这些弊端显露出单纯交付方式的风险。时下我国正处于计划经济向市场经济转轨过程中的转型时期,商业信用机制正在建立,为了规避交易风险,维持交易秩序,我国现行票据制度否定了单纯交付的票据权利转让方式。这和我国票据制度对票据无因性的态度,以及否定免除背书人的责任、不允许对承兑提示作出限制等做法是一致的。(3) 票据的运作具有较强的技术性,票据权利的转让属商事交易的一部分,为维护交易秩序,确保交易安全,国家通过确立交易规则来干预交易活动,因此,票据法表现出较强的公法色彩和强制性。票据的转让有别于一般民事权利的转让。一般民事权利的转让方式只要不违背国家法律强制性规定的都应认许,以充分体现民法意思自治、私法自治原则。票据权利的转让则应完全纳入法律预先为其设定的轨道,按法律规定的转让模式进行。法律未规定的,当事人不得另行确立转让方式。具体地说,票据的运作必须按照票据法设定的运作规程进行,

---

① 《中华人民共和国票据法》第27条第3款。
② 《中华人民共和国票据法》第31条第1款。

否则不发生票据法上的效力。

3. 因汇票承兑或参加承兑而取得票据权利。汇票的承兑是承诺履行票据债务的行为。承兑行为使收款人或持票人取得了对承兑人的票据债权,使票据债权多了一层保障。基于票据行为的独立性,当票据的签发因出票人无民事行为能力或者伪造他人签章而无效时,汇票的承兑将使收款人取得票据权利。例如,甲为无民事行为能力人,向乙签发一张汇票,委托丙付款,丙在该汇票上进行承兑。就收款人乙而言,在丙承兑前没有票据权利,经丙承兑后取得了对于丙的票据权利。同理,参加承兑行为也会使收款人取得票据权利。我国《票据法》无参加承兑制度。

4. 因票据保证而取得票据权利。票据保证行为具有独立性,尽管被保证的票据之债无效,也不妨碍保证行为效力的发生。因而,票据保证行为将使收款人或持票人取得票据权利。尤其是当被保证的债务无效时,保证行为使收款人获得票据权利的情形显得更为突出。例如,出票人伪造他人签章而签发票据给收款人,保证人在该票据上进行票据保证。伪造签章而签发票据的行为无效,收款人不能取得票据权利,但票据保证行为有效,使收款人取得票据权利。

5. 因支票保付行为而取得票据权利。支票出票人委托银行付款的,银行并不负票据责任,但是,银行进行支票保付行为后,便免除了出票人的责任,由银行承担票据责任。由此,收款人或持票人取得了对于保付银行的票据权利。我国《票据法》无保付制度。

(二) 因其他法律事实而取得票据权利

1. 票据权利的善意取得。持票人善意地从无票据处分权人处受让票据的,为票据权利的善意取得。完全符合以下条件的,构成票据权利的善意取得:(1) 持票人须从无票据处分权人处受让票据权利。倘若从有权处分票据权利的民事主体手中取得票据权利,无需适用善意取得制度。(2) 当事人依据票据法规定的转让方式取得票据。换言之,票据的取得必须完全符合票据转让规则。例如,依据票据法作成票据并交付,依据票据法的规定转让票据等等。(3) 受让人在取得票据权利时无恶意或过失。(4) 须给付对价。受让人取得票据未给付对价的,其地位不优于前手。

2. 票据权利因清偿而取得。清偿是票据债务人依票载文义偿付票据金额的行为。在票据关系中,除承兑人、付款人以外,其他票据债务人一旦清偿票据债务后便取得了持票人的地位,享有票据权利。

3. 票据权利因非票据法规定的权利发生事由而取得。这主要表现为法人的合并、继承等事由。

二、票据权利取得的分类

票据权利的取得可以分为原始取得和继受取得两种。

(一) 原始取得

票据权利原始取得是指票据权利的取得不以原权利的存在或者不以原权利人的意志为依据的情形。原始取得的情形有两种。一是票据以及票据权利在取得前该票据以及该权利不存在,属于新作成的票据以及新发生的权利。因票据的签发而取得的票据权利属于票据权利的原始取得。票据的签发"是票据权利最主要的原始取得方式,也是其他取得方式的基础,没有票据权利的发行取得,其他取得方式无从谈起"[1]。二是票据权利的善意取得。票据在签发前不存在票据权利,自签发后方产生票据权利,此为票据权利的原始取得。票据在取得前已经存在,并存在票据权利,但是,票据权利的取得并非基于原票据权利人的意志,该取得方式仍属原始取得。票据的善意取得人其所得之票据权利并非依据原权利人的意志,故为原始取得。例如,甲拾得一张票据,将它背书转让给善意的乙。此案甲并非票据权利人,乙并非从票据权利人受让票据权利。

(二) 继受取得

票据权利的继受取得是指票据权利基于原权利人的意志而取得的方式。票据权利的继受取得必须同时具备两个条件:其一,在票据权利获得之前,该权利已经存在;其二,票据权利的取得必须以原权利人的意志为依据,经原权利人同意。票据权利的背书转让就是票据权利的继受取得。《日内瓦汇票本票统一公约》中规定的票据以

---

[1] 《2006年国家司法考试辅导用书》第3卷,法律出版社2006年版,第411页。

单纯交付的方式而转让的,也属于继受取得。因清偿票据债务而取得票据的,同样合乎票据继受取得的要件,属于票据的继受取得。

三、票据权利取得的限制

各国票据制度均对票据权利的取得作了一定的限制。英国和美国票据制度认为,只有"正当持票人"才享有票据权利,否则纵然其手执票据也不享有票据权利。大陆法系国家票据制度认为,因恶意或重大过失取得票据的,不享有票据权利。票据权利取得的限制主要表现在以下两个方面:

(一) 恶意或因重大过失取得票据的,不享有票据权利

票据上的权利随票据而移转。原则上,持有票据的,即可享有票据上的权利。然而,绝对地遵循这一规则,有悖诚实信用原则,交易安全也因此受到损害。因此,各国法律又规定,票据转让过程中受让人主观上有恶意或重大过失的,不享有票据权利。比如,《日内瓦汇票本票统一公约》第 16 条第 2 款规定:"任何人,不论以何种方式丧失汇票,只要持票人系按上文所述方式确立其权利者,无义务交出汇票,但该持票人以恶意取得或在取得时有严重过失者除外。"①德国、日本票据法均有相同的规定。大陆法系国家票据法的上述规定表明,持票人按照法定程序取得票据时,只要主观上无恶意或重大过失,无论其从何处取得票据,都享有票据权利。英国和美国票据法将持票人作出了正当持票人和非正当持票人的分类。只有正当持票人才享有票据权利。按照《英国票据法》的规定,正当持票人是指:"按照下述条件取得汇票,其票面完整而成为合格之持票人:(1) 在成为持票人时,汇票未过期,如已有退票之事实,亦不知该事实。(2) 以善意并支付对价取得汇票,在汇票流通转让于正当持票人时,不知转让之所有权有任何缺陷。"②《美国统一商法典》也作了类似的规定,即:"正当持票人是以下列方式取得该票据的持票人:(1) 给付对价;及(2) 善意;及(3) 不知该票据已过期或已被退票,或任何人曾

---

① 这里所述"上文",是指该法第 16 条第 1 款,即法定的背书规则。
② 《英国票据法》第 29 条。

对该票据提出抗辩或提出权利主张"。① 从英国、美国关于"正当持票人"的规定可见,票据权利的取得应是善意的、无缺陷的,票据债务人对前手的抗辩事由是不知情的,并给付了对价。所谓"善意",英国票据法将其定义为:"如事实上某人是诚实地办理某事,则根据本法含义,不论其是否有疏忽,应认为是善意地办理该事。"②关于"缺陷",英国票据法也对此作了详尽的描述:"如某人以欺诈、胁迫、暴力和恐吓,或其他非法手段,或以非法对价取得汇票或汇票之承兑,或违反诚信,或在等同欺诈之情况下流通转让汇票,则按照本法含义,该汇票转让人之所有权存有缺陷。"③

综观各国的票据立法,票据权利的取得均不得有恶意和重大过失。我国票据法亦然。我国《票据法》第12条规定:"以欺诈、偷盗或者胁迫等手段取得票据的,或者明知有前列情形,出于恶意取得票据的,不得享有票据权利。持票人因重大过失取得不符合本法规定的票据的,也不得享有票据权利。"这里所称"恶意取得票据",是指以有悖诚信原则方式而取得票据,或明知前手无实质上的票据权利,仍从其手中取得票据。所谓"重大过失",是指持票人取得票据时未尽交易上最低限度的注意。

基于票据权利的外观性,持票人在行使票据权利时无需证明他在取得票据的过程中无恶意或重大过失。各国票据法一般都对持票人作善意及无过失之推定。我国票据法虽然无善意推定之明文规定,但从票据的外观性及维护安全、鼓励交易的商事规则而言,对持票人作上述推定是不言自明的道理。我国《票据法》规定,当事人行使票据权利应当提供票据。《最高人民法院关于审理票据纠纷案若干问题的规定》第9条第2款规定,向人民法院提起诉讼的持票人有责任提供争讼票据,该票据的出票、承兑、交付、背书转让涉嫌欺诈、偷盗、胁迫、恐吓、暴力等非法行为的,持票人对持票合法性负责举证。这一规定表明,提供票据的便能证明票据权利,诉讼相对方如能

---

① 《美国统一商法典》第3-302条。
② 《英国票据法》第90条。
③ 《英国票据法》第29条。

证明持票人票据的取得涉嫌非法行为的,持票人才对票据取得的合法性负举证责任。

票据权利取得的限制规定只适用于收款人或持票人取得票据的当时。票据已经取得后才知道票据的出让人无实质上的票据权利或票据权利有瑕疵的,该持票人仍享有票据权利。

(二) 持票人取得票据时未支付对价的,不享有票据权利或不享有优于前手的权利

我国《票据法》第 10 条第 2 款规定:"票据的取得,必须给付对价,即应当给付票据双方当事人认可的相对应的代价。"该法第 11 条规定:"因税收、继承、赠与可以依法无偿取得票据的,不受给付对价的限制。但是,所享有的票据权利不得优于其前手的权利。"这两条规定虽然都是对无对价取得票据权利的限制,但适用范围不同。前条适用于"赠与"、"继承"、"税收"以外的无对价取得票据的情形,后条适用于因"赠与"、"继承"、"税收"而取得票据的情形。两条规定的效力也不同。前条限制的后果是持票人不享有票据权利,后条限制的后果是持票人无优于前手的权利。

此处所谓"无优于前手的权利",是指持票人的地位不高于前手,所享有的票据权利可能因前手的权利瑕疵而受影响的情形。详言之,倘若持票人前手的票据权利无瑕疵,则持票人的权利亦无瑕疵,此时持票人虽然无对价而取得票据,仍享有其前手原本享有的权利;倘若持票人前手的权利有瑕疵,则持票人的权利也有瑕疵,此时,持票人虽然可以向票据债务人行使票据权利,但票据债务人可以基于对持票人前手的抗辩事由对抗持票人;倘若持票人的前手根本无实质上的票据权利,则持票人也无票据权利。

给付对价,包括已经实施的对价给付行为和按照双方约定应当给付的对价。比如,票据债务人甲交付票据一张给持票人乙用以购买乙的产品,按双方约定,甲有先为付款义务,当付款日届至时,尽管乙尚未向甲交付合同约定的产品,但甲仍不能以无对价为由进行抗辩。

各国票据制度一般都推定持票人取得票据时已支付了对价。《英国票据法》第 30 条第 1 款规定:"每一个在汇票上签名的当事

人,在表面上被认为是取得对价的当事人。"我国票据法虽然无对价推定的明文规定,但按照票据法的一般原理,持票人在行使权利时无需证明其票据为对价取得。

四、票据权利的消灭

票据权利的消灭,是指票据权利在客观上已不复存在的状况。票据权利的消灭,分相对消灭和绝对消灭两种。

(一)票据权利的相对消灭

票据之债常表现为多数人之债。比如,经背书转让、保证、参加承兑、参加付款的票据之债的关系中,票据债务人为出票人、背书人、保证人、参加承兑人等。当票据债务人为数人时,一债务人因被追索而清偿债务或保证人、参加人履行票据义务的,持票人的票据权利因此消灭,但整个票据关系并不因此而消灭。

引起票据权利相对消灭的事由主要有:清偿、抵销、免除、追索权的丧失等。

(二)票据权利的绝对消灭

全部票据关系均不复存在的,为票据权利的绝对消灭。引起票据权利绝对消灭的事由主要有以下几种:

1. 付款人或承兑人为票据付款。票据的目的是付款,付款人或承兑人付款的,票据关系全部消灭。

2. 时效期间的届满。票据时效届满的,票据权利因此而消灭。然而,持票人对出票人、承兑人、背书人的权利的时效期间长短不一,只有对所有票据债务人的时效期间都届满的,才发生票据权利绝对消灭。

3. 票据别除权。票据丧失后,失票人可以通过诉讼程序请求法院在公示催告后作出除权判决。法院作出除权判决后,该张票据上的票据权利绝对消灭。

4. 不得变动之记载事项的更改、变造。我国票据法规定,票据金额、日期、收款人名称不得更改。更改或变造这些记载事项的,票据无效,票据权利也因此消灭。

5. 涂销。持票人为消灭票据权利而对票据实施涂销行为的,票据权利消灭。仅仅涂销某些记载事项消灭票据债务人中的一人或数人的债务的,不发生票据权利的绝对消灭。

第三节　票据权利的行使与保全

一、票据权利的行使

(一) 票据权利的行使方式

票据权利的行使应当以如下方式进行:

1. 提示票据。基于票据的流通性,票据债务人不知何人为票据最终取得者,因而,票据权利的行使不能坐待义务人为给付,票据债权人行使票据权利时除失票救济外,必须提示票据。提示票据的主要作用有三个:其一,使债务人知道票据债权人为何人。其二,便于债务人收回票据或在票据上作出记载。其三,通过意思通知催告票据债务人为给付。请求付款人承兑汇票的,也必须提示票据。由于行使票据权利以提示票据为必要的方式,因此,在票据领域中,请求承兑的,被称为提示承兑;请求付款的,被称为提示付款。

2. 追索权的行使除应当以上述方式进行外,还应当具备一定的条件。追索权属于"担保实现权",因而具有补充性,只有在具备了票据法规定的相关条件时(如不获承兑)才能行使。

(二) 票据权利的行使时间

票据权利不同于一般债权,票据权利的行使受短期时效的限制,权利人更应当关注权利行使的时间。票据权利行使的时间因票据权利的内容而有所区别。

提示承兑的权利,应当在汇票到期日前行使;见票后定期付款的汇票,应当在出票后法律规定的期限内行使。

提示付款的权利应当在到期日前行使;见票即付的票据,应当在出票后法定时间内行使。到期日届至后权利人应及时行使权利,否则权利将因时效期限的届满而消灭。

追索权应当在可行使追索权时起,时效期间内行使。

我国《票据法》规定:定日付款或者出票后定期付款的汇票,提示承兑的时间为到期日前;见票后定期付款的汇票,提示承兑的时间为自出票日起1个月。

根据我国《票据法》、《中国人民银行关于施行〈中华人民共和国票据法〉有关问题的通知》、中国人民银行《支付结算办法》的相关规定,银行汇票的提示付款期限为自出票日起1个月内;商业汇票的提示付款期限为自汇票到期日起10天内;银行本票的提示付款期限自出票日起最长不得超过2个月;支票的提示付款期限为自出票日起10天内。超过提示付款期间的银行汇票、银行本票、银行承兑汇票,代理付款银行不予受理,持票人向签发银行或承兑银行作出说明后,可以向其请求付款。超过提示付款期限的支票,付款人不予受理,持票人在向出票人作出说明后,可向其请求付款。超过提示付款期限的商业承兑汇票在向承兑人作出说明后,可向其请求付款。

上述期限的计算,适用《民法通则》关于计算期间的规定。所称期间按照公历年、月、日、小时计算。按照日、月、年计算期间的,开始的当天不算入,从下一天开始计算。期间的最后一天是法定休假日的,以休假日的次日为最后一天。按月计算期限的,按照期月的对日计算;无对日的,月末日为到期日。期间的最后一天的截止时间为24点;有营业时间的,到停止业务活动的时间截止。上述各项期间可以因不可抗力的原因而中止。不可抗力的原因消失时,期限可以顺延。

(三) 票据权利的行使地点

一般债权的行使地点,有约定的按约定;履行地点没有约定或约定不明,给付货币的,在接受给付一方(债权人)的所在地履行债务。票据债务的履行地点,依据票据上的记载。票据上没有关于履行地点的记载的,不能根据民法关于在债权人的所在地履行的规定,因为票据是流通证券,当票据未记载付款地时,付款人或承兑人如果是商事主体,在付款人或承兑人的营业场所,或者付款人或承兑人的代理人的营业场所进行票据金额的给付;付款人或承兑人为其他主体的,票据金额的给付在付款人或承兑人的住所或者经常居住地进行。

二、票据权利的保全

民事权利的行使与民事权利的保全虽为两种不同的行为,发生不同的效力,但是,两种行为是有重叠的。即票据权利的行使行为,同时又是票据权利的保全行为。

债权请求权受消灭时效限制。未在法定的期间内行使请求权的,其请求权没有保护之必要。该请求权最终因时效的经过而消灭。票据权利因采取短期时效制度,加之票据权利的行使还受时效期间外的法定期间限制,维护票据权利的手续比其他民、商事权利更为技术、复杂、苛刻,因而票据权利的保全制度被突显出来。多数民事权利都存在保全问题,唯独票据权利提及保全,其原因即在于此。

票据权利的保全,是指票据权利人为防止票据权利因时效等原因而丧失所进行的维护票据权利的行为。例如,在规定期限内行使权利和作成拒绝证书等。由于及时行使票据权利会产生保全票据权利的效果。因此,行使票据权利的行为又是票据权利的保全行为。然而,票据权利的保全未必都是通过行使票据权利来实现的。英国票据法将拒绝证书的作成、将不获承兑或不获付款的情形通知前手都规定为票据权利的保全行为。不在规定的期限内实施这些行为,持票人将丧失追索权。我国《票据法》第65条规定:"持票人不能出示拒绝证明、退票理由书或者未按照规定期限提供其他合法证明的,丧失对其前手的追索权……"

收款人或持票人保全票据权利的时间为法律所规定,属于法定期间。比如,我国《票据法》第39条第1款规定:"定日付款或者出票后定期付款的汇票,持票人应当在汇票到期日前向付款人提示承兑。"第40条第1款规定:"见票后定期付款的汇票,持票人应当自出票日起一个月内向付款人提示承兑。本票自出票日起,付款期限最长不得超过2个月。"第92条第1款规定:"支票的持票人应当自出票日起10日内提示付款;异地使用的支票,其提示付款的期限由中国人民银行另行规定。"上述规定,都是法律对票据权利人行使权利的时间上的限制。权利人未在法定的时间内行使权利的,将对出票人、承兑人以外的票据债务人丧失追索权。我国《票据法》第40

条第 2 款规定:"汇票未按照规定期限提示承兑的,持票人丧失对其前手的追索权。"该法第 79 条规定:"本票的持票人未按照规定期限提示见票的,丧失对出票人以外的前手的追索权。"此外,我国《票据法》第 17 条还规定了票据时效期间。票据权利在法定的时效期间内不行使而消灭。

收款人或持票人保全票据权利的处所就是行使票据权利的处所,应当是票据记载的付款地,票据未记载付款地的,应在付款人或被追索人的营业场所、住所或经常居住地进行。

收款人或持票人保全票据权利的方式依据法律的规定进行。以通过行使票据权利而中断票据时效的,以对票据债务人请求履行票据义务的方式(催告方式)进行。以通过行使权利避免丧失对出票人、承兑人以外的票据债务人之票据权利的,应当在规定的时间内提示承兑、提示付款、提供拒绝证明。

不同的国家关于票据权利行使和保全的具体要求不同。出票、背书、承兑、保证、付款等行为中,既有发生在中华人民共和国境内又有发生在中华人民共和国境外的涉外票据,关于票据追索权的行使期限,适用出票地法律;关于票据的提示期限、有关拒绝证明的方式、出具拒绝证明的期限,适用付款地法。

思考题

1. 票据权利与一般民事权利有何区别?
2. 票据权利有何类别?其分类意义是什么?
3. 票据权利有哪些权能?
4. 简述票据权利的取得及其限制。
5. 简述票据权利的行使与保全。

第五章 票据行为

内容提示 本章对票据行为的概念进行了研究,阐述了票据行为的特征;介绍了票据行为的分类。在对票据行为之性质进行分析研究的基础上,阐述了票据行为的有效条件,进而分析了《民法通则》、《合同法》关于民事法律行为的有效条件,以及合同的有效条件在票据行为的适用;研究分析了票据行为的解释原则;介绍了票据行为代理制度、空白授权票据制度以及票据粘单。

第一节 票据行为的概念与特征

一、票据行为的概念

票据行为有广义、狭义之分。广义的票据行为是指能引起票据法律关系发生、变更、消灭的一切行为,如:出票、背书、承兑、参加承兑、保证、保付、付款、参加付款、涂销等。狭义的票据行为仅指产生和变更票据权利义务关系的行为,如出票、背书、承兑、参加承兑、保证、保付。① 本书所称票据行为为狭义的票据行为。我国《票据法》规定的票据行为有:出票、背书、承兑、保证。

票据行为,是指设定、让与票据权利,或将票据权利授予他人行使的法律行为。除通过单纯交付票据方式移转票据权利的票据权利让与行为之外,票据行为均属为行为人自己设定票据债务的要式行为。票据行为以发生票据关系为目的,并产生行为人所追求的后果。

二、票据行为的特征

票据行为是法律行为的一种,除具有法律行为的特征外,还具有

---

① 赵万一主编:《商法学》,中国检察出版社2002年版,第191页。

其自身的法律特征。

(一)票据行为具有要式性和文义性

1. 票据行为的要式性

法律行为有要式行为与不要式行为两种。票据行为属要式行为。其行为必须依照票据法规定的方式进行,票据记载的事项也必须合乎票据法的要求。《日内瓦汇票本票统一公约》第一章便明确规定了汇票的开立应具备的内容和格式。世界各国票据立法,均严格规定了票据行为的形式。

根据我国《票据法》的规定,票据行为必须以书面的方式进行。此处所谓书面必须同时具备如下条件:其一,必须以一定的文字书写。例如我国《票据法》第8条规定:"票据金额以中文大写和数码同时记载,二者必须一致,二者不一致的票据无效。"其二,必须在票据凭证上书写。例如《最高人民法院关于审理票据纠纷案件若干问题的规定》第62条明定:"保证人未在票据或者粘单上记载'保证'字样而另行签订保证合同或者保证条款的,不属于票据保证,人民法院应当适用《中华人民共和国担保法》的有关规定。"其三,必须在指定位置书写记载。出票、背书、承兑、保证这四种票据行为有的必须在票据凭证的正面进行书面行为,例如,出票、承兑以及以出票人、承兑人为被保证人的票据保证,都必须在正面进行;有的必须在背面或粘单上进行,例如,票据的背书和以背书人为被保证人的票据保证行为。

票据行为的要式性还表现为按一定的款式作出记载。任何一种票据行为都有款式之要求,未按照法律规定的款式记载事项的票据无效。票据行为都要求行为人签章。行为人不为签章的,该票据行为无效。

由于票据行为的要式性,当事人未按照票据法的要求进行记载的,不发生票据法上的效力。如前所述,票据金额的记载应当有中文记载和数码记载,缺少一项票据无效。票据事项之记载,既不能少于法律的强行规定,也不能多于法律的规定。我国《票据法》第24条规定:"汇票上可以记载本法规定事项以外的其他出票事项,但是该记载事项不具有汇票上的效力。"

不同的国家对票据记载的要求不同。关于出票、背书、承兑、保证、付款等行为中,既有发生在中华人民共和国境内又有发生在中华人民共和国境外的票据,有关汇票、本票出票时的记载事项,适用出票地法律;支票出票时的记载事项,适用出票地法律,经当事人协议,也可以适用付款地法律;票据的背书、承兑、付款和保证行为,适用行为地法。

2. 票据行为的文义性

法律行为以意思表示为要素。一般情形下表意人内心的效果意思与外部的表示行为是一致的,但有时两者也相去甚远,两者不一致时,票据行为意思表示的内容以票据上记载的文字意义为准。

票据文义性表现为如下几个方面:(1)票据行为之效力仅仅依据票载文义而确定。(2)文字记载与内心想法不一致,仍按票载文义确定票据行为的内容。(3)票据行为所反映的客观情况(如出票地点、出票时间等)也以票据上记载的文字意义来确定,即使文字记载与客观实情不符,仍以文字记载为准,不得以票据以外的证据材料来更正或补充票据所反映的事实。(4)票据债权人不得以票据上未记载的事项对票据债权人有所主张;除法律另有规定外,票据债务人不得以票据上未记载的事项对抗票据债权人。(5)票据的解释,以文义解释为原则,不能以文字以外的事实、证据作出扩大、补充或变更解释。

(二)票据行为具有抽象性

票据的运作,纯属技术性操作。票据行为的内容既无感情色彩,亦无善恶之分,更无票据行为内容合法与违法的问题。关于规范票据行为的法律、行政法规是技术性规范,如同机械设备的操作规程、交通规则等。因此,不得以票据行为的内容违法或违反公序良俗为由而否定其效力。比如,某甲从事法律禁止的违法交易向交易相对人某乙签发票据一张。此案,不能认为双方的交易违法而否定票据行为的效力,但是,某乙要求某甲承担票据责任的,某甲可以以基础关系的事由进行抗辩。

(三)票据行为具有确定性

票据交易为商事交易的一种。交易迅捷、交易简洁、交易确定是商事交易的原则,也是票据交易的原则。

基于交易的确定性,票据交易不得附条件。基于私法自治,法律行为允许附条件,并以将来能否成就不可知的条件限制法律行为效力。因而一般民事法律行为允许效力不确定。附条件的民事法律行为中所附条件能否成就必须是不确定的。这与票据交易的确定性相左,故各国法律均规定票据行为不能附条件。我国《票据法》规定,票据为无条件付款的委托或约定;票据签发附条件的,该票据行为无效;票据背书附条件的,该背书行为视为无条件;票据承兑附条件的,为拒绝承兑;票据保证附条件的,为无条件保证。

基于交易的确定性,票据行为无效力待定制度。我国《合同法》规定,限制民事行为能力人所实施的与其能力不相适应的非纯获利益的行为、无权代理行为、无权处分行为均为效力待定行为。这些行为一旦依法被追认,属于有效行为,如果未被追认,则自始无效。票据行为则不然。限制民事行为能力人实施的票据行为、无权代理行为、无权处分行为均为无效民事行为,不允许追认,不存在效力待定问题。因为,效力待定使该行为之效力在一定时间内处于不确定状态,影响了票据的交易与流通。

(四) 票据行为具有独立性

票据行为彼此独立。前一项票据行为无效,不影响后一项票据行为的效力。在一张形式符合票据法要求的票据上,若反映出数个票据行为,各票据行为独立产生效力。一般民事法律行为无此特征。例如,某甲为无民事行为能力人,将自己对于他人之债权转让给某乙,并向债务人通知,某乙又将该债权转让给某丙,也为债权让与之通知。依民法,甲乙的债权让与行为无效,不发生债权移转的后果。乙丙之间的债权让与行为也因甲乙之间的合同无效而无效。因为,甲乙债权让与合同无效,乙不能取得甲对他人的债权,也就不存在将债权让与丙的问题。票据行为则不然,除票据记载违反法律的强行规则之外,前一票据行为无效,不是导致后一票据行为无效的原因。例如,某甲为无民事行为能力人,向某乙签发一张票据,某乙将该票据背书转让给某丙。此案,某甲的票据行为无效,而某乙的背书行为有效。某丙基于某乙的背书取得票据权利。

基于票据行为的独立性,票据签发行为的无效,不影响票据背书行为的效力;票据背书无效,不影响票据签发行为以及其他票据行为的效力;被担保的票据行为无效,票据保证行为依然有效。我国《票据法》第6条规定,无民事行为能力人或者限制民事行为能力人在票据上签章的,其签章无效,但是不影响其他签章的效力;第14条规定,票据上有伪造、变造的签章的,不影响票据上其他真实签章的效力,这些规定充分说明了票据行为的独立性。

(五) 票据行为具有无因性

各国票据立法均确立票据的无因性。例如《日本票据法》第17条规定:"汇票之受票人,不得以对出票人或其他持票人前手之关系为理由而以抗辩对抗持票人。但持票人知晓对其债务人有损害而其得票据者,不在此限。"《日本支票法》第22条规定:"支票之被提示人,不得以对出票人或其他持票人前手之关系为理由而以抗辩对抗持票人。但持票人知晓对其债务人有损害而其得支票者,不在此限。"这两个规定表明了票据抗辩切断(割断)规则以及票据的无因性。

将原因关系与票据关系割裂,确立票据的无因性使票据关系的建立不依赖于原因关系,是立法者基于维护交易安全、促进交易发展的立法政策考虑,是票据本质属性的体现。票据作为一种信用工具,其效力只能依外观予以确认,而不问票据的取得是否有因、基于何因,也不问票据原因关系是否有效、是否被撤销。据此,票据的无因性是商品经济的必然结果,是票据性质使然,具有科学性。

票据的无因性实为票据行为的无因性,"票据上的债务是基于票据行为自身而发生和存在的,和作为票据接受原因的法律行为(买卖、消费借贷等)存在或有效与否无任何关系。即使买卖契约无效或被解除,由此产生的票据债务也不受影响"[①]。票据行为的无因性必然导致票据权利、票据关系的无因性。"票据法律关系虽因基础法律关系而成立、发生,但票据行为本身决非将基础法律关系中的权利义务表彰于票据上,而是依票据法的规定,为创设另一新的权利

---

① 〔日〕龙田节:《商法略论》,甘肃人民出版社1996年版,第43页。

义务之法律关系,因此,基础法律关系的权利义务,与票据行为所创设的权利义务,系个别独立存在的,互相间不发生影响。"①

票据行为虽具有无因性,但是,在票据关系当事人中的直接前后手之间,票据债务人可基于基础关系中的抗辩事由对抗票据权利人。此种抗辩包括两个方面:其一,票据债务人可基于票据债权人不履行票据基础关系中的义务而拒绝履行票据义务,如某甲签发票据一张给某乙,以支付欠某乙的购货款,某乙未依约履行货物交付义务却向某甲行使票据权利,某甲可因某乙未履行货物交付义务而拒绝承担票据责任;其二,票据债务人可基于自己与票据债权人之间不存在基础关系或曾经存在的基础关系已经被解除或撤销而拒绝承担责任,如票据债权人与票据债务人之间根本不存在票据基础关系或原基础关系已经被解除或撤销,或者所存在的所谓基础关系为无效合同关系。之所以在直接前后手的当事人之间允许以基础关系的抗辩事由进行票据抗辩,是因为票据在转让前,或者票据关系当事人直接前后手之间不存在票据交易善意相对人的保护问题。此外,票据债权人无对价而取得票据,或以不相当的代价而取得票据的,其所拥有的票据权利不优于前手。这是因为,无偿取得票据的不被纳入交易范畴,票据的无因性实基于票据交易之需要。

我国票据制度是否采纳无因性规则,理论界及实践部门对此有不同的观点。

《最高人民法院关于审理票据纠纷案件若干问题的规定》颁布以前,学界普遍认为我国票据制度对票据无因性持相对否定的态度。

我国《票据法》颁布前,相关制度要求票据的取得必须具有合法的商品交易关系。那时,票据的签发应当记载"用途",以示票据关系与基础关系的联系,付款的提示必须跟随交付合同凭证。这表明在当时票据是有因的。我国《票据法》颁布后,仍要求票据的签发或转让基于"真实的交易关系和债权债务关系","汇票的出票人必须与付款人具有真实的委托付款关系,并且具有支付汇票金额的可靠资金来源",这意味着票据行为或票据关系与原因关系紧密联系票

---

① 李钦贤:《票据法专题研究》,台湾三民书局1986年版,第199页。

据无因性原则在立法上被突破。①

《最高人民法院关于审理票据纠纷案件若干问题的规定》颁布以后,对我国票据制度的无因性有两种不同的认识。

一种观点为,该规定澄清了票据行为的无因性。其理由如下:(1)该规定第14条规定:"票据债务人以票据法第10条、第21条的规定为由,对业经背书转让票据的持票人进行抗辩的人民法院不予支持。"(2)基于票据的性质和票据的流通功能,票据的效力或票据行为的效力仅取决于形式要件,而不取决于原因关系。(3)《票据法》第10条、第21条虽使用了"应当"、"必须"等体现强行规则的词语,但并未指明违反这些规定的行为无效,比较《票据法》其他违反强行规则发生无效后果的规定,依整体解释的法律解释原则,违反这些条款的不能得出票据行为无效的结论。②

另一种观点则认为,国际上具有普遍意义的票据法理论中,票据无因性应当是绝对的,不受任何其他法律关系的影响,票据无因性原则在我国存有例外,这是立法中被突破,成为我国票据法的特色。票据无因性例外的适用前提条件是:票据关系当事人与票据基础关系的当事人相互重合的情形。确定票据无因性的立法目的,以及判断票据无因性是绝对还是相对的这一问题,是价值判断,而不是理论的应然性。我国的现状是,商业信誉包括金融机构的信誉低下且管理混乱、金融行业过于垄断、票据关系当事人商业意识薄弱、商业素质不高,这导致立法者不得不强调无因性的相对性的存在,力图以此解决票据关系与票据基础关系之间产生的冲突。③

我们认为,上述第一钟观点基于一种美好的主观愿望与善良意愿解读《票据法》第10条、第21条之规定,以及司法解释第14条的规定。《票据法》的相关规定虽未明确票据行为违反规定的无效,但也并非毫无约束意义的"提示性"、"建议性"条款。无效的民事行

---

① 徐学鹿主编:《票据法教程》,首都经济贸易大学出版社2002年版,第33页。
② 王小能、顾洁妮:《最高人民法院〈关于审理票据纠纷案件若干问题的规定〉评释》,载于《民商法论丛》2003年第1号,金桥文化出版(香港)有限公司2003年版,第372—374页。
③ 夏林林、闫辉:《票据无因性的相对性》,载《人民司法》2002年第7期。

为,包括绝对无效的民事行为与相对无效的民事行为。前者,可基于行为无效对抗第三人,如无民事行为能力人所实施的行为;后者,不得对抗第三人,如通谋虚假表示。《最高人民法院关于审理票据纠纷案件若干问题的规定》第 14 条的规定,明确无误地表明,只有当票据权利转让给第三人时,票据债务人才不得以《票据法》第 10 条、第 21 条的规定对抗持票人,若不发生票据权利的转让,在票据直接当事人之间,票据当事人仍可以依据《票据法》第 10 条、第 21 条的规定对抗持票人。可见,我国票据制度的无因性与各国票据规则并不一致。

上述第二种观点,揭示了我国现行票据制度关于票据无因性的规则,即票据关系当事人如为直接前后手关系则票据不强调无因性,否则为无因性。

我国票据的无因性为相对无因性。票据无因性不及于与票据债务人有直接债权债务关系的票据当事人。这种直接前后手之间的关系为有因性,间接前后手关系为无因性,或者说票据无因性规则存有例外情形确系中国特色,但对此评价应当客观。我们不能自我陶醉于这种特色。诚然,无因性规则的确立,旨在维护交易安全。一般而言在牵涉第三人时,交易安全规则才有适用之必要。物权即时取得制度便是一例。然而,票据无因性则不然。就本质而言,票据的无因性,为票据行为的无因性。法律行为的无因性是基于鼓励交易、助长流通及交易安全需要而高度抽象的结果。同一个行为,应具有同一属性。行为性质不能因人而异。就票据签发行为而言,该行为对其直接后手为有因行为,对其间接后手为无因行为,在逻辑层面有违同一律。①

任何制度都有其弊端。票据无因性之弊端在于造成票据关系直接前后手之间的循环诉讼。例如,甲与乙之间无任何交易关系,甲向乙签发票据一张。基于票据的无因性,乙因此而取得票据权利。倘若甲未履行票据债务,则乙可通过诉讼途径请求甲履行票据债务。甲承担了票据债务后,又可以依据不当得利制度请求乙返不当得利。

---

① 傅鼎生:《票据行为无因性二题》,载《法学》2005 年第 12 期。

如此往复循环诉讼会造成讼累，徒增诉讼成本。避免该弊端的方法在于允许持票人之直接前手依据票据基础关系（包括不当得利关系、无效合同关系等）中的抗辩事由进行票据抗辩。

"将上述票据行为之独立性与票据行为之无因性结合在一起，可以了解：票据行为之特征乃'左右切割、上下切割'之要式法律行为。'左右切割'云者，即每一个票据行为各自存在，尽管票据之纸张因继受而取得，但票据之权利原则上不生继受之法律关系。'上下切割'云者，即票据行为虽有原因，但票据行为与原因关系乃处分离之状态，原因关系之变动并不影响票据关系。"①

（六）票据行为具有协同性

与其他民事法律行为不同，票据行为是一种以承担票据责任为目的的行为。票据签发行为、票据承兑行为、票据保证行为都以承担票据责任为效果意思，票据背书转让行为，行为人也有担保受让人获得付款的目的。依据我国《票据法》，无论是票据的签发还是票据的背书、承兑、保证，票据行为人都应当承担全部的票据责任。当一张票据上反映出两个或两个以上票据行为时，数行为人都与票据债权人形成了票据债权债务关系，都有义务向票据债权人为全部给付，且各个关系为独立的权利义务关系，性质上属于数个债。

在多数人之债中，每一个债务人与债权人之权利义务关系均为独立的债的关系，属于数个债；数债务人具有确保债权人实现债权的共同目的，数债务人中的任何一人均有义务向债权人为全部给付，债权人可向任何一个债务人行使全部债权而不问给付内容是否相同；其中一人履行了全部义务后该多数人之债的关系因此消灭的，为连带债务。票据之债符合连带债务这一特征，两个或两个以上的票据行为人实施票据行为的，承担连带责任，因而票据行为具有协同性。

票据行为的协同性具体表现为：其一，两个以上的行为人为共同签名的，承担连带责任；其二，行为人为票据签发、票据背书、票据保证、票据承兑行为的，对持票人承担连带责任。

---

① 曾世雄、曾陈明汝、曾宛如：《票据法论》，中国人民大学出版社2002年版，第37页。

第二节 票据行为的性质和种类

一、票据行为的性质

票据行为属双方法律行为抑或单方法律行为,学术观点不一致,主要有以下学说:

(一) 契约说

契约说认为,票据行为是一种双方的民事法律行为,是在票据上签名的人与持票人之间的契约行为,票据本身就是契约的书面形式,无须另订书面协议,票据的交付过程中的给付与受领,性质上为当事人间的合意。

为了说明票据债务人对直接相对人以外的第三取得者承担票据责任的法律依据,契约说又分为单数契约说与复数契约说两种。

单数契约说认为,票据行为属于一种单数契约,即出票人与收款人之间缔结的契约。由于在解释和说明出票人缘何应当对收款人之后手承担票据责任的问题上存在分歧意见,单数契约说中,关于上述问题的解说又可分为下列四说:(1) 后手继受前手的票据权利的"继承说"。即出票人签发票据给收款人后,双方便建立了契约关系,收款人依据契约而取得权利,收款人背书转让票据给后手以后,后手承继了前手的票据权利。(2) 票据契约属于为第三人设定权利的"第三人契约说"。此说认为,票据契约属于向第三人为给付的契约,契约不仅在缔约人之间发生效力,而且还对收款人的后手发生效力。第三人有权依据该涉他契约行使票据权利。(3) 票据债务人只对提示票据的债权人负责的"提示说"。此说认为,票据签发后至票据承兑或付款提示之前,票据债权债务尚处于不确定状态,票据提示后,权利义务关系才确定,提示人为票据权利人,票据债务人对提示人承担票据责任。(4) 后手受让前手票据权利的"债权让与说"。该说认为持票人之所以取得票据权利是基于收款人转让票据的行为所致。收款人票据权利的取得,是基于出票人与收款人之间的票据契约。

复数契约说认为,票据行为是票据债务人与数个票据债权人订立契约,因而票据债务人与数个票据债权人间存在数个契约。至于出票人如何与直接相对人以外的后手缔结契约,论者不一,可分以下三说:(1) 票据债务人向不特定人为要约,最终取得票据为承诺的"不特定人契约说"。此说认为,出票人在签发票据时已经向不特定的人进行要约,持票人取得票据,即为对要约所作出的承诺,因而票据债务人与持票人建立票据契约。(2) 通过背书变更契约的"变更契约说"。此说认为,票据债务人之所以与各票据债权人之间存在票据契约,是因为票据权利人通过背书的方式将契约变更给后手。(3) 票据债务人与各后手的关系由背书而发生的"背书媒介说"。此说认为,背书人属于自己前手与自己后手的媒介,通过背书将票据债务人与后手建立契约关系。①

英国、美国票据制度皆采契约说。认为票据行为的成立以交付票据为要件,"票据债务人所以负担票据债务,乃因与票据权利人缔结契约所致"。② 为维护票据交易安全,《英国票据法》及《美国统一商法典》都进行持票人占有的票据为票据债务人交付而取得的推定。③

(二) 单方行为说

德国、日本票据制度采用这一学说。单方行为说认为,票据行为为单方法律行为,票据关系因债务人签名于票据上的单方行为所生。该说又分为:"发行说"、"所有权取得说"、"善意占有说"和"人格说"、"创造说"。

发行说认为,只有当票据行为人在票据上作出记载、进行签章,并将票据交付后才发生票据权利。

所有权取得说认为,只有在当事人取得票据凭证的所有权后,才能取得票据权利。

善意占有说认为,只有在当事人善意地占有票据后才能取得票据权利。

以上三种学说均认为票据权利的取得,必须以占有票据为前提,

---

① 梁贤宇:《票据法新论》,台湾1994年4月自版,第35页。
② 张国键:《商事法论》,台湾三民书局1980年修订版,第383页。
③ 《英国票据法》第21条;《美国统一商法典》第3-307条。

因而,票据行为只有在行为人作成票据,并按照行为人的意思使该票据脱离自己的占有或为第三人善意占有时才发生效力。

人格说认为,票据本身为一拟制主体,具有人格,持票人不过是票据这一拟制主体的代理人,因而,票据被作成后便产生法律效力。

创造说认为,票据只要被制作完毕,并由行为人在票据上签名,就能产生票据权利。即便出票人作成票据后将票据遗失,其也应对善意的持票人承担票据责任。

以上两种学说认为,票据权利的取得不以交付为条件。

为保障票据受让人的权益,维护票据交易安全,主张"发行说"、"所有权取得说"的,均以权利外观理论来补充,认为持有票据的人均被推定为基于票据债务人交付票据而取得。为保障票据权利人的权益,维护票据静的安全,主张"人格说"、"创造说"的,均以善意取得理论来补充,认为恶意取得票据的,不享有票据权利。[①]

我国《票据法》无论是文字表述还是规范技术均表明,我国票据制度采用单方行为说。

二、票据行为的种类

依不同的划分标准,可以将票据行为分成不同的种类。

(一)法律上的分类

法律规定的票据行为种类一般有出票、背书、承兑、参加承兑、保证、保付六种。票据行为的种类限于法律规定,我国票据法规定的票据行为有出票、背书、承兑、保证四种,当事人在票据凭证上实施这四种票据行为以外的行为,不发生票据行为的效力。

(二)学理上的分类

票据行为在学理上的分类一般有两种:

1. 基本票据行为与附属票据行为。基本票据行为,是指创造票据的原始票据行为。出票是基本票据行为。附属票据行为,是指在已签发的票据上实施的非原始的票据行为。例如,背书、承兑、参加承兑、保证、保付。

[①] 张国键:《商事法论》,台湾三民书局1980年修订版,第385页。

2. 固有的票据行为与限制的票据行为。票据行为均以票据债务设立为目的。票据行为只发生票据债务设立的效力,而不发生其他票据债务人免责的效力的,为固有的票据行为。票据行为除发生票据债务设立的效力外,还发生免除其他票据债务人债务的效力的,为限制的票据行为。前者如出票、背书、承兑、参加承兑、保证;后者如保付。

第三节　票据行为的有效条件

一、票据行为的有效条件

票据行为应具备以下条件:

1. 行为人应具备票据能力。票据能力,是指票据权利能力与票据行为能力。

自然人可以成为票据关系中的主体,有票据权利能力。关于票据行为能力,我国《票据法》规定,有民事行为能力的,便有票据行为能力。因此,自然人进行票据行为的,应具备行为能力,无民事行为能力以及限制民事行为能力的人所实施的票据行为无效。

法人的行为能力与权利能力一致。法人具备票据权利能力的,即具备票据行为能力。我国《票据法》允许任何一个法人享有票据权利、承担票据义务[1],因而法人具有票据能力。各国法律一般都认为法人有票据能力。尽管英国票据法对法人的票据能力作了限制[2],但"在票据法判例中,对法人权利能力范围之外的法人票据行为,一般仍认定为应由法人负责"。[3]

根据我国《票据法》的规定,法人的分支机构等非法人组织也能实施票据行为,承担票据责任。[4] 由于它并非一独立的法律实体,当它无力承担票据债务时,应由法人承担责任。

---

[1] 《中华人民共和国票据法》第7条。
[2] 《英国票据法》第22条规定:"汇票当事人承担责任之行为能力与缔结合约之行为能力同。但本条不应使法人组织作为出票人、承兑人或背书人而对汇票负责,除非按照当时有关法人组织之有效法律,法人组织有资格承担责任……"
[3] 姜建初:《票据法原理与票据法比较》,法律出版社1994年版,第36页。
[4] 《中华人民共和国票据法》第7条。

认定行为人有无票据能力应从票据行为实施并完成之时的状态来确定。自然人于票据行为实施完毕时有行为能力的,便认定其有票据能力。票据行为何时实施且完成,以票据记载为准,但有证据足以推翻记载的除外。

由于各国法律规则的差异,关于行为能力确认规则也不同。票据关系若有涉外因素,即出票、背书、承兑、保证、付款等行为中,既有发生在中华人民共和国境内又有发生在中华人民共和国境外的,票据债务人的民事行为能力,适用其本国法;票据债务人的民事行为能力,依照其本国法律为无民事行为能力或者为限制民事行为能力而依照行为地法律为完全民事行为能力的,适用行为地法。

2. 意思表示真实。票据行为以意思表示为要素。票据行为是以意思表示内容发生私法效力的行为。除法律另有规定外,票据义务的产生应本着票据行为人的意志。票据义务自主是各国票据制度的一项通行规则。票据行为人在实施票据行为时其内心的想法与外部表示应当一致。当真意与表意不一致时,该票据行为便有瑕疵。

票据行为中意思表示之瑕疵认定与处理,原则上适用民法的规定,但行为人不得用票据行为无效或可撤销对抗善意持票人。具体地说,因欺诈、胁迫而进行的票据行为相对人不享有票据权利,但行为人不得对抗善意持票人。因重大误解而实施的票据行为,行为人仍应对善意持票人承担票据责任。

必须明确的是,票据原因行为有瑕疵的,票据行为的效力不受其影响。无论票据原因行为无效,还是被撤销,票据行为都发生效力。

3. 符合法律的规定。我国民法通则规定,民事法律行为不得违反法律和社会公共利益。民事法律行为的合法性包括形式合法和内容合法。票据行为虽然为民事法律行为的一种,但由于它的抽象性,因此,票据行为的合法性仅指形式合法。票据行为是一种要式行为,其记载事项必须符合法律的规定,否则,直接导致票据行为无效。票据行为因形式不合法而无效的,行为人可以对抗任何一个持票人。

基于票据行为的特殊性,在票据行为的有效条件中不存在内容合法的条件。因此,既不存在票据行为内容违法、违反社会的公共利益、违反社会公序良俗等情形,也不存在恶意串通,损害国家、集体或者第三人利益的票据行为、违反国家指令性计划的票据行为、以合法形式掩盖非法目的的票据行为。

二、我国《民法通则》、《合同法》关于民事法律行为无效、撤销规则在票据行为中的适用

《民法通则》、《合同法》确定某些民事行为无效,某些民事行为可变更、可撤销。这些规则有的可以适用于票据行为,有的则不能适用。分述如下:

(一) 关于无民事行为能力人实施的行为的效力问题

除接受赠与、接受奖励、接受报酬外,《民法通则》规定,无民事行为能力人实施的行为属于无效的民事行为。① 《票据法》也规定,无民事行为能力人在票据上签章的,其签章无效。行为人不承担票据责任,可以对抗任何一个请求其履行票据债务的持票人。基于票据行为的独立性,该票据上的其他签章的效力,不因此而受影响。

(二) 关于限制民事行为能力人实施的行为的效力问题

依据《民法通则》的规定,限制民事行为能力人实施的行为分两种,一种是依法能独立实施的行为,如接受赠与、接受奖励,以及与行为人的年龄、智力、精神状况相适应的行为,此种行为有效;另一种是依法不能独立实施的行为,该行为无效。② 《合同法》也以行为人能否独立实施行为为标准将其行为分为两类。能独立实施的行为,如纯获利益的行为,其行为有效;不能独立实施的行为,其行为效力处于待定状态,不可谓其有效,也不可谓其无效,其效力由其法定代理人决定。③ 《民法通则》、《合同法》的规则不能完全适用票据行为。我国《票据法》规定,限制民事行为能力的人所实施的票据行为无效。基于这一点,他可以对抗任何一个请求其承担票据责任的持票人。

---

① 《中华人民共和国民法通则》第58条。
② 同上。
③ 《中华人民共和国合同法》第47条。

(三)关于一方以欺诈、胁迫的手段或者乘人之危,使对方在违背真实意思的情况下所为的行为效力问题

《民法通则》明定此类行为无效。[①]《合同法》认为,该行为损害国家利益的,属无效民事行为;不损害国家利益的,为可变更、可撤销的民事行为。[②]《票据法》规定,行为相对人不能依该行为取得票据权利,但是实施该票据行为的人不得以受胁迫、欺诈、违背意思为由对抗善意持票人。

(四)关于违反强行规则行为效力的问题

恶意通谋,损害国家、集体或者第三人利益的行为,以合法形式掩盖非法目的的行为,行为内容违反法律、行政法规的强制性规定的行为,损害社会公共利益的行为,经济合同违反国家指令性计划的行为的效力等,依据《民法通则》、《合同法》的规定,属于无效的民事行为。[③] 然而,票据行为具有抽象性,该行为不涉及内容违法与否,故而,《民法通则》的这一规定不能适用于票据行为,不能作为确认票据行为有效与否的依据。

(五)关于形式违法的行为的效力问题

《民法通则》认为,形式不符合法定或约定要求的行为无效。但司法实践以及《合同法》同时又认为,法律行为的形式虽不符合法律的规定或当事人的约定,但一方已经实际履行了主要义务,对方也接受了所作给付的,该法律行为成立、有效。[④]《票据法》要求票据行为必须符合法律的要求,否则无效。可见票据规则的严苛。

(六)关于重大误解行为的效力问题

《民法通则》、《合同法》都规定,重大误解的民事行为为可变更、可撤销的民事行为。[⑤] 依照票据规则,行为人不得以重大误解为由对抗善意持票人。

[①] 《中华人民共和国民法通则》第58条。
[②] 《中华人民共和国合同法》第52条、第54条。
[③] 《中华人民共和国民法通则》第58条;《中华人民共和国合同法》第52条。
[④] 《中华人民共和国民法通则》第56条;《中华人民共和国合同法》第36条。
[⑤] 《中华人民共和国民法通则》第59条;《中华人民共和国合同法》第54条。

（七）关于显失公平的行为的效力问题

《民法通则》、《合同法》规定显失公平的行为属于可变更、可撤销的民事行为。① 票据行为不涉及内容的公平与否,故这一规则在票据行为中不适用。

第四节 票据行为的解释

票据行为的解释,是指对票据行为内容的含义的理解。如果票据行为用语准确,记载明确、具体、清楚,并与行为人主观想法一致,一般不发生解释问题。一旦票据行为中使用的文字发生歧义,当事人对记载事项理解不一致,就需要对票据行为进行解释。

对票据行为的解释应区别于对一般民事法律行为的解释。对一般民事法律行为的解释,往往强调探求当事人的真意。比如,《法国民法典》第 1156 条规定:"解释合同时,应寻求订约人的共同意思,而不拘于文字。"《德国民法典》第 133 条规定:"解释意思表示,应探求当事人的真意,不得拘泥于所用的词句。"票据行为的解释则不然。为维护票据交易安全,助长票据流通,对票据行为的解释应按以下原则进行:

1. 外观解释原则。票据行为是否有效,应根据外观记载来判断。票据的外观形式符合法律规定的,就应认定其有效,而不问其记载的事项与客观情形是否一致。除票据行为不符合有效条件外,即使票据的记载事项与实际情形不一致,也不能认定该行为无效。比如,《英国票据法》第 13 条第 2 项规定:"汇票不因日期之提前、移后或所载日期为星期日而无效。"

2. 文义解释原则。票据关系当事人对票据行为的含义发生理解上的分歧或对票据行为内容认识不一致时,应按票据上记载的文义进行客观的解释。即票据应按照票据上记载的文字所表明的内容、意义发生效力。即使该票据记载的文字所反映的内容与行为人的真实意志不符,或者与客观情形不符,也应按文字所反映的内容确

---

① 《中华人民共和国民法通则》第 59 条;《中华人民共和国合同法》第 54 条。

定效力。

3. 有效解释原则。为鼓励票据交易,助长票据流通,不能轻易判定票据行为无效。当票据行为既可以解释为有效,又可以解释为无效时,应解释该票据行为有效。

第五节 票 据 代 理

法律行为可以由他人代理,票据行为自然也得由他人代理。民法上的关于代理的规定,一般都可以适用于票据行为。但票据法基于票据流通和确保票据交易安全考虑,对票据代理作了特殊的规定。

一、票据代理的概念与要件

(一) 票据代理的概念

票据代理,是指基于本人的授权,以本人之名义,向相对人实施的明示代理之旨意的票据行为。票据行为性质上属于单方法律行为,因而票据代理行为是一种为本人之计算代为意思表示的行为,属于能动代理(亦称积极代理)。票据行为并非必须全然应由本人决定意思表示中效果意思的法律行为,因而可以由他人代理。无论是票据的签发、背书、承兑,还是票据的保证均可代理。票据代理涉及三面关系:(1) 本人与票据代理人之间的意定代理或法定代理中的代理权源关系。例如本人授权代理人进行代理行为而形成的授权关系或本人与其法定代理人之间的监护关系。(2) 票据代理人与票据行为相对人之间的行为当事人关系。应说明的是,由于票据行为属于单方行为,票据代理属于积极代理,因此票据代理行为当事人关系中的当事人应当理解为票据代理人以及票据代理行为之相对人。该相对人并没有实施票据行为。票据代理行为的相对人依票据行为种类的不同而不同。票据签发的代理行为,相对人为收款人;票据背书的代理行为,相对人为被背书人;票据承兑的代理行为,相对人为进行提示承兑的票据债权人;票据保证的代理行为,相对人为票据债权人。(3) 本人与票据代理行为相对人之间的票据代理后果归属关系。

(二) 票据代理的要件

1. 票据代理的成立条件

票据代理为积极代理,其成立应当具备以下条件:

(1) 须代理人为意思表示,并在票据上签章

代理行为是代理人实施的行为,应当由代理人为意思表示。由于代理人在代理权限范围内,就决定效果意思有一定的自由裁量余地,因而在代理行为实施过程中,效果意思由代理人决定,表示行为也由代理人进行。全然由本人决定效果意思,而由他人代为表示的,不是代理而是传话(传达),代为表示人也不是代理人而属于传话人(使者)。因而,关于票据行为实施过程中是否受欺诈或者胁迫的判断,应当就代理人方面考察。本人未曾受欺诈或胁迫,代理人却受到欺诈或胁迫,且代理人的票据代理行为正是因欺诈或胁迫所致的,应当按照欺诈或胁迫确定该代理的票据行为的后果。本人受到欺诈或胁迫,代理人则未受到欺诈或胁迫,且本人之代理权的授予并未因欺诈或胁迫而受任何影响,则票据代理行为不能按照欺诈或胁迫确认后果。应当看到,票据代理权的产生基于本人的授权。倘若本人因欺诈或胁迫而进行授权,即便票据代理人未受欺诈或胁迫,该代理的票据行为也应当按照欺诈或胁迫确认后果。

票据行为应当以书面的方式进行,并应当签章。票据代理所作意思表示为代理人的意思表示,应当由代理人进行票据签章。代他人作成票据,并代他人在票据上加盖印章的行为,并非票据代理,而是使者的行为。因为,没有代理人的签章,就没有代理人的表意行为。"依日本判例'代理人于其权限内为本人发行票据或背书,不签署自己的姓名或代以记名盖章,而是直接签署本人之名,或代以记名盖章,其行为仍为票据行为,为有效,对于本人发生效力。惟代理之权限,仅依委任之旨趣而定者,代理人直接签署本人之名或代其签名盖章,以特有授权为必要'(日本大正九年四月廿七日大判),此时应解为意思决定及表示机关的行为,自亦有效,然非代理行为。"[①]

---

① 史尚宽:《民法总论》,台湾1970年11月自版,第460页。

（2）须在票据上记载本人的姓名或名称,以本人的名义进行意思表示

代理行为与行记行为的区别在于,代理人是以本人的名义进行代理行为,行记人是以行记人自己的名义进行行记行为。代理行为的后果直接由本人承担,因此,票据交易的相对人有权知道本人是谁。由于票据行为属于书面的要式行为,因而代理人在以本人的名义进行票据代理行为时必须记载本人的姓名或名称,使行为相对人明确行为后果的承受者为何人。

民事代理有隐名代理和显名代理。我国《合同法》规定,受托人可以以委托人的名义与第三人签订合同,也可以以自己的名义与第三人订立合同。受托人以自己的名义与第三人签订合同时明确自己代理人的身份的,所订合同对委托人发生后果。票据代理不允许隐名代理,只能是显名代理。票据代理人必须以本人的名义代理进行票据行为。票据行为代理过程中,代理人未以本人的名义进行票据行为的,应当自己承担票据责任,因为,其已经在票据上签章,却未记载本人的姓名或名称,依据在票据上签章的人应当承担票据责任的法则,该代理人应承担票据责任。

（3）须在票据上表明代理之旨

一般民事代理,当交易相对人获悉代理人的代理之旨时,代理人可以不必明示代理的意图。票据代理则不然,纵使交易相对人明知行为人所实施的是代理行为,也必须将"代理之旨"载明于票上。

我国《票据法》第 5 条第 1 款规定:"票据当事人可以委托其代理人在票据上签章,并应当在票据上表明其代理关系。"这一规定表明,代理人实施票据代理行为时,必须载明以下事项:其一,票据代理人必须在票据上签章;其二,必须表明代理人为何人代理;其三,在票据上表明"代理"的意思。

票据代理人未在票据上签名或盖章的,不发生代理效力。票据代理人在进行票据代理时,未记载本人的名称,未表明代理之旨的,应认定为代理人自己的行为,由代理人承担票据责任。票据代理人直接签署本人名字的,属于票据签名的伪造。比如,甲是乙的代理人,甲在实施代理行为时,在票据上签上乙的名字。票据代理人基于

本人的授权直接加盖本人印章的,该行为属于票据代行行为而不是代理行为,视同被代理人自己的行为。比如,法人的经理人以法人的名义签发票据并加盖法人的印盖作为票据签章。

2. 票据代理的生效要件

(1) 须有本人之存在

票据代理行为所生之后果由本人承担,因而本人必须客观存在。倘若本人系子虚乌有,则该票据行为所生之债便是一个自始、客观、永久不能为履行的债,因而不能产生票据代理的后果。由于票据代理人在票据上签章,因此票据代理人应当承担票据责任。

(2) 须有票据代理权

票据代理权的发生根据和民事代理的发生根据一样,基于本人的授权或法律的直接规定、有关单位的指定。意定代理的,代理权因本人的授权行为而发生;法定代理的,代理权因监护关系的发生而发生;指定代理的,代理权基于相关单位的指定而发生。没有代理权而进行票据代理行为的,由实施无权代理行为的人承担票据责任。

长期以来,我国票据结算都集中在银行。这已逐渐形成了为人们广为接受,并在观念上加以固定的交易规则。支票付款必须委托银行进行,本票仅限于银行签发,汇票的付款人需要委托银行代理付款。支票的出票人、汇票的付款人都在付款银行或代理付款的银行开立账户预留印鉴。支票的付款人、汇票的代理付款人在付款时都必须查验票据上的签章与出票人、承兑人预留在银行的印鉴是否相符。这就极大地限制了票据代理。因为根据票据代理的形式要件,代理人在票据上所为之签章为自己的签章。因此,票据运作实践中很少有上述严格的代理形式。在多数情形下,法人的工作人员基于职务上的权限,于实施票据行为时在票据上直接加盖法人的印章和法定代表人的印章。此种行为应当定性为代行行为而不是代理行为,与本人所实施的行为具有同等效力,被认为是本人自己的行为。

票据代理与票据代行有如下区别:其一,签章不同。票据行为之代理,由代理人签章,所为之签字属于代理人自己的姓名,所为之盖章属于代理人的印章。之所以必须有代理人签章,是因为票据代理中的意思表示在一定程度上反映代理人的意志。票据行为存在代理人意思表示的因素,基于票据行为的书面要式性,表意人必须在票据上签章。票据行为之代行,由代行人加盖本人的印章,而没有代行人的签章行为。因为,代盖印章的行为并非表意行为,而是使者之行为。使者之行为即本人之行为,是本人手足之延长。其二,记载不同。票据代理行为实施后,票据上只有本人的记载而没有本人的签名或盖章。票据行为代行后,票据上没有本人的记载却有本人的盖章。其三,法律关系不同。票据代理人与本人之间存在代理关系,因为,代理关系基于本人的授权而发生。票据代行行为与本人的关系为使者之关系,该关系不是基于授权而发生,而是基于雇佣等合同关系而发生。据此,票据代理存有三面关系,而票据代行则无此关系。

二、票据行为的无权代理

行为人没有代理权、超越代理权或者代理权消灭后以代理人的身份签名于票据上,以本人之名义实施的票据行为,属于票据无权代理。无权代理有两种,一种是不发生本人责任的狭义的无权代理,另一种是发生本人责任的表见代理。

(一) 狭义的无权代理

民法上,狭义的无权代理的后果是:本人享有追认权和拒绝追认的权利,相对第三人享有催告权和撤回权,无权代理人应承担赔偿责任。尽管无权代理的后果明确、效力确定,但是,当事人的权利义务关系却处于不确定的状态,代理关系是否发生,代理效力是否发生有待本人的追认与否及相对第三人的撤回与否。票据行为是商事行为,商事交易的迅捷与安全,要求交易确定。因此,票据行为的后果不允许权利义务处于不确定状态。据此,无权代理人实施了无权代理行为后,本人无追认权,票据责任由无权代理人承担。超越代理权的,越权部分的票据责任由超越代理权的人承担。我国《票据法》第5条第2款规定:"没有代理权而以代理人名义在票据上签章的,应当由签章人承担票据责任;代理人超越代理权限的,应当就其超越权限的部分承担票据责任。"《德国票据法》、《日本票据法》、《日内瓦汇票本票统一公约》均有这样的规定。①

一般民事意义上的无权代理行为在遭到本人的拒绝追认后,无权代理人与相对第三人之间并不形成代理行为所产生的法律关系(譬如,无权代理人乙以甲的名义代甲与丙签订房屋租赁合同,该无权代理行为经甲拒绝追认后,乙与丙之间不因此而形成房屋租赁关系),无权代理人的无权代理行为造成相对第三人或本人损失的,应承担赔偿责任。票据无权代理则不然,它会使无权代理人与相对第三人形成票据关系,无权代理人对相对第三人的责任并非赔偿责任,而是履行票据债务。无权代理人与本人不因此而发生任何关系。票据无权代理人所"代理"的行为若为背书行为、保证行为、参加承兑行为,其在承担票据责任后取得持票人的地位,享有票据权利。

一般民事意义上的无权代理行为造成相对第三人损失后,若相对第三人在进行民事行为时明知对方无代理权的,则不能要求无权代理人承担赔偿责任。票据无权代理则不同,相对第三人明知行为人无代理权的,无权代理人仍应对其负票据之责。因为法律关于无权代理人对其无权代理行为承担票据责任的制度"并非仅为保护善意票据取得人而设"②,因此,各国"票据法未规定对方当事人之善意为其应自负票据上责任之要件"。③ 相对第三人即使有恶意,当其向无权代理人行使票据权利时,无权代理人不得据此进行恶意抗辩。

(二) 票据表见代理

票据无权代理人所实施的无权代理行为具备了足以使相对第三人相信其为有权代理的外观,相对第三人有理由相信其有权代理,则该行为属于表见代理。表见代理之成立,必须同时具备三个条件:其一,须为无权代理;其二,须第三人为善意,没有过错;其三,须有足以使第三人相信其有代理权的外表。

票据行为注重形式与外观,因而更容易形成表见代理。票据表见代理与民法表见代理相同,其适用民法表见代理的规定。表见代

---

① 《德国票据法》第 8 条;《日本票据法》第 8 条;《日内瓦汇票本票统一公约》第 8 条。
② 刘甲一:《票据法新论》,台湾 1978 年 2 月自版,第 69 页。
③ 同上。

理是无权代理的一种,当某一行为既符合票据无权代理的要件,又符合票据表见代理的要件时,票据无权代理与票据表见代理两者为并行关系。作为相对第三人的收款人或持票人既可以要求无权代理人依票据无权代理的规定承担票据责任,也可以要求本人依表见代理的规则履行票据义务。虽然收款人或持票人有权选择本人或表见代理人承担票据责任,但是选择是一次性的,当选择其中一人实现了票据权利后,该依据表见代理行为而发生的票据权利因其中一人的清偿行为而消灭。基于票据行为的表见代理,本人若向作为相对第三人的收款人或持票人承担票据责任后,只能依据民法请求表见代理人承担民事责任,而不能依据票据法向表见代理人行使追索权。表见代理人若向作为相对第三人的收款人或持票人承担了票据责任后,也不能依票据法向本人追索。票据无权代理人与本人,既没有关于共同债务的不可分给付义务关系,也没有票据连带债务关系。

第六节 空白授权票据

一、空白票据的概念与特征

空白授权票据,又称空白票据,是指出票人所签发的预留票据记载事项,并将预留的记载授权收款人补记的未完成的票据。出票人往往基于票据原因关系中的事由,不宜于票据签发时将票据的记载事项全部记载,刻意留下一定的记载事项交由票据接受人根据客观需要进行补充填写,票据接受人于票据提示承兑或提示付款前将原先空白之处补记完毕,以行使票据权利。例如,甲公司向乙公司购买一批货物,但不能确定该批货物在满载一个集装箱状态下的实际数量,于是便向乙公司签发一张未填写票载金额的支票,并授权乙公司于货物装载发送后依据实际数量填写金额。往往有这样一种情形,甲公司虽然与乙公司签订某货物的买卖合同,但是该货物实际由丙公司生产,当甲将金额空白的支票签发给乙公司后,乙公司又将该支票背书转让给丙公司,金额空白之处转而委托丙公司补记。各国票据法大多允许签发空白票据,《日内瓦汇票本票统一法公约》第10

条、《德国票据法》第 10 条、《日本票据法》第 10 条、《英国票据法》第 20 条、《美国统一商法典》第 3-115 条,均对空白票据作了规定。我国《票据法》第 85 条、第 86 条也对空白票据作了规定。但此规定只适用于支票。

空白票据具有如下法律特征:

(一)空白票据是由出票人签发的票据

空白票据只能发生在票据的签发过程中,是出票人因票据基础关系中的事由而签发的票据。基于票据原因关系的事由,票据权利人在背书转让票据权利时也会预留一定的记载事项让票据权利受让人补记。背书记载事项空白而授权补记的,属于空白背书,而不是空白票据。票据的背书是附属票据行为,是在已签发的票据上实施的非原始的票据行为,因而,票据的背书不可能成为空白票据。同理,任何票据附属行为都不可能造就空白票据。

(二)空白票据是预留必要记载事项的票据

票据的记载事项有绝对必要记载事项、相对必要记载事项和任意记载事项三种。绝对必要记载事项欠缺,票据无效。相对必要记载事项欠缺,依法推定该事项存在。任意记载事项不记载不影响票据的效力。空白票据属于记载未完成之票据。记载未完成之票据相对于记载已完成之票据而言。记载之完成与否,所针对的是绝对必要记载事项。由于相对必要记载事项之空缺,将依法律推定而存在,故不存在完成与否的问题。任意记载事项可以不记,也不存在完成与否的问题。只有绝对必要记载事项才有完成与否的问题。据此,票据故意留白,其空白之处一般为绝对必要记载事项的票据。

记载未完成之票据与记载未完善之票据不同。后者并非故意留白让票据权利人补记,而是欠缺法定之必要记载事项。所欠缺的法定必要记载事项,也应当是绝对必要记载事项。

空白票据所预留的绝对必要记载事项往往取决于票据原因关系,可以是该记载事项的一部,也可以是全部(签章除外)。出票人未记载票据绝对必要记载事项并非因为疏忽,而是故意留白不作记载。

（三）空白票据是已进行签章的票据

票据的签发属于书面形式的法律行为,任何一种书面行为都必须以行为人签章为要件。依据票据规则,只有在票据上签章的人才承担票据责任。票据行为是承担票据责任的行为,因而空白票据的签发必须以出票人签章为成立要件。签章空白的,不属于空白票据。

（四）空白票据是授权票据权利人补记的票据

空白票据毕竟属于未记载完成的票据,该票据只发生签发效力,而不能用以提示承兑或提示付款。票据债权人在提示承兑或提示付款之前,应当基于授权将留白之处补记,未经补记的,付款人或承兑人有权拒绝承兑或拒绝付款。因为,未完成的票据不是依法成立的票据,不发生票据权利。

我国《票据法》只允许空白支票的签发,对汇票与本票未作空白票据的规定。因而,应当认为当事人不能签发空白汇票和空白本票。关于能够留白的记载事项,我国《票据法》只规定两项:其一,收款人名称;其二,金额。除收款人名称与金额外,其他记载事项不允许空白。

二、空白票据的成立要件

当事人签发空白票据的应当具备如下三个条件:

（一）作成票据

票据的签发应当作成票据。空白票据的作成应当依据票据法的规定。空白票据并不意味着出票人签章可以空白,因此,空白票据的签发必须依照规定为票据签章。同理,还应当按照规定作出非空白之处的记载。

我国《票据法》规定支票的收款人和金额可以空白,因此,空白支票的签发除可空白之处不作记载外,其他记载事项及签章都必须按照票据法的规定进行。

（二）符合票据签发的规定

空白票据的签发除预留、空白记载事项外,其他均应符合票据签发的规则。例如,依据我国《票据法》的规定,金额之记载以中文大写与数码同时记载,二者必须一致。

（三）交付票据

票据是一种完全证券，权券一体，因而票据的签发应当交付票据。空白票据的签发也不例外，只有在交付票据后，该票据行为才能成立。

（四）授权票据债权人对留白补记

空白票据是一种授权补记的票据，因此出票人在票据签发的过程中必须将补记权授予票据债权人。授权的方式可以是书面的，也可以是口头的。出票人既未用书面方式，也未用口头方式，而是直接将空白票据交付收款人的，被认为以推定方式进行授权。一旦围绕授权问题发生争议，票据债权人只要出示所占有的票据，便能证明出票人已经为留白补记之授权，但出票人有相反的证据能够证明未授权的除外。

关于补记的范围，出票人应当在授权中明确。空白票据交付后，如就补记范围问题发生争议的，应当由出票人举证。

三、空白票据的效力

空白票据的效力可分为补记权行使前的效力和补记权行使后的效力。

（一）补记权行使前的效力

补记权，又称为补充权，是指基于空白票据出票人之授权，可在空白票据之留白处补充记载票据应记载事项的权利。空白票据在补记前发生如下效力：

1. 背书转让票据权利或者将票据权利授予他人行使

我国《票据法》规定的空白票据有两种，一种是收款人空白，以及收款人、金额都空白的空白支票；另一种是仅金额空白的空白支票。前者，在收款人补记之前不能背书转让，也不能背书将票据权利授予他人行使。因为，票据背书必须由背书人签章，而背书人必须是票据收款人。收款人尚未补记，背书无法进行。后者，可以在补记前背书转让或背书将票据权利授予他人行使。当事人背书转让空白票据的，或者将空白票据背书授予他人行使的，同时也将出票人授予的在留白处补记的权利转托给被背书人行使。

收款人空白,或者收款人与金额均空白的空白支票能否转让,这涉及单纯交付转让票据权利是否允许问题。如法律允许以单纯交付的方式转让票据权利的,收款人空白,或者收款人与金额均空白的空白支票可以通过单纯交付的方法转让。否则,此类空白支票在补记前不得转让。

2. 丧失票据后可以向法院申请公示催告

依据《最高人民法院关于审理票据纠纷案件若干问题的规定》,补记前的空白票据丧失后虽然未形成票据权利,也可以进行公示催告。该规定第25条规定:"出票人已经签章的授权补记的支票丧失后,失票人依法向人民法院申请公示催告的,人民法院应当受理。"最高人民法院之所以作出如此规定,是基于如下两个理由:其一,即便属于空白支票,仍具备公示催告的客观条件。我国《票据法》第108条规定:"汇票、本票、支票的格式应当统一。票据凭证的格式和印制管理办法,由中国人民银行规定……"中国人民银行《票据管理实施办法》第35条规定:"票据的格式、联次、颜色、规格及防伪技术要求和印制,由中国人民银行规定。"中国人民银行规定的支票样式具有特定编号。支票的特定编号能使票据特定化,独一无二,具有可识别性,因而具备了公示催告的客观要求。其二,空白票据虽然尚未完成记载,但是出票人已为签章,他人有可能在补记后依据票据文义转让或行使票据权利,出票人不得以该票据原系空白票据和票据丧失为理由而对抗票据善意取得人。为了阻却空白票据的转让或空白票据记载事项补齐后转让,应当允许失票人进行公示催告。

(二) 补记权行使后的效力

1. 票据权利的发生

空白票据经补记后,票据记载事项因补记而完善,票据记载也因补记而完成,票据权利因此发生。在补记前,票据债权人虽持有空白票据,但不享有票据权利,不能提示承兑、提示付款。补记后票据权利人有权提示承兑、提示付款。如果说,补记之前,票据的背书、保证均处于效力未发生状态,补记后背书、保证的效力便发生。

2. 滥用补记权的抗辩

享有补记权的人滥用补记权,票据债务人可以据此抗辩。例如,某甲向某乙签发一张金额留白的空白支票,授权某乙补记金额一万元,某乙补记金额十万元,某甲可以以某乙越权补记而抗辩。但是,出票人不能对抗因善意而取得票据的第三人。比如,某乙在留白处补记金额十万元后,将该票据背书转让给善意的某丙,则某甲不能对抗某丙。

第七节 票据的粘单

一、票据粘单的概念

票据的粘单是指出票人签发票据之余白,不足以记载票据记载事项时,以票据凭证本体以外的空白纸片黏附于票据凭证,以延长票据满足记载的单证。中国人民银行统一规范的票据凭证背面之背书空白栏只有三处,票据进行三次以上背书的,便出现票据余白不敷记载的状况,此时,应允许在该票据凭证上粘附粘单。例如,某甲签发一张票据给某乙,某乙将票据背书转让给某丙,某丙又将票据背书转让给某丁,某丁又背书转让给某戊,某戊又背书转让给某己。背书转让之余白只能记载至由某丁转让给某戊,某戊背书转让给某己时已经不敷记载,此时需要通过粘单延伸票据记载之处。

各国票据制度大多有粘单制度。《日内瓦汇票本票统一公约》第 13 条、《日本票据法》第 13 条、《德国票据法》第 13 条,均规定背书可以在粘单上记载。《英国票据法》第 32 条规定,写在粘单上的背书视同写在汇票本体上的背书。《美国统一商法典》第 3-202 条规定,背书应当记载在票据上或粘单上。我国亦如此。

二、粘单的要件与效力

(一)粘单的要件

粘单的成立与生效必须同时具备如下条件:

1. 票据余白不敷记载

粘单的粘附,必须以票据凭证已无空白处可供记载为前提。例如,根据中国人民银行规定印制的票据凭证,其背书栏有三栏。背书栏没有填满时,不得粘贴粘单。我国《票据法》第28条第1款规定:"票据凭证不能满足背书人记载事项的需要,可以加附粘单,粘附于票据凭证上。"

2. 骑缝处签章

粘单在粘附时,粘单上的第一记载人必须在票据凭证和粘单的粘接处签章。粘单上的第一记载人可以是票据保证人,也可以是票据背书人。为了表明票据行为人承担票据责任,粘单上的第一记载人不仅要在粘单上进行记载并签章,而且还应当在粘单与票据凭证的粘接处签章,以示该粘单为票据债务人所为。我国《票据法》第28条第2款规定:"粘单上的第一记载人,应当在汇票和粘单的粘接处签章。"

(二) 粘单的效力

票据粘单并非票据附件,是票据的一个组成部分。因此,在粘单上所进行的票据行为与在原票据上所进行的票据行为效力相同。

思考题

1. 票据行为有哪些特点?
2. 如何理解票据的性质?
3. 票据行为的有效条件是什么?
4. 为什么确立票据行为有效解释原则?
5. 民事代理与票据代理有何区别?票据表见代理有什么特点?
6. 简述空白票据的特点和效力。

第六章 票据的伪造与变造

内容提示 本章在对票据伪造的概念进行研究的基础上,分析并阐述了票据伪造的构成要件;阐述了票据伪造的法律后果;分析了票据变造的含义,揭示了票据变造的法律特征;阐述了票据变造的构成要件及其法律后果。

第一节 票据的伪造

一、票据伪造的概念

票据的伪造,是指未经他人授权以他人名义进行票据行为的违法行为。

票据的伪造分狭义的伪造和广义的伪造。狭义的伪造,仅指票据签发的伪造。广义的伪造不仅包括票据签发的伪造,而且还包括伪造背书、承兑、保证等任何一种书面票据行为的伪造。本书所指票据的伪造,为广义的伪造。例如,某甲伪刻乙公司的财务专用章和乙公司法定代表人的印章,向丙公司签发一张汇票。

我国《票据法》及《最高人民法院关于票据纠纷案件若干问题的规定》均未给票据的伪造下定义。中国人民银行《支付结算办法》第14条第1款规定:"票据和结算凭证上的签章和其他记载事项应当真实,不得伪造、变造。"该条第3款规定:"本条所称的伪造是指无权限人假冒他人或虚构人名义签章的行为。签章的变造属于伪造。"该条前款规定直接依据票据法的规定[①],第3款是对伪造签章的定义。虽然《支付结算办法》属于行政规章,但是,在法律和行政法规都未对票据伪造下定义的情形下,通过行政规章给票据伪造下

---

① 《中华人民共和国票据法》第14条第1款规定:"票据上的记载事项应当真实,不得伪造、变造。伪造、变造票据上的签章和其他记载事项的,应当承担法律责任。"

定义并非无意义,《最高人民法院关于票据纠纷案件若干问题的规定》第63条第2款规定:"中国人民银行制定并公布施行的有关行政规章与法律、行政法规不抵触的,可以参照适用。"依照该定义,票据的伪造,必须以伪造票据的签章为前提。票据签章的伪造,是指无权限人假冒他人或虚构他人名义签名、盖章、签名加盖章的行为。据此,伪造签章的形态主要包括如下几种:

其一,伪造签名或伪造印章并加盖的行为。此有两个特点,一是以他人的名义进行票据行为,二是所签名并非本人所为,具有虚假性;所盖之章属于伪刻,具有虚假性。这两个特征之结合,属于假冒他人名义而签章。

其二,虚构一个不存在的人签名或虚构一个不存在的人名或单位名称刻章并加盖的行为。由于虚构民事主体而进行票据行为,无人对该票据行为承担责任。其后果与伪造真实人签名或伪造真实人印章并加盖的行为相同。

其三,盗盖或抢盖他人印章。偷盗他人印章或者以抢劫、抢夺的手段获取他人印章而加盖的行为违背了他人的意志,票据行为却以他人的名义进行,符合假冒他人名义而签章的特征。

其四,未经授权擅自加盖他人印章。印章的保管人未经印章所有人许可不得在票据上加盖他人印章。擅自加盖他人印章而进行票据行为,也属于未经授权假冒他人名义签章的行为,被假冒人当然不承担票据责任。

其五,超越权限冒用他人名义私盖他人印章。当事人将印章交给行为人,委托行为人实施其他行为,而不是票据行为。行为人却利用这一机会,未经授权假冒他人名义签章实施票据行为。应当明确区分越权盖章的行为与越权记载的行为。前者当事人未授权在票据上加盖印章,后者当事人授权在票据上签章,而票据事项的记载超越授权范围,如授权记载一百万元,实际记载五百万元;前者当事人未授权进行票据行为,后者当事人授权进行票据行为,只因超越权限使票据行为的内容违背当事人的意志。越权记载不属于票据的伪造。因为,依据上述行政规章的定义,伪造签章的行为是未经授权冒名签章的行为,越权记载行为中的签章行为经当事人的授权,不可谓假冒。

上述第一、第二种形态与第三、第四、第五种形态存在一定的区别。前两种形态不仅假冒他人名义签章,而且还有伪造签名或伪刻印章的行为。后三种形态所加盖的印章是真实的,其外观也不存在"伪",属于无权代行行为。

无权代行签章的行为与无权代理实施票据行为不同。无权代理实施票据行为的,虽也未经许可以他人的名义进行票据行为,但是无权代理人在票据上签署的是自己的姓名,在票据上盖的章是自己的印章。无权代行行为,是偷、抢他人印章或利用占有他人印章的便利,未经授权在票据上加盖他人的印章,这属于无权限人假冒他人名义签章的行为,符合我国行政规章关于伪造签章的规定。

因签名伪造或印章伪造而进行的票据签章伪造,与无权代行票据签章的效力不尽相同。英美法系国家票据制度允许本人对无权代行的行为进行追认。例如,《美国统一商法典》第3-404条第2款规定,任何未经授权的签名就本编一切目的而言,可予批准。《英国票据法》第24条规定,如在汇票上的签名系伪造或未经被签名人之授权,则伪造或未经授权之签名完全不生效力,但是本条并不影响对未经授权但非伪造签名之追认。

二、票据伪造的构成要件

同时具备以下条件的,始能构成票据的伪造:

(一)所实施的行为必须是伪为票据行为

伪造票据的实质,是伪为票据行为,包括伪为票据的签发、背书、承兑和保证。伪为票据行为以外的行为,不属于票据的伪造。此处所谓伪为票据行为,即按照票据法所规定的形式进行票据书面记载并交付票据。除伪造记载及伪造签章这一行为不符合法律规定以外,票据行为的其他方面的记载都满足了票据法的要求,否则,不属于票据的伪造。

(二)有假冒他人名义进行活动的行为

票据的伪造是行为人假冒他人的名义进行的票据行为。基于票据行为的特点,假冒他人名义必然伪造他人签章。票据伪造中的被伪造人,有的是一个客观存在的自然人、法人或非法人组织;有的是一个已经死亡的自然人;有的是一个已经消灭的法人或非法人组织;有的则是一个客观上根本就不存在的,纯属杜撰出来的虚构主体。例如,某甲伪造某乙的签章,向某丙签发一张支票。该伪造的票据上的某乙,不管是真实存在的自然人、业已死亡的自然人,还是被虚构的自然人,都不影响票据伪造的构成。

(三)伪造票据目的是使用该票据

伪造票据的目的必须是供使用。此处所谓使用,是指以票据固有之效用而利用。以教学为目的而虚构主体签发票据或进行票据背书、承兑、保证的行为不属于票据的伪造。伪造者只要具备将伪造的票据按照票据固有的用途加以利用的意图,就构成本要件,而不问伪造者是否为了谋取利益。

三、票据伪造的后果

票据伪造产生如下后果:

(一)对于被伪造人的后果

由于票据不是被伪造人签发,或者说所谓的票据行为不是被伪造人实施,根据私法自治、义务自主的民法原理,被伪造人不承担票据责任。票据行为,是负担票据责任的行为。承担票据责任必须在票据上签章。《美国统一商法典》第3-401条第1款规定,仅在票据上签名的人才对票据负责。《英国票据法》也规定承担责任者,必须签名。大陆法系国家的票据法均有类似的规定。我国亦然,只有在票据上签章的人才承担票据责任。但是,在无权代行行为的票据伪造中,如被伪造人的后手不知,且不应知无权代行盖章的事实,有理由相信无权代行行为的存在,我们认为被伪造人应当承担责任。被伪造人承担了民事责任后再向伪造人追偿。

在英美国家,未经授权之签名可以追认;伪造的签名,或伪刻印章而加盖的不存在追认。

(二)对伪造人的效力

伪造的票据无法律上的效力,持票人无论是善意还是恶意,被伪造的人因未在票据上签章而不承担票据责任,伪造人因未在票据上签名,故也不承担票据责任。但是,行为人伪造票据构成犯罪的应当承担刑事责任。行为人伪造票据触犯行政法的,依法应承担行政责任。伪造票据损害他人财产权的,应当承担民事责任,赔偿受害人的一切损失。

票据伪造与票据行为的无权代理不同。行为人伪造票据的,并没有将自己的名字签署在票据上,因而无行为人签章。行为人无权代理本人实施票据行为的,无权代理人将自己的名字签署在票据上或者在票据上加盖自己的印章。票据的伪造,伪造人不承担票据责任。票据的无权代理,无权代理人应当承担票据责任。

(三) 对于真正签名人的效力

基于票据行为的独立性,票据上有伪造的签章的,不影响票据上其他真实签章的效力。真正签名人在伪造的票据上签章的应承担票据责任。比如,乙伪造甲的签名向丙签发票据,丙取得票据后又将该票据背书给丁。此例中,甲与乙都不承担票据责任,丙的签章是真实的,因而对于丁应承担票据责任。《日内瓦汇票本票统一公约》第7条规定:"汇票上有无承担责任能力的人签名,或伪造的签名,或虚拟的人签名,或因任何其他理由不能使签名人或被代签的人承担义务的签名,其他签名人应负之责仍然有效。"《德国票据法》、《日本票据法》均有相似的规定。我国《票据法》关于票据伪造对于真实签名人的效力之规定,与《日内瓦汇票本票统一公约》相同。

由于票据的伪造包括票据基本行为的伪造和票据附属行为的伪造,因而真实签名人也可表现为票据基本行为的真正签名人和票据附属行为的真正签名人。票据真正签名人为出票人的,应当承担出票人的责任;票据背书、保证、承兑或参加承兑中的签名是真实的,签名人应当承担票据背书、保证、承兑或参加承兑的责任。

第二节　票据的变造

一、票据变造的概念

票据的变造,是指无变更权的人在票据上变更他人所记载的事项的行为。比如,变更付款人名称、付款地等。

票据的变造具有如下特征:

(一) 变造系针对载于票面之事项

票据的变造与票据的伪造不同。前者是变更票据记载事项的行为,因而在变更前已经存在合法有效的票据,并对该合法有效的票据记载事项的变更;后者是伪造记载和伪造签章的行为,或者单纯伪造签章的行为,在实施伪造行为前无此行为,若伪造出票的,在伪造行为实施前无此票据,如伪造背书、承兑或保证的,在实施伪造行为前无此票据背书行为、承兑行为或票据保证行为。

(二) 变造系无变更权人所为

票据的变造与票据的更改不同。前者是无变更权的人变更票据记载事项,后者是有变更权的人变更票据记载事项。例如,某甲向某乙签发汇票一张,某乙占有票据后擅自将汇票上的关于付款的处所作出变更。

(三) 变造并非针对签章

票据的变造与票据的伪造不同。前者仅变更记载事项,未变更签名,变更签名的属票据的伪造,后者不仅伪造记载事项而且还伪造签名,未伪造签名的不构成伪造。我国《票据法》虽然规定票据的签章不得伪造、变造,但是变造票据签章的行为,其法律属性并非票据的变造而是票据的伪造。

(四) 变造之票据仍然有效

票据的变造与票据的伪造不同。前者被变造人不因票据被变造而改变原应承担的票据责任,对于变造人而言,应当按票据变造的内容承担票据责任。后者对伪造者和被伪造者都不产生票据效力。

二、票据变造的构成要件和效力

(一) 票据变造的构成要件

票据的变造应当具备如下条件：

1. 变造的记载事项必须为法律允许变更的记载事项

我国《票据法》基于票据交易安全考虑，明文规定："票据金额、日期、收款人名称不得更改，更改的票据无效。"(第9条第2款)该禁止性规定不仅针对原记载人更改已经记载的相关事项，而且也禁止任何人变造该记载事项。变造金额、日期、收款人名称之记载事项的，变造行为无效，且该票据也无效。

2. 行为人变更他人的签名以外的已记载事项

在票据变造中，行为人变更的记载事项并非其自己记载的票据事项，而是他人业已记载的票据事项。例如，背书人变更出票人记载的事项、后手背书人变更前手背书人的记载事项、保证人变更被保证人记载的事项、承兑人变更出票人记载的事项。变更签名的不属于票据的变造，而是票据的伪造。

3. 变造的目的在于使用变造后的票据

票据的使用通过实施票据行为或者行使票据权利的方式进行。比如，票据的背书是使用票据的方式。票据的变造不仅仅在于票据记载事项，而是通过变更记载事项后加以利用。例如，变更记载事项后进行背书。这是因为票据变造人变造票据的目的在于让票据按照变造后的记载使用。票据变造而不实施票据行为或者不通过提示付款等形式行使票据权利的，该变造没有任何意义。

(二) 票据变造的效力

1. 在变造前签章的票据债务人的责任

我国《票据法》第14条第3款规定，在变造之前签章的人，对原记载事项负责。此处所谓"签章"，是指行为人在票据上进行书面记载并进行签章的行为。此处之"签章"指的就是票据行为。所谓"在变造前签章"，是指票据行为的实施时间在票据变造行为实施时间之前。以此类推，下文所谓"在变造后签章"，是指票据行为的实施时间在票据变造行为实施时间之后。

票据行为以行为人承担票据责任为效果意思,因而,票据行为属于负担票据义务的行为。行为人所负担的票据义务为自己设定的义务。该义务的内容或者由票据债务人(出票人)在创设票据时同时设定,或者票据创设后票据债务人(承兑人)愿意按照创设的内容承担票据责任,或者票据创设后票据债务人(背书人、保证人)愿意按照创设的内容提供票据债务履行的担保。依义务自主原则,票据债务人仅就票载文义承担票据责任,不因票据记载事项的变更而变更。因此,签名在票据变造前的票据债务人,按照原有的文义承担票据责任。例如,出票人签发一张汇票给收款人,并以出票人自己为付款人,并在承兑人一栏中签章承兑。该票据记载在 A 地付款人开户银行的营业场所付款。收款人在背书时,将票据改为在 B 地付款人的开户银行的营业场所付款。对于持票人而言,承兑人按照原有文义在 A 地履行票据义务。

2. 在变造后签章的票据债务人的责任

我国《票据法》第 14 条第 3 款规定,在变造之后签章的人,对变造之后的记载事项负责。票据的记载事项被变造后而实施票据行为的,应当对变造后票据记载事项承担票据责任。因为,票据记载事项被变造后实施票据行为的,表明行为人愿意按照变造后的内容承担票据付款责任或担保责任。例如,出票人签发一张汇票给收款人,委托付款人付款,汇票上记载的付款地点及处所在 A 市付款人开户银行的营业场所。收款人将该汇票上的付款地点变造为 B 市付款人开户银行的营业场所。票据被变造后,收款人向付款人提示承兑,付款人对变造后的汇票进行承兑。据此,该票据中的承兑人应当按照变造后的票据文义承担票据责任。

签章在变造之前抑或变造之后取决于票据文义。通常变造人在为票据记载事项的变造时记明变造的时间及进行变造人之签章,以便让人识别变造为何人所为、何时所为。然而,究竟签章在变造之前还是变造之后之记载不明的情形也时有出现。为此,我国《票据法》第 14 条第 3 款规定,不能辨别是在票据变造之前或者之后签章的,视同在变造之前签章。此项规定在于防止票据权利人(持票人)进行变造。不用担心《票据法》的这一规定会损害票据权利人的利益,因为当事人在取得票据的过程中有辨别票据文义的机会。当事人接受票据的过程中如发现签章在变造前还是变造后不能确定的,应当按签章在变造前来看待票据的效力。

思考题

  1. 盗盖他人印章而签发票据的行为是否属于票据伪造?为什么?

  2. 票据的伪造与票据的变造有何区别?

  3. 票据伪造的构成要件是什么?

  4. 票据变造的效力是什么?

第七章　票据的更改与涂销

内容提示　本章阐述了票据更改的含义以及成立要件；介绍了票据更改的程序和效力；介绍了票据涂销的含义，阐述了票据权利人故意涂销、票据权利人无意涂销和非权利人涂销的不同法律后果。

第一节　票据的更改

一、票据更改的概念和成立要件

票据的更改，是指有变更票据记载事项权的人变更票据记载事项的行为。例如，某甲向某乙签发一张票据，在交付前，某甲改作了票据的记载事项。又如，某甲向某乙签发票据之后，经某乙同意，某甲对票据上的记载事项作了变更。

票据更改的成立要件如下：

（一）必须不改变票据的性质

票据的更改并非将票据改变为一般债权文书，也非将票据更改为其他有价证券，更非将票据改造为毫无法律意义的书面文件。票据的更改，无论其记载事项发生多大变化，更改后，其票据的性质不变。

票据的更改仅仅改变票据关系的内容。更改的后果是发生原定意图之票据权利义务关系的变更（例如，票据制作完成后，交付前出票人改变了原来的意图，对票据记载事项进行变更，使变更后反映的权利义务关系不同于变更前所反映的权利义务关系），或者使已经发生的票据权利义务关系发生变更（例如，票据签发后，出票人经后手同意改作了票据记载事项，使已经发生的票据权利义务关系发生变化）。

（二）必须针对已经完成的可改作的记载事项

票据的更改与票据的伪造不同。票据的伪造为无中生有。票据的更改和票据的变造一样都属于改写业已成立的票据记载事项。

不是所有的记载事项都可以更改。我国《票据法》明文规定票据金额、日期、收款人名称不得更改。除法律禁止更改的记载事项之外，其他记载事项均可更改。以汇票的签发为例，依据我国《票据法》的规定，汇票可以被更改的记载事项为：付款人名称、付款地、出票地以及任意记载事项。

（三）必须由有更改权的人更改

有权变更票据记载事项的人，是在票据上实施记载行为的人。因此，票据的更改是原票据记载人对其记载的事项进行改写。这一点将票据的更改与票据的变造区别开了。有权改写出票记载事项的人是出票人，有权改写背书记载事项人是背书人，有权改写保证或承兑记载事项的人是保证人或承兑人，非票据行为人改写他人所作的记载事项的行为属于票据的变造，而不是票据的更改。

必须说明的是，票据因签发、背书、承兑、保证而交付后，即便是原票据记载人，对其记载的票据事项也无权更改。因为，票据行为因票据的交付而发生效力，票据行为生效后具有法律约束力，行为人非取得后手同意，不得擅自变更或解除该行为效力。票据交付后，行为人欲改作票据记载事项的，应当征得后手的同意。

（四）必须为了使用票据而更改

票据更改的目的在于按照改变后的文义承担票据责任。仅仅是改写票据记载事项而不将票据交付他人，其改作票据的行为无法律意义。例如，出票人作成票据后对该票据的某一记载事项进行改写，改写后未将该票据交付收款人，该行为既不能被认为是票据的签发，也不能被认为是票据的更改，不属于票据行为。再如，出票人将票据签发后，经收款人的同意，将出票中的某些记载改写，更改后，出票人不再将该票据交给收款人，这种情形也不是票据的更改。

票据的使用通过实施票据行为来实现。诸如，票据的签发、票据的背书、票据的承兑、票据的保证等。既然票据的更改应当以票据的使用为目的，那么票据的更改必须与票据行为的实施相结合。不实施票据行为的人,不存在票据更改问题。

二、票据更改的程序和效力

(一)票据更改的程序

票据的更改有两种,一种是票据在交付以前的更改,另一种是票据在交付以后的更改。两种更改的程序不同。

更改发生在票据记载事项作成以后,票据交付前的,票据记载事项作成人享有票据的改作权。改作权人改写票据记载事项后,交付票据的,完成了票据的更改。例如,某甲向某乙签发一张票据,某乙在该票据上作了被背书人为某丙的背书记载并签章,同时还作了"不得转让"的记载。某乙在将票据交付给某丙之前,因某丙的要求,将"不得转让"的字样改写为"可以转让"。

更改发生在票据交付以后的,原票据事项记载人只有在经过一切后手同意的情况下才享有票据事项改作权。票据行为是一种单方的法律行为,票据行为生效后,行为人不得擅自变更票据行为的内容,否则,将影响已经形成的权利义务关系,影响交易秩序。故此,票据交付后行为人欲更改票据记载事项的,必须经过其一切后手同意。例如,某甲向某乙签发一张票据,某乙将该票据背书转让给某丙,某丙又将该票据质押给某丁。某丁取得该票据,拥有票据质权后,某甲提出要求更改票据记载事项。此案,某甲虽然是该票据的作成人但已经无权更改其记载的票据事项,不属于票据更改之改作权人,只有经某乙、某丙、某丁全体同意,才有权更改。

无论是在票据交付之前更改的;还是在票据交付以后更改的,票据之更改均须由具有改作权的人进行书面改写,并在改写处签章。

(二)票据更改的效力

无论是票据交付前的更改,还是票据交付后的更改,票据更改的,依更改后的文义发生效力。

第二节 票据的涂销

一、票据涂销的含义

票据的涂销,是指涂抹、消除票据记载事项或签名的行为。例如,以浓墨涂抹票据金额之记载或票据债务人之签章的行为。涂销的方式很多,有的以浓墨涂抹,有的用涂改液覆盖,有的以橡皮擦除,有的以化学方法清除,有的以纸片覆盖,有的在票据记载处或者签章上划杠或打叉等等。

涂销不能过度,涂销的后果使票据不能被识别的属于票据的毁损。票据被毁损的按照票据丧失处理。

票据的涂销可以分为有权涂销和无权涂销两种。享有票据权利的人进行票据涂销的,为有权涂销。不享有票据权利的人进行票据涂销的,属于无权涂销。涂销意味着否定票据之记载,由于票据行为是承担票据责任的行为,涂销票据记载即为否定票据责任。票据债务人无权否定自己的票据责任,只有票据权利人才能抛弃自己的权利免除票据债务人的责任。因此,享有涂销权的人只能是票据债权人。

涂销又可以分为故意涂销和非故意涂销两种。明知涂销会造成记载事项无效,行为人追求该后果发生的,为故意涂销。故意涂销的,即免除票据债务人之责任。不追求涂销后果而无意涂销的,为非故意涂销。

二、涂销的后果

涂销之后果因涂销人之地位不同而有所不同。

(一)票据权利人所为之涂销

债务的免除行为是一种权利处分行为,必须具备如下构成要件:其一,行为人享有债权,无债权者无免除他人债权的资格;其二,行为人有行为能力,权利的处分与权利的行使不同,权利的处分必须具备行为能力;其三,意思表示真实,即行为人具有免除他人债务的效果意思,且该意思表示没有瑕疵;其四,行为的内容与形式合法,以逃避法定义务、约定义务,或者规避法院的强制执行而免除他人债务的行为无效。票据的权利人涂销票据的行为如果符合上述要件的,即有涂销权的人故意涂销票据,且有行为能力,内容合法的,则发生涂销的效力。

涂销的效力为票据债务人相关义务的被免除。票据的涂销有部分涂销和全部涂销,权利人进行部分涂销的,该涂销部分上的权利被消灭,如果作全部涂销的,票据权利之全部被消灭。涂销其直接前手之签章的,免除其直接前手的票据责任,但并不免除其他票据债务人的债务人。涂销票据债务人中之一人的签章,该人及该人之后手的票据债务被免除。涂销票据上最终责任承担者之签章的(如,涂销承兑人的签章),免除一切票据债务人的责任。

票据被票据权利人故意涂销后使票据的记载残缺不全,但这并不影响票据的效力。因涂销所致背书不连贯的,该背书视为连贯。

票据权利人无意涂销票据记载事项或签章的,以及票据权利人没有完全的民事行为能力而涂销票据记载事项或签章的,因不符合债务免除之构成要件,不发生债务免除的后果,票据效力不受影响。票据权利人应当就非故意涂销之事实,以及票据之文义负举证责任。

我国票据法没有票据涂销的规定。依英国票据法的规定,涂销发生以下效力:(1)票据为持票人故意涂销的,被涂销的记载不发生效力。(2)票据债务人的签名经持票人同意而被故意涂销的,该票据债务人不再承担票据责任,其后手的票据责任一并被解除。(3)无意或错误的涂销,或未经持票人授权的涂销不发生效力。①

(二)非票据权利人所为之涂销

非票据权利人所为之涂销,无论该涂销行为是否故意,都不发生影响票据效力的后果。票据权利人应当证明该涂销系非票据权利人所为。《英国票据法》第63条第3款规定:"无意的或错误的或未经

---

① 《英国票据法》第63条。

持票人授权的涂销不生效。但如汇票或其上之签名看来已被涂销，则宣称被涂销是无意的错误的或未经授权之当事人应负举证责任。"

思考题
1. 票据更改的成立要件是什么？
2. 票据的更改与票据的变造有何区别？
3. 票据涂销的后果是什么？

第八章 票据抗辩

内容提示 本章阐述了票据抗辩的概念,介绍了票据抗辩的种类;详细介绍、深入研究、全面阐述了票据抗辩的范围;表述了票据抗辩(对人的抗辩)的限制,以及票据抗辩限制的例外情形。

第一节 票据抗辩的概述

一、票据抗辩的概念

票据抗辩是一方防御及对抗他方行使票据权利的行为。在诉讼活动中,抗辩所针对的是原告的诉讼请求,表现为被告对抗原告的诉讼请求。在仲裁活动中,抗辩所针对的是仲裁申请人的仲裁请求,表现为被申请人对抗申请人的仲裁请求。在其他民事活动中,抗辩所针对的是请求人的请求,表现为被请求人对抗请求人的请求。"抗辩"与"抗辩权"不是同一概念。前者是一种对抗活动,这种活动在诉讼或仲裁中被称为"答辩",后者是一项民事实体权利,当然该民事权利行使的过程就是抗辩的过程,因而,有的抗辩不以抗辩权为依托,有的抗辩则以抗辩权为依托;前者所针对的是相对人的请求行为,后者所针对的是相对人(诉讼中一般表现为原告)的实体权利,即请求权。

二、票据抗辩的种类

根据不同的划分标准,票据抗辩可分为不同的种类。
(一) 阻却的抗辩与灭却的抗辩
此类划分所依据的是票据抗辩的后果。
享有抗辩权的主体行使抗辩权后并不导致相对人的民事权利消灭而仅阻止权利人权利的行使的,为阻却的抗辩。阻却的抗辩权行使后抗辩权人的义务虽不被消灭,但可迟延履行。此又被称为"迟延的抗辩"。比如,甲基于买卖合同向乙签发一张票据,当乙未按合同约定提供买卖合同项下的标的物却请求甲承担票据责任时,甲可对抗乙。甲行使抗辩权后,可在乙交付标的物前拒绝履行票据义务。

抗辩权的行使致对方权利消灭的为灭却的抗辩。时效届满的抗辩即为灭却的抗辩。

(二)绝对抗辩与相对抗辩

1. 绝对抗辩

可对抗任何一个持票人的抗辩为绝对抗辩。绝对抗辩又被称为"对物的抗辩"或"客观抗辩",它因某些客观因素对抗一切持票人,不因持票人的变更而受影响。此种抗辩的事由基于票据或票据关系本身,即便取得票据的人是善意的,仍不得以善意为由而否定在票据上签章的人之抗辩。票据权利因时效期间的届满而消灭的抗辩、票据记载不符合法律规定的抗辩等均为绝对抗辩。无论何人持有该票据,被请求人都可对抗持票人的请求。绝对抗辩,又可以分为两种:

其一,任何一个在票据上签章的人可以对抗任何一个持票人的绝对抗辩。这种抗辩还可以细分为三种情形。

第一种情形是,由于票据未按照法定的形式要求记载而导致票据权利自始未曾发生。例如,持票人凭一张中文大写的金额与数字记载的金额不一致的票据要求在票据上签章的人承担票据责任,依据我国《票据法》的规定,任何一个在该票据上签章的人都可以拒绝任何一个持有该票据的人提出的支付票据金额的请求。

第二种情形是,由于票据的某些记载事项被更改、法院的除权判决等事由的发生,致使业已成立的票据权利归于消灭。

第三种情形是,票据的到期日未届至。未届到期日而请求票据债务人履行票据债务的,任何一个票据债务人都可以据此抗辩,任何一个票据债务人均得对抗任何一个票据权利人。

其二,特定的签章人对任何一个持票人均得抗辩的绝对抗辩。

特定的被请求人对抗任何一个请求人请求承担票据责任的抗辩情形很杂,难以归类。签章人为无民事行为能力人或限制民事行为能力人、无权代理中所谓的被代理人、票据伪造中的被伪造人、票据权利时效的届满后享受时效利益的债务人等等均可以对抗任何一个票据权利人。例如，某甲是无民事行为能力人，向某乙签发一张票据，某乙将该票据背书给某丙，某丙又将该票据背书给某丁。无论是某丁、某丙还是某乙要求某甲请求履行票据债务，某甲均有权拒绝，某乙与某丙则不能拒绝某丁关于承担票据责任的请求。

2. 相对抗辩

只能对抗特定持票人的抗辩为相对抗辩。相对抗辩又称"对人的抗辩"、"主观抗辩"，此种抗辩，因持票人的变更而受影响。如，甲受乙的胁迫向乙签发一张票据，乙若向甲行使权利的，甲可以抗辩。然而，如果乙又将该票据背书让与丙，丙善意受让该票据，且付出了合理的代价。当丙请求票据债务人甲履行票据义务时，甲不能对抗丙。导致相对抗辩的发生事由是票据当事人之间的特殊关系，一旦善意受让人有偿取得票据，该特殊关系基于对善意受让人的保护而被切断。相对抗辩有如下两种：

其一，任何一个在票据上签章的人都可以对特定的持票人进行的抗辩

这种抗辩，抗辩的对象只能是特定的当事人，享有抗辩权的主体则是在票据上签章的任何一个人。易言之，在票据上签章的人中任何一个被请求支付票据金额的，都有权对抗特定持票人。例如，对于因盗窃而取得票据的持票人，任何一个票据债务人都有权抗辩。又如，持票人利用背书不连贯的票据请求票据债务人支付票据金额，任何一个在该票据上签章的债务人都有权对该持票人进行抗辩。

其二，特定签章人对抗特定持票人的抗辩

此种抗辩，并非任何一个被请求履行票据债务的人都可以行使，只有特定的被请求人才得以行使。例如，票据直接前后手之间票据债务人基于基础关系中的抗辩事由对抗持票人。又如，某甲向某乙签发一张票据，某甲从某乙处获得对价利益，某乙将该票据背书转让给某丙，某丙又将该票据背书赠与某丁。某丙并没有向某乙履行约定的对价给付义务。本案，当某丁请求某甲、某乙、某丙承担票据责任时，只有某乙对某丁享有抗辩权。

(三) 权利否定之抗辩与拒绝履行义务之抗辩

鉴于民事诉讼中原告的诉讼请求，或者仲裁活动中申请人的仲裁请求，或者其他民事活动中请求人的请求并非均以权利为依据，因此，票据抗辩有否定对方权利存在与拒绝履行票据义务两种情况。

票据权利否认之抗辩是指被请求人（被告、被申请人、其他被请求人）从根本上否认请求人（原告、申请人、其他请求人）票据权利的存在，从而对抗请求人（原告、申请人、其他请求人）的请求。比如，甲伪造乙的签名向丙签发一张票据，当丙向乙行使权利时，乙可以进行权利否认之抗辩。此种抗辩有两种：一是票据权利未发生之抗辩。如未成年人签发的票据、票据形式不合法等。二是票据权利业已消灭的抗辩。如票据权利已过时效、票据追索权因保全手续的欠缺而丧失。

拒绝履行票据义务之抗辩是指被请求人（被告、被申请人、其他被请求人）不否认请求人（原告、申请人、其他请求人）票据权利的存在，只是认为自己有法定的拒绝履行义务的权利而对抗请求人（原告、申请人、其他请求人）的请求。此所谓法定的拒绝履行义务的权利，即为实体上的抗辩权。实体上的抗辩权，是指拒绝履行票据义务，消灭或阻却票据权利效力的权利。实体上抗辩权的发生依据，并非双方票据权利义务关系的不存在，或业已消灭，而是继续履行票据债务将造成票据债务人损失，从而导致双方利益失衡，有悖公正的法定事由的出现。票据权利义务关系确定后，由于某种情形的出现，对票据权利人的保护已无必要，或者若继续要求票据债务人履行票据债务，将使票据债务人蒙受损失，此时为了平衡双方当事人的利益，法律便赋予票据债务人拒绝履行票据义务的权利。

程序上拒绝履行票据义务之抗辩与实体上的票据抗辩权互为表里。进行拒绝履行票据义务的抗辩必须以实体上的票据抗辩权为基础，行使实体上的票据抗辩权往往在诉讼或仲裁活动中。

第二节 票据抗辩的限制

一、票据抗辩限制的立法

票据是一种商业信用工具。为维护票据交易安全,各国票据法对票据的抗辩都作了限制。各国关于票据抗辩限制的立法例大体有两种:

(一) 积极限制

积极限制,即采用积极的方法进行抗辩限制。所谓积极的方法,即以确定持票人的权利和地位的方法来限制票据债务人的抗辩。具体地说,法律规定票据权利人可以不受前手权利瑕疵及前手相互间的抗辩所拘束,向票据上一切债务人行使票据权利。比如,《美国统一商法典》第3-305条规定:"持票人若为正当持票人,在取得票据后,如发生下列情况与之无涉:即(1) 任何人对该票据的一切权利主张;及(2) 与持票人无关的任何票据当事人所提出的抗辩,除非(a) 未成年人的抗辩,但以对一简单合约的抗辩为限;及(b) 足以使交易一方的义务成为无效的其他情况,如无行为能力或胁迫或交易不合法;及(c) 因错误陈述而导致当事人在既不知实情,也无合理机会了解票据的性质和票据的重要条款情况下被诱骗在票据上签名;及(d) 免除破产程序中的义务;及(e) 持票人在接受票据时已知晓的任何其他解除责任的事实。"第3-306条规定:"除具有正当持票人权利的人外,任何取得该票据的人得受下列情况的约束:即(a) 任何人对该票据提出的有效权利主张;及(b) 任何当事人得在简单合约的诉讼中提出的一切抗辩;及(c) 因未付或不付对价、未履行任何先决条件、未曾交付、或为一特殊目的而交付等抗辩(第3-408条);及(d) 持票人或将票据交付给持票人的人以偷窃手段获得该票据的抗辩,或向该持票人付款或履行义务与限制背书的条款不符合的抗辩。任何第三人对于该票据的权利主张不能作为任何票据债务人的抗辩,除该第三者本人在诉讼中为该当事人辩护外。"又如,《英国票据法》第38条第2款规定:"汇票持票人有如下权利:(1) 得以其本人名义起诉。(2)如为正当持票人,其持有汇票之权利不受前手当事人有瑕疵所有权之影响,也不受前手当事人之间人的抗辩事由之影响,并得强使所有对汇票负责之当事人付款。(3)在汇票所有权有瑕疵的情况下,(a)如将汇票流通转让正当持票人,该持票人即取得对汇票有效和完全之所有权,和(b)如持票人取汇票上之付款,则在正当业务过程中付款人即可有效地解除汇票上之责任。"上述规定都是通过肯定持票人应有的权利的立法来限制票据的抗辩,同时也作了抗辩限制的例外规定。

（二）消极限制

消极限制,即采用消极的方法进行抗辩限制。所谓消极的方法,即通过明确规定债务人不得为何种抗辩的情形来限制票据债务人的抗辩。如果说积极的方法着眼于债权人的权利,消极的方法则着眼于债务人的义务。积极的方法从肯定的角度来规定债权人所享有的权利和应有的地位,消极的方法从否定的角度来规定债务人不得为某种抗辩的不作为义务。德国、日本票据立法中的抗辩限制均采用消极的方法。比如,《德国票据法》第17条规定:"任何被凭汇票要求付款的人,不得以持票人与出票人或与前持票人有直接关系为理由向持票人提出抗辩。但持票人在取得汇票时知晓该交易不利于债务人时,不在此限。"《日本票据法》第17条规定:"汇票之受票人,不得以对出票人或其他持票人前手之关系为理由而以抗辩对抗持票人。但持票人知晓对其债务人有损害而取得票据者,不在此限。"

二、票据抗辩的限制

以消极的方法限制抗辩较为严密,法律将票据债务人不得进行抗辩的事由一一加以规定,除此以外均无抗辩的限制。我国《票据法》也采取消极限制的方法,该法第13条规定:"票据债务人不得以自己与出票人或者与持票人的前手之间的抗辩事由,对抗持票人。但是,持票人明知存在抗辩事由而取得票据的除外。"这一规定表明,受法律限制不得进行抗辩的事由有两项,分述如下:

1. 票据债务人不得以自己与出票人之间的抗辩事由对抗持票人。在委托付款的汇票关系中,票据债务人与承兑人之间往往存在某种权利义务关系。承兑人之所以能接受委托,承担付款义务,正是基于其与出票人之间的某种权利义务关系。然而,在出票人与承兑人之间的某种权利义务关系中,若出票人不履行义务,承兑人不能以其对于出票人的抗辩事由来对抗持票人。例如,甲与丙曾经签订一份购销合同,约定:甲向丙提供价值 100 万元的货物,并约定货到后丙向甲支付 100 万元;后甲向乙签发一张票载金额为 100 万元的远期汇票,委托丙付款,丙在该汇票上进行了承兑,表示愿意付款,后甲违约未向丙履行供货义务,此时丙不得以甲未供货为理由拒绝履行对于乙的票据付款义务。法律所以对票据债务人的抗辩权作出这样的限制,是为了确保票据债权人的权利得以实现,维护票据的信用及票据交易的安全。以票据法理论观之,出票人与承兑人之间的某种权利义务关系(上例甲与丙为购销合同关系)属于票据资金关系,为票据基础关系,而持票人与承兑人之间的关系(上例乙与丙的关系)属于票据关系,两种关系虽然有联系,但基于票据关系的无因性,票据债务人不能以出票人未提供资金为由对抗持票人的付款请求权。票据债务人只能依其与出票人之间的某种权利义务关系,要求出票人承担不履行义务的法律责任。但此种责任已非票据责任。

2. 票据债务人不得以自己与持票人的前手之间的抗辩事由对抗持票人。票据具有信用、流通、融资、汇兑、支付等功能。其中信用、流通、融资的功能通过票据权利的转让得到充分的体现,使信用交易替代现金交易,从而促进交易的敏捷和迅速。这对促进商事的发展,增进商品的流通,提高经济效益和发展商品经济具有积极意义。然而,票据交易又极具风险性,为了确保信用的兑现,尽可能地减少和消除商业风险,使之成为有法律保障的可期待的信用,法律对持票人的票据权利予以特别保护,保证市场经济的正常运行。所以,各国票据法都规定:票据经背书转让后,会产生票据债务人的抗辩权限制的效力(俗称抗辩的切断)。票据转让中的抗辩切断,意味着票据权利之瑕疵通过票据权利的转让而被涤除。否则,"每一后手之取得权利仍属继受取得票据上权利,则后手在受让票据之际,势必惶惶不安,深恐前手在权利上有瑕疵,因继受而遭波及。后手在受让票据之际,如有顾忌,势必影响票据之流通。票据之流通既不能顺畅,票据即形同借据。纵后手在受让之际,能摒除顾忌,交易安全依然受到威胁"①。据此,我国《票据法》对票据的抗辩也作了限制,明确规定,票据债务人不得以自己与持票人的前手之间的抗辩事由对抗持票人。比如,甲向乙签发一张支票,以支付向乙购货的货款,乙获得该支票后又将支票背书转让给丙,后甲发现乙所供货物全是伪劣产品,但他不能以此为由拒绝履行对丙的票据债务。就票据法理论而言,在上述案例中出票人甲与收款人乙之间除存在票据关系外,还存在购销合同关系,当收款人乙将票据权利让渡给丙后,甲与乙的票据关系便变更为甲、乙与丙的票据关系,甲与乙之间的购销关系和甲与丙之间的票据关系分属两个不同性质的法律关系,尽管该案票据关系最初是建立在甲、乙之间购销合同这一票据基础关系之上,但基于票据关系的无因性,持票人丙仍可以向甲行使票据权利,而出票人甲则不得因乙未依约履行供货义务而抗辩。

上述对票据抗辩限制的两个方面,充分反映了票据抗辩与一般民法上抗辩的差异。这种差异适应了商事交易活动的需要,是经济基础在上层建筑的反映。

三、票据抗辩限制的例外

票据抗辩限制制度的确立是为了维护票据交易安全。所以,对于票据转让中的非交易行为不必适用票据抗辩限制的规定;对于票据交易中的恶意行为无维护之必要;至于交易中的重大过失,基于公平和诚信原则亦不应以票据抗辩限制制度去维护。因此,各国法律在确立票据抗辩限制制度的同时,又对此作了例外性的规定。比如,《德国票据法》、《日本票据法》第17条的例外规定,《美国统一商法典》第3-305条第2款第2项的除外规定等。我国票据法亦如此。分述如下。

(一) 持票人无对价取得票据的,不享有抗辩切断利益

我国《票据法》第10条第2款规定:"票据的取得,必须给付对

---

① 曾世雄、曾陈明汝、曾宛如:《票据法论》,中国人民大学出版社2002年版,第61页。

价,即应当给付票据双方当事人认可的相对应的代价。"该法第11条第1款规定:"因税收、继承、赠与可以依法无偿取得票据的,不受给付对价的限制。但是,所享有的票据权利不得优于其前手的权利。"据此,无对价取得票据的,票据债务人得以自己与持票人前手的抗辩事由来对抗持票人。比如,甲向乙签发一张票载金额为1万元的票据,作为向乙的购货付款;乙将该票据背书给丙,作为对丙的赠与;当乙未依约履行对甲的供货义务时,甲可以对丙的付款请求行使抗辩权,以对乙的抗辩理由对抗丙。法律所以作出这一规定,是因为税收、赠与、继承等无偿行为均不是一种商事交易行为,无须对票据债务人作出抗辩切断的限制。

(二) 持票人明知存在抗辩事由的,不享有抗辩切断利益

票据抗辩的限制制度是基于保护善意第三人的需要,在票据交易过程中,第三人不知道,也不应当知道票据债务人与其直接前手或票据债务人与出票人之间是否存在抗辩事由,所以,法律为维护票据安全,特确立抗辩限制制度。然而,当持票人在取得票据时明知该票据权利存有瑕疵(即票据债务人有抗辩权)时,法律对其无特殊保护的必要。因此,我国《票据法》第13条在对票据债务人的抗辩作出限制性规定的同时,又对该限制进行了除外性规定,即"持票人明知存在抗辩事由而取得票据的除外"。各国票据法亦然,均作了类似的规定。学理上,将对于明知债务人得对抗前手的第三人之抗辩,称为"恶意抗辩"。

第三节 票据抗辩的范围

一、票据抗辩范围之规则

各国票据法均对抗辩的限制作了明文规定,对可以进行票据抗辩的事由却未作详尽的规定。这是因为社会生活纷繁复杂,法律难以穷尽可能出现的一切不受限制,可以进行抗辩的事由。如上所述,美国等国家,通过规定票据债权人不受票据债务人抗辩拘束的各种情形来反推可以进行票据抗辩的事由。德国等国家,通过规定票据

债务人不得进行抗辩的各种情形的办法,来反推不受限制、可以进行票据抗辩的事由。我国的规定与德国相同。

简言之,可以进行票据抗辩的事由是法律明定的不可以进行票据抗辩的事由的相反推论。除法律明文规定的不得进行抗辩的情形外,其他情形之抗辩可以进行,不受限制。

二、票据抗辩之事由

不受法律限制,可以进行票据抗辩的事由有以下两大类。

(一) 绝对抗辩

属于绝对抗辩的事由主要有以下几种:

1. 票据应记载事项的欠缺。票据为一种文义证券,票据行为具有文义性和外观性,因此,反映票据权利的一些基本内容都应载明于票上。法律对票据事项的记载作出强制性规定,若记载事项不完全的,该票据无效。

2. 票据记载事项不符合法律规定。票据是一种要式证券,法律不仅对应记载的事项作了规定,而且还对如何记载也作了强制性规定。比如,我国票据法规定,法人签发的票据要有法人的盖章和法定代表人签章或经法定代表人授权的人签章,否则,票据无效。

3. 变更禁止变更的记载事项。为确保票据的公信力和维护票据交易秩序,我国法律明确规定,票据金额、日期、收款人不得变更,否则票据无效。

4. 票据能力欠缺。票据行为是民事法律行为的一种,票据的签发、背书、承兑、保证均以行为人具有行为能力为条件,否则,不承担票据责任。

5. 票据的签章被伪造。伪造票据签章,即伪造票据。票据被伪造而签发的,因为该签发行为既非被伪造人的行为,也非被伪造人的意思表示,所以对被伪造人不发生效力。由于伪造的票据无伪造人的签章,基于票据行为的文义性,伪造者也不承担票据责任。

6. 票据到期日未届至。除见票即付的票据外,票据债务的履行期为票上所记载的到期日,到期日届至之前持票人无权向票据债务人提示付款。到期日届至之前持票人的票据权利已存在,但未发生请求效力。必须说明的是,持票人对票据债务人的追索权在一定条件下,可以不受到期日届至的制约。倘若汇票付款人在到期日到来前拒绝承兑的,持票人可以提前行使追索权。

7. 票据权利时效期间届满。我国票据法就票据权利的行使时效期间作了明文规定。票据债务人主张票据权利人之票据权利已罹时效的,该抗辩成立。

8. 法院对丧失的票据作出除权判决。票据因遗失、被盗、灭失或因其他事由而丧失的,失票人可以向法院申请公示催告。法院经公示催告后无人就该票据主张权利的,可以作出除权判决。除权判决后,持票据请求履行票据债务的,债务人可以抗辩。

9. 票据金额已依法提存。持票人迟延提示付款的,票据付款人或承兑人有权就票款进行提存以消灭票据关系。票款由付款人或承兑人提存的,持票人请求支付票据金额的,任何一个在票据上签章的人都可以进行抗辩。

10. 无权代理票据行为。无权代理人实施无权代理行为后,所谓的被代理人不承担票据责任。无论何人持有该票据,所谓的被代理人都有权抗辩。

11. 票据保全手续欠缺。票据保全手续欠缺的,丧失了对汇票出票人和承兑人、本票和支票出票人以外的票据债务人的追索权。例如,我国《票据法》明定,汇票收款人或持票人未在规定的时间内提示承兑的,本票收款人或持票人未在规定的期间内提示付款的,收款人或持票人不能出示拒绝证明、退票理由书或者未按照规定期限提供其他合法证明的,丧失对出票人、承兑人以外的前手的追索权。丧失追索权后,无论何人取得票据均不能要求出票人、承兑人以外的票据债务人承担票据责任。

12. 承兑的撤销。付款人作出承兑记载后,于票据交付前撤销承兑的,属于拒绝承兑的行为。任何一个持票人要求该付款人付款的,该付款人均可对抗。

(二) 相对抗辩

属于相对抗辩的情形主要有如下几种:

1. 直接前手以非票据关系中的事由抗辩。票据债务人可基于与自己有直接票据关系的持票人之间的某种关系中的抗辩事由进行抗辩。这里所称的"与自己有直接票据关系的持票人"是指票据债务人的直接后手,彼此之间的关系为直接前、后手关系。这里所指的"某种关系"应具备以下条件:(1)属于非票据关系。如票据原因关系、票据预约关系等。(2)与票据关系有着紧密的联系。即票据债务人所实施的票据行为正是基于该层特别的关系。如票据债务人与持票人存在购销关系,票据债务人因支付货款而为票据的签发或背书。又如,票据债务人与持票人签订一份内容违法的无效合同,票据债务人为执行无效合同而为票据的签发或背书。(3)在这一关系中,票据债务人可以拒绝履行义务或者其义务无法律依据。如在票据债务人与持票人的票据原因关系中,票据债务人享有同时履行抗辩权、先履行抗辩权或不安抗辩权。又如,双方的票据原因关系为无效合同关系,在这无效合同关系中票据债务人没有对持票人的付款义务。再如,虽然有付款义务,但该付款义务已因债的抵销而消灭。我国《票据法》第13条第2款规定:"票据债务人可以对不履行约定义务的与自己有直接债权债务关系的持票人,进行抗辩。"《最高人民法院关于审理票据纠纷案件若干问题的规定》第15条第1项规定,票据债务人对"与票据债务人有直接债权债务关系并且不履行约定义务"的持票人提出抗辩的人民法院应予支持。

法律之所以允许票据债务人可以基础关系中的抗辩事由对抗持票人,是为了防止循环诉讼、防止讼累,避免资源的损耗。《最高人民法院关于审理票据纠纷案件若干问题的规定》第10条规定:"票据债务人依照票据法第13条的规定,对与其有直接债权债务关系的持票人提出抗辩,人民法院合并审理票据关系和基础关系的,持票人应当提供相应的证据证明已经履行了约定的义务。"这条规定虽规范的是举证责任,但是,它却表明人民法院可将票据纠纷案件与基础关系纠纷案件合并审理。由此,可以作出推论,只要能避免循环诉讼的,票据债务人均可基于基础关系中的抗辩事由对抗作为直接后手的票据债权人。

2. 无对价之抗辩。依据我国《票据法》第10条关于票据的取得应当给付对价的规定,收款人或持票人从其直接前手无对价而取得票据,且又不是基于赠与、税收而取得的,其直接前手可以对抗。依据我国《票据法》第11条关于因赠与、继承、税收而无对价取得票据的权利不优于前手的权利之规定,票据债务人可基于对持票人前手的抗辩事由对抗无对价而取得票据的持票人。

3. 背书不连贯的抗辩。背书不连贯的,持票人不能证明其享有票据权利,因而票据债务人可以进行抗辩。之所以将背书不连贯的抗辩确定为相对抗辩,是因为该票据一旦为背书连贯的持票人拥有,票据债务人便不能对抗。

4. 违反当事人间约定的抗辩。票据债务人与持票人往往存在约定,如果持票人违反了约定,票据债务人可基于彼此的约定进行票据抗辩。例如,持票人曾与票据债务人约定免除票据债务人的一切债务,以后持票人又依票据向票据债务人行使票据权利,票据债务人可以依双方的约定进行抗辩。

5. 越权补记留白的抗辩。空白票据的出票人授权收款人在一定范围内补记预留的空白之处,收款人超越权限而在留白处补记,并据此行使票据权利的,空白票据的出票人可以进行抗辩。

6. 禁止背书之记载的抗辩。出票人禁止背书的,可以对抗经收款人背书的一切后手之票据金额的支付请求,但不能对抗收款人所为之票款支付请求。背书人禁止背书的,可以对抗经被背书人背书的一切后手之票据金额的支付请求,但不能对抗被背书人行使票据权利。

7. 恶意或重大过失而取得票据的抗辩。票据债务人可以对因恶意或重大过失取得票据的持票人的票款支付请求进行抗辩。所谓恶意取得票据的情形主要包括:以欺诈、偷盗或者胁迫等手段取得票据,或者明知有前列情形,出于恶意取得票据的情形。所谓重大过失取得票据,应具备两个条件:其一,票据的取得不符合票据法规定;其二,取得者主观上有重大过失。何谓"重大",依据票据交易习惯确定。恶意取得票据的行为应当禁止,重大过失取得票据的,无保护之必要,因而各国票据制度均否定持票人享有票据权利。我国《票据法》第12条规定,因恶意或重大过失取得票据的,不享有票据权利。

8. 明知有抗辩事由,仍受让票据的抗辩。一些学者将此种抗辩称为"恶意抗辩"。① 为了维护票据交易安全,各国票据制度都作了"票据债务人不得以自己同出票人或者持票人前手之间的抗辩事由对抗持票人"这一对人抗辩限制的规定。票据抗辩的限制在于保护善意持票人的利益。票据受让人在取得票据时明知该票据权利存在瑕疵(即存在抗辩的事由)仍不表示异议的,对其无保护的必要。故此,各国票据法在上述规定同时,又作了例外的规定,即持票人明知抗辩事由的除外。我国《票据法》第13条也作了类似规定。因而所谓恶意抗辩,是指票据债务人可以基于自己与出票人或持票人前手之间的抗辩事由对抗持票人之请求的抗辩。

我国《票据法》第12条规定的因欺诈、偷盗、胁迫等而取得票据的情形,以及我国《票据法》第13条第1款关于票据抗辩限制之例外情形:"明知存在抗辩事由而取得票据",都属于票据取得有主观过错或恶意。但是,两者之后果不同。属于第12条之恶意取得票据的,不享有票据权利;属于第13条第1款之恶意取得票据的,其地位不优于前手,并非断然不享有票据权利。因此,票据债务人对两者的抗辩也有所不同。对于前者,票据债务人可以直接基于持票人之恶意而对抗;对于后者,票据债务人只能以自己对于出票人或持票人的前手之间的抗辩事由对抗持票人,倘若票据债务人与出票人或者持票人之直接前手之间没有抗辩事由,纵然持票人明知票据债务人对其他票据当事人有抗辩事由仍受让票据,票据债务人也不能抗辩。谢怀栻先生曾在《票据关系中的善意与恶意》一文中阐述:"如甲的票据被乙偷去,乙将之转让给丙,丙为善意取得人。丙又将之转让给丁。丁知道票据是甲失窃的,或知道乙是无处分权人。这时由于丙已取得票据权利,是正当权利人,有处分权,丁仍能取得票据权利。"②

---

① 我国台湾学者均称此为"恶意抗辩"。我国台湾地区"票据法"第13条规定:"票据债务人不得以自己与发票人或执票人之前手间所存之事由,对抗执票人。但执票人取得票据出于恶意者,不在此限。"我国大陆《票据法》第13条但书之规定,没有使用"恶意"这一概念,而与《日内瓦汇票本票统一公约》《德国票据法》《日本票据法》的相关规定相同,使用一个比较明确并易操作的"明知"的概念。

② 谢怀栻:《票据关系中的善意与恶意》,载《人民法院报》2000年10月27日。

恶意抗辩之构成，必须同时具备如下条件：其一，票据债务人与持票人并非直接前后手之间的关系；其二，持票人明知票据债务人与自己之前手或者与出票人之间存在抗辩事由而受让票据；其三，持票人有偿取得票据，若无偿取得，票据债务人可基于无对价抗辩进行对抗而无须援引恶意抗辩；第四，票据债务人有权对抗持票人的前手或得对抗出票人。

在上述抗辩范围中，有些属于权利否定的抗辩，有些属于拒绝履行票据义务的抗辩。如上述绝对抗辩便是权利否定之抗辩，其中票据到期日未届至的抗辩虽不能说持票人没有票据权利，但是票据债务人可以否定持票人到期前行使权利；上述相对抗辩中直接前后手之间基于非票据关系之事由的抗辩、无对价抗辩、以当事人之间的特约抗辩、恶意抗辩都有可能是拒绝履行义务的抗辩，其他的相对抗辩为绝对权利否定之抗辩。

进行权利否定之抗辩的当事人，在实施抗辩行为时，均否认自己的票据义务的存在（即否定持票人票据权利的存在）。由于此类抗辩以权利未发生或业已消灭，原被告之间不存在任何票据权利、义务关系为前提，因此，被告在诉讼中即使不对原告的请求进行抗辩，或者因被告缺席审判未能有抗辩的机会而未进行抗辩的，法院也不能因被告对原告的请求未进行抗辩而支持原告的请求，不能因被告没提出抗辩而判令被告履行本不存在或业已消灭的票据义务。

拒绝履行票据义务之抗辩以票据法或民法赋予票据债务人的抗辩权为前提。当事人享有抗辩权的，只有援引法律条款，行使抗辩权，才发生抗辩的效力。否则，将因权利失效制度而使抗辩权消灭，法院将对被告予以审究。票据债务人享有拒绝履行票据义务抗辩权，因缺席审判未能行使抗辩权的，亦同。

在上述抗辩范围中，有些抗辩，凡在票据上签章的人都可以进行（如，绝对抗辩中的票据记载事项不合法之抗辩、更改了不应更改之记载事项的抗辩等；又如相对抗辩中的对于盗取、骗取等恶意取得票据的当事人的抗辩），有些抗辩，只有特定的签章人可以进行（如，绝对抗辩中的无民事行为能力人的抗辩；又如，相对抗辩中的当事人之间依特约而进行的抗辩）。

思考题
1. 简述票据抗辩的分类。
2. 绝对抗辩与相对抗辩有何区别?
3. 恶意抗辩的含义、特征、效力是什么?
4. 简述票据抗辩的限制。

第九章　票据的丧失

内容提示　本章阐述了票据丧失的概念,介绍了票据丧失救济的各国立法制度;全面论述了挂失止付、公示催告、在提供担保的前提下请求出票人签发新的票据、在提供担保的情形下请求票据债务人履行票据债务的我国票据丧失后的救济措施。

第一节　票据丧失的概述

一、票据的丧失的概念

票据的丧失,是指当事人无抛弃票据的意思而丧失票据占有的客观状态。如票据的遗失、被盗、烧毁等。

票据的丧失具有两个特征:其一,当事人丧失对票据的占有。当事人已经不再占有票据是票据丧失的客观特征。当事人丧失票据的情形有两种。一种是绝对丧失,是指票据被毁灭的情形,如撕毁、烧毁等;另一种是相对丧失,指的是票据脱离持票人占有的情形,如遗失、被盗等。无论何种形态,该票据都已不为当事人直接或间接占有。其二,当事人未占有票据的现象与当事人意志相悖。易言之,当事人是在违背自己意志的状态下丧失对票据的占有。倘若票据的毁灭出自当事人的故意行为,则非票据的丧失。

二、票据丧失救济之立法例

关于票据丧失的救济方式,各国法律规定不同,主要有以下几种:

(一)请求出票人签发票据复本

票据丧失后,失票人在提供担保的前提下,有权请求出票人签发票据复本或签发新票据。出票人拒绝签发票据复本或交付新票据的,失票人可以通过诉讼途径请求法院依强制程序强使出票人办理。英国采用这一种方法。根据《英国票据法》第69条和第70条的规定,丧失汇票的持票人有权取得汇票复本。如汇票在其丧失之时尚未过期,该汇票之持票人得请求出票人出具另一同样文义的汇票复本。由于该丧失的汇票有可能被第三人善意取得。该作为正当持票人的第三人必然要求票据债务人承担票据责任。由于汇票的复本具有独立的效力,票据债务人将面临双重请求。一个来自持有失票的正当持票人的票款支付请求,另一个来自失票人的票款支付请求。如果正当持票人请求在先,或者正当持票人与失票人同时提出请求,票据债务人可以对抗失票人的请求。如果失票人提出票款支付请求时正当持票人尚未出现,或者失票人将汇票复本或新交付的汇票背书转让给后手,票据债务人必将作出双重给付。作出双重给付的票据债务人有权要求失票人返还所作给付。为防止因失票人届时无清偿能力而使票据债务人蒙受损失,票据债务人有权请求失票人提供相应的担保。依据《英国票据法》,向失票人出具汇票复本或交付新票据是出票人的义务。出票人不履行该义务的,失票人有权提起诉讼。法院在失票人提供合理的担保前提下将支持失票人的请求。

(二) 请求票据债务人支付票款

票据丧失后,失票人在提供担保的前提下,有权请求法院强令票据债务人支付票据金额。法国采用这一种方法。《法国商法典》第143条规定,丧失汇票的人,无论该汇票是否已经承兑,都可以通过提供担保和证明其权利,要求法院判决票据债务人履行票据债务。法律要求失票人提供担保的理由是,维护票据债务人的利益不受损失。所失票据一旦为善意的第三人有偿取得,第三人会要求票据债务人履行票据债务,票据债务人不得以该票据丧失或者票据债务人已经向失票人作出给付为理由而抗辩。此时,票据债务人有权请求失票人返还所作的给付,为确保失票人届时有清偿能力,失票人在请求票据债务人履行债务时,票据债务人有权请求失票人提供担保。

美国对于失票救济的方法与法国相似。《美国统一商法典》第3-804条规定,不论是由于销毁、被窃还是其他原因而丧失票据的所有人,得以自己名义起诉,在提供相关证明的前提下,有权请求任何一个票据债务人履行票据义务。法院可以要求起诉人提供担保,借以保障被告(票据债务人)因对该票据另有权利主张而蒙受损失。《美国统一商法典》还规定,支票丧失后,失票人有权向付款人发出止付票款的指令。口头止付的有效期为 14 天,书面止付的有效期为 60 天。

(三)请求公示催告,申请除权

票据丧失后,失票人请求法院进行公示催告,申请除权判决。德国、瑞士采用这一种方法。根据《德国票据法》第 90 条,通过公示催告程序宣告丧失的或毁灭的票据为无效;如合法权利人在宣告无效前提供担保,在该程序开始后,该权利人有权在票据到期日时向汇票的承兑人或本票的出票人提出付款请求。《瑞士票据法》第 971 条规定:"如果票据遗失,法院得宣告其注销。票据权利人得在遗失时或者发现遗失时申请宣告注销。"

第二节 我国票据丧失之救济

我国《票据法》参考了英国、法国、美国、德国等国家关于票据丧失救济的立法,规定票据失票人在丧失票据后可以依挂失止付、公示催告、诉讼的方法救济。

一、挂失支付

(一)挂失止付的概念

挂失止付是指失票人于票据丧失后将失票情形告知付款人,并请求付款人停止支付失票上记载的金额,付款人基于失票人的请求依法暂停付款的制度。我国《票据法》第 15 条第 1 款和第 2 款规定:"票据丧失,失票人可以及时通知票据的付款人挂失止付,但是,未记载付款人或者无法确定付款人及其代理付款人的票据除外。收到挂失止付通知的付款人,应当暂停支付。"

付款人止付票据款项,必须基于失票人的止付通知。挂失止付是失票人的一项权利而不是义务,付款人不能强行失票人挂失止付。

1. 止付请求人

止付请求人即止付人。止付人应当是票据权利人,如收款人或持票人。失票救济的目的是防止非权利人假冒票据权利人的身份或者通过假冒而背书转让票据,从中获取票据利益,进而保护票据权利人的权利。由此,由票据债权人挂失止付。现实中出票人在制作了空白支票后,票据交付前将票据遗失的情形不乏其例。虽然该票据尚未制作完毕,为了不使失票人的利益受到损失,应当允许对此类票据进行挂失止付。

2. 可以挂失止付的票据

依据《支付结算办法》第48条的规定,可以办理挂失的票据是商业汇票、支票、填明"现金字样和代理付款人的银行汇票"以及填明"现金"字样的银行本票。未填明"现金"字样和代理付款人的银行汇票,以及未填明"现金"字样的银行本票,不得挂失支付。

已过票据时效期间的票据丧失的,可以成为挂失止付的对象。因为时效的届满并不意味权利的完全消灭。

超过付款提示期间的票据丧失的,该票据也可以成为公示催告的对象。因为,超过付款提示期间的汇票,票据权利人仍可以行使票据权利。

3. 止付通知之对象

挂失止付的通知对象是汇票的付款人或承兑人,或者付款代理人;本票的出票人;支票的付款人。在我国,本票的付款代理人是收款人或持票人的开户银行。持票人不同,其开户银行也不同,出票人丧失票据后,便不能确定何人最终持有票据,故无法向付款人的代理人通知止付。

(二) 挂失止付的程序与效力

允许挂失止付的票据丧失,失票人需要挂失止付的,应当填写挂失止付的通知书并签章。挂失止付通知书应当载明:

1. 票据丧失的时间、地点、原因;

2. 票据的种类、号码、金额、出票日期、付款日期、付款人名称、收款人名称;

3. 挂失止付人的姓名、营业场所或者住所以及联系方法。

付款人或者代理付款人收到挂失止付通知书后,应立即暂停支付。付款人或者代理付款人自收到挂失止付通知书之日起12日内没有收到人民法院的止付通知书的,自第13日起,付款人或代理付款人可以向提示付款的持票人付款。

二、公示催告

(一)公示催告的概念

公示催告,是指法院根据票据失票人的申请,以公示方法告知并催促利害关系人于一定期间内,向法院申报权利,利害关系人在规定的期间内申报权利,法院经审查符合申报条件的,终结公示催告程序;逾期无人申报的,根据申请人的请求作出除权判决的诉讼制度。失票人申请公示催告的目的在于使法院作出除权判决。作出除权判决的目的,是使票据上不再存在权利,使失票人失去的票据权利回复。

(二)公示催告的申请与受理

依据我国《民事诉讼法》的规定,失票人有权在通知挂失止付后3日内,也可以在票据丧失后,依法向人民法院申请公示催告。

申请公示催告必须具备如下条件:

1. 必须有丧失票据的事实。

2. 丧失的票据必须是有效的票据。记载事项不符合法律的规定、票据的其他形式违法等无效票据上不存在票据权利,故无须作除除权判决。但是,出票人已经签章的授权补记的支票丧失后,失票人也可以申请公示催告。

3. 申请人必须是按照规定可以背书转让的票据在丧失票据占有以前的最后合法持票人。如收款人、最后一个被背书人。

4. 必须向有管辖权的法院提出申请。公示催告程序的级别管辖为基层人民法院,地域管辖为票据支付地人民法院。票据支付地是指票据上载明的付款地。票据上未载明付款地的,汇票付款人或者代理付款人的营业场所、住所或者经常居住地,本票出票人的营业场所,支票付款人的营业场所所在地为票据付款地。银行汇票的出票人是银行汇票的付款人。出票人已经签章但未记载代理付款人的银行汇票丧失后,失票人申请公示催告的,由出票银行所在地人民法院管辖。

同时符合上述四个条件的才能申请公示催告。失票人向人民法院申请公示催告的,公示催告申请书应当记载下列内容:

(1) 票面金额;

(2) 出票人、持票人、背书人;

(3) 申请的理由、事实;

(4) 通知票据付款人或者代理付款人挂失止付的时间;

(5) 付款人或者代理付款人的名称、通信地址、电话号码等。

人民法院收到公示催告的申请后,应当进行审查,并决定是否受理。经审查认为符合受理条件的应当决定受理并通知申请人;对不符合受理条件的应当在7日内裁定驳回申请。

(三) 公示催告的审理

1. 通知止付

人民法院受理申请后,应当同时通知付款人、代理付款人停止支付。付款人或者代理付款人收到人民法院发出的止付通知,应当立即停止支付,直至公示催告程序终结。非经发出止付通知的人民法院许可擅自解付的,应承担责任。

2. 发布公告

人民法院自立案之日起3日内发出公告,催促利害关系人申报权利。受理申请的公告应当写明以下内容:

(1) 公示催告申请人的姓名、名称;

(2) 票据的种类、票面金额、发票人、持票人、背书人等;

(3) 申报权利的期间;

(4) 在公示催告期间转让票据权利、利害关系人不申报的法律后果。

受理公示催告申请的公告,应发布在全国性的报刊上。

3. 申报权利

公示催告期间利害关系人可以向人民法院申报权利。人民法院应当依法进行审查。同时具备如下三个条件的,人民法院应当裁定终结公示催告程序。

其一,在公示催告期间内,或者申报期届满后、判决作出前申报权利。

其二,由持票人申报。比如善意取得人申报票据权利。

其三,申请公示催告的票据与利害关系人申报的票据一致。

4. 审查权利

利害关系人申报权利的,人民法院应当通知其向法院出示票据,并通知公示催告申请人在指定期间察看该票据。法院经审查申报的权利符合上述条件的,终结公示催告程序;不符合上述条件的,裁定驳回利害关系人的申报。

公示催告的期间,国内票据自公告发布之日起60日,涉外票据可根据具体情况适当延长,但最长不得超过90日。

5. 公示催告期间权利的限制

公示催告期间票据权利受到一定的限制:(1)因付款人或代理付款人依法停止支付,使票据权利人在一定期间内不能行使票据权利。(2)公示催告期间不得转让票据权利。允许转让票据权利的,善意的权利受让人必然受到保护,公示催告就失去意义。(3)公示催告期间不得质押、贴现该票据。

(四)除权判决

公示催告期间届满后没有民事主体申报权利,或者虽有票据权利的申报,但已经被裁定驳回的,人民法院应当根据失票人的申请作出判决,宣告票据无效。判决应当公告,并通知付款人或代理付款人。失票人依据判决请求付款人付款。

除权判决具有如下效力:

1. 丧失的票据无效。无论谁持有该票据,已经除权判决,该票据上的权利因此被消灭。

2. 自判决公告之日起,公示催告申请人有权要求履行票据债务。

3. 支付人履行了票据债务后,其义务被消灭。纵然除权判决被撤销,已消灭的义务不再恢复。

利害关系人因正当理由(如不可抗力)不能在判决前向人民法院申报票据权利的,自知道或者应当知道判决公告之日起1年内,有权向作出判决的人民法院起诉。

三、请求出票人签发票据或请求票据债务人承担票据责任

失票人丧失票据后,在票据权利时效届满以前,失票人有权在提供相应担保的前提下,要求出票人重新签发一张票据,也有权在提供担保的前提下要求票据债务人履行票据债务。出票人拒绝签发票据或者票据债务人拒绝履行票据义务的,失票人可以向人民法院提起民事诉讼。

失票人因请求出票人补发票据或请求债务人付款遭到拒绝而向人民法院提起诉讼的,被告为与失票人具有票据债权债务关系的出票人、拒绝付款的票据付款人或者承兑人。诉讼由被告住所地或票据支付地人民法院管辖。诉讼中,失票人应当向人民法院说明曾经持有票据及丧失票据的情形,失票人还应当提供担保,担保的数额相当于票据载明的金额。

思考题

1. 简述票据丧失的含义。
2. 简述票据丧失救济制度的立法例。
3. 挂失止付的程序与效力是什么?
4. 公示催告的程序与效力是什么?
5. 失票人请求出票人新发票据或者请求债务人履行票据债务为什么应提供相应的担保?

第十章　票据时效与票据利益偿还请求权

内容提示　本章阐述了票据时效的概念,全面介绍了票据时效期间的种类及其计算;阐述了利益偿还请求权的概念;论述了利益偿还请求权主体、被请求的对象和利益偿还请求权成立的客观条件;介绍了利益偿还请求权在请求权内容、方法和债务履行地等规则。

第一节　票据时效

一、票据时效的概述

收款人或持票人不行使票据权利之事实状态持续地经过一定期间,票据债务人可以拒绝票据权利人的请求的,称为票据时效。

民法时效有一般时效与特殊时效之分。对于票据时效属于一般时效还是特殊时效,各国规定不同,多数国家均将票据时效规定为特殊时效,在民法时效制度外另行规定。英国、美国则视票据时效为一般时效,在调整票据关系的法律中未对票据时效作出规定,票据时效适用民法上时效的规定。我国票据法对票据时效作了有别于民法一般时效的专门规定,故为特殊时效。其立法理由主要有以下几点:(1)票据关系属于商事关系,商事交易及流转要求迅捷,应采取短期时效制度。(2)在票据关系中,票据债务人所承担的责任较一般民事义务重,故宜采取短期时效制度,使债务人尽早摆脱责任。(3)世界上多数国家的票据法,尤其是日内瓦统一票据法均采取票据短期时效制度,为与国际规则接轨,有必要与日内瓦统一票据法的规定一致。

二、票据时效期间

关于票据时效之期间,各国规定不同。大致有两大类:其一,均一主义。无论对于何人之票据权利,票据时效的期间都相同。持票人对承兑人、出票人行使票据权利的时效期间与对背书人行使票据权利的时效期间是相同的。其二,差等主义。即对于汇票承兑人、本票出票人行使票据权利的时效期间与对于背书人行使权利的时效期间不同。例如,《日内瓦汇票本票统一公约》第70条规定,对于承兑人权利的时效期间为3年;对于出票人和背书人权利的时效期间为1年;再追索的时效期间是6个月。

多数国家采取差等主义。法律规定,票据时效期间的长短因票据权利性质的不同而不同。如《法国票据法》规定,汇票上对承兑人的一切诉讼权利,自到期日起算,3年内不行使者,即因时效而消灭。汇票持票人对背书人和出票人的诉讼权利,自在恰当时间内作成拒绝证书之日起算,1年内不行使者,即因时效而消灭。背书人相互间及背书人对出票人的诉讼权利,自背书人清偿汇票之日或其本人被诉讼之日起算,6个月不行使者,即因时效而消灭。《德国票据法》、《日本票据法》采取票据时效期间的差等规定的做法。我国《票据法》亦然。现分述如下:

1. 持票人对汇票的出票人和承兑人的权利、对本票出票人的权利,自票据到期日起2年内不行使,见票即付的汇票、本票,自出票日起2年内不行使而消灭。

2. 持票人对支票出票人的权利,自出票日起6个月内不行使而消灭。

3. 持票人对前手(不包括出票人)的追索权,自被拒绝承兑或者被拒绝付款之日起6个月内不行使而消灭。

4. 持票人对前手(不包括出票人)的再追索权,自清偿日或者被提起诉讼之日起3个月内不行使而消灭。

三、民法规定的回归适用

关于票据时效的中止、中断、延长,以及票据时效的效力,我国《票据法》不另作规定,应回归适用《民法通则》关于诉讼时效的规定。

须注意的是,票据时效期间,因权利人行使权利而中断。由于票据的流转,票据之债务人往往有数人。票据债务人虽然承担债务,但是连带债务属于数个债务,因而,权利人向数债务人中的一人行使权利而导致时效期间中断的,对其他债务人不发生涉他效力。《瑞士债务法》第1071条第1款规定:"时效的中断只对与导致中断事由发生的有关票据债务人有效。"《德国票据法》第71条规定:"时效的中断只对与导致中断的事情成为事实有关的该汇票债务人有效。"《日内瓦汇票本票统一公约》第71条规定:"时效中断,仅对与时效中断有影响的人有效。"《最高人民法院关于审理票据纠纷案件若干问题的规定》第20条规定:"票据法第17条规定的票据权利时效发生中断的,只对发生时效中断事由的当事人有效。"例如,某甲签发汇票一张给某乙,委托某丙付款,某丙进行承兑,某乙将该汇票背书转让给某丁,某丁又将该汇票背书转让给某戊。票据时效期间起算后,某戊向某丁行使票据权利的,时效中断的效力仅对某丁发生。

第二节 票据利益偿还请求权

一、利益偿还请求权的概念

票据利益偿还请求权是指票据权利因票据时效或者保全手续的欠缺而消灭,持票人对于出票人或承兑人于其所受利益限度内请求返还其利益的权利。例如,某甲向某乙签发票载金额一万元的支票一张,用以支付所购货物的货款。某乙将该票据背书转让给某丙,因某丙怠于行使票据权利,该票据权利因票据时效届满而消灭。某甲获得价值一万元的货却因时效利益可拒绝票据债权人的请求。此时,某丙可以要求某甲返还因票据权利消灭所得利益。票据利益偿还请求权制度,是法律为平衡票据关系当事人的利益,对持票人采取的补救措施。我国《票据法》第18条规定:"持票人因超过票据权利时效或者因票据记载事项欠缺而丧失票据权利的,仍享有民事权利,可以请求出票人或者承兑人返还其与未支付的票据金额相当的利益。"

二、利益偿还请求权之要件

利益偿还请求权之要件,包括权利成立上的要件和当事人资格上的要件。

(一) 权利成立上的要件

1. 须票据上的权利曾有效成立

利益偿还请求权的立法目的在于缓和票据权利时效期间的短暂,以及票据权利保全手段苛刻带来的后果。易言之,为弥补票据权利行使的严格制度带来的后果,立法者确立了票据利益偿还请求权制度。当事人丧失票据权利的,其民事权利依然存在。据此,利益偿还请求权的发生以票据权利的有效成立为前提。倘若票据权利自始未发生过,便不存在因行使或保全票据权利不当而丧失票据权利的问题,也不存在票据权利因某种原因而消灭的问题,进而不存在利益偿还问题。

2. 须因一定的事由而使票据权利消灭

各国关于作为票据利益返还请求权发生的前提条件之一是:或者是票据时效期间届满,持票人的票据权利因此而消灭;或者是持票人因行使或保全票据权利的手续欠缺而使票据权利消灭。例如,根据《德国票据法》第89条的规定,利益偿还请求权的发生,以"票据债务由于时效而消灭","或因持票人怠于进行为维护票据权利所必不可少的处理而免除"为前提。日本票据制度也有类似的规定。[①]

依据我国《票据法》第18条的规定,利益偿还请求权产生的前提条件是"超过票据权利时效"而丧失票据权利,或者"票据记载事项欠缺"而丧失票据权利。我们认为,票据记载事项欠缺所造成的后果并非票据权利丧失,而是票据权利不发生,例如我国《票据法》第8条、第9条、第22条、第75条、第84条均规定,票据记载事项欠缺的票据无效,票据无效,自不发生票据权利,故不存在票据权利的丧失问题。应当将"票据记载事项欠缺"改为"票据保全欠缺"并对票据保全欠缺所生后果作必要修改。票据保全手续欠缺主要包括持

---

① 参见《日本票据法》第85条的规定。

票人未按照规定期间提示付款或提示承兑,以及持票人不能提供或未按时提供拒绝证明而丧失追索权等情况。

3. 须出票人与收款人、承兑人与出票人之间的关系为有偿关系。利益偿还请求权,以有偿关系的建立为前提。无偿关系当事人在签发票据时未获得对方的任何利益,故不存在利益的返还问题。

4. 须出票人或承兑人已经受有票据利益。利益偿还请求权具有返还不当得利之性质。《德国票据法》直接将利益偿还请求权定性为不当得利之返还。该法第三章第二节的节名为"不当得利"。基于不当得利的规则,只有在不当得利人没有法律上的依据获得他人利益时,才应承担返还责任。因而利益偿还请求权的构成以获得利益为条件。《德国票据法》第85条规定:"一、(1)如出票人或承兑人的票据债务由于时效而消灭或因持票人怠于进行为维护票据权利所必不可少的处理而免除,则只要其有可能从持票人的损失中获得利益,仍然对票据的持票人负有义务;(2)索回不当得利的请求权在票据债务消灭后3年后失效。二、此项请求权不适用于已免除票据债务的背书人。"《日本票据法》第85条规定:"由汇票、本票所生的权利,虽因手续欠缺或时效而消灭时,持票人仍得向出票人、承兑人或背书人提出在其既得利益限度内偿还的请求。"上述规定表明,德国与日本的票据制度,都以出票人或承兑人因票据的签发或承兑而实际获得利益作为利益偿还请求权的前提条件。诸如,出票人向收款人签发一张票据,从收款人获得对价利益,收款人的票据权利因票据权利时效而丧失,收款人可基于票据原因关系请求出票人履行原因关系中的义务,也可以基于利益偿还请求权履行债务。如果收款人将票据背书给持票人,持票人因票据权利时效而丧失票据权利的,可以基于利益偿还请求权要求出票人偿还利益。又如,出票人签发票据给收款人后,从收款人处获得对价利益,而后将钱款支付给付款人委托付款人付款,付款人进行了票据承兑,收款人因票据权利时效丧失票据权利的,可以要求承兑人返还利益。收款人或持票人究竟应向出票人行使利益偿还请求权,还是应向承兑人行使利益偿还请求权,取决于出票人签发票据所获得的对价利益停留在何处。停留在出票人处的,应向出票人行使权利;停留在承兑人处的,应向承兑人行使权利。

同时具备上述四个条件的,构成利益偿还请求权。

根据我国《票据法》第 18 条的规定,利益偿还请求权之成立条件只有两个,即须票据权利有效成立,以及票据权利因一定的事由而丧失。丧失票据权利的事由是票据权利因时效而消灭,或者票据权利因记载事项欠缺而丧失。我国《票据法》并不要求以出票人或承兑人获得利益作为利益偿还请求权的成立条件,当然也不以有偿签发票据作为利益偿还请求权的成立条件。在我国《票据法》看来,票据权利因时效或记载事项欠缺,出票人或持票人便获得了利益。因此,票据权利丧失,利益偿还请求权就发生。如此,对出票人或承兑人而言,票据权利与利益偿还请求权并无多大区别。

(二) 关于当事人资格的条件

关于当事人资格上的条件,因权利人之资格和义务人之资格而有所不同。

1. 利益偿还请求权人

利益偿还请求权之权利人须是票据上权利消灭时的正当持票人。以下票据关系当事人均可以成为利益偿还请求权人。

(1) 收款人。例如,甲银行向乙公司签发一张本票,乙公司因票据时效而丧失票据权利,乙公司可基于利益偿还请求权向甲银行请求给付相应的利益。

(2) 持票人。最后拥有票据权利的人因票据时效而丧失票据权利时,可以请求偿还利益。

(3) 履行票据债务后占有票据取得持票人地位的背书人。例如,汇票不获付款后,持票人向背书人行使追索权,背书人履行了票据债务后取得了票据权利。

(4) 履行票据债务后占有票据取得持票人地位的保证人。例如,某甲向某乙签发一张汇票,委托某丙付款,某乙将该汇票背书给某丁前,某戊以某乙为被保证人进行票据保证,某丁取得票据权利后又将该汇票背书给某己。某己不获承兑后向保证人某戊追索。某戊承担票据责任后原本可以向某乙、某甲追索,但因怠于行使权利,其所享有的票据权利罹于时效。保证人某戊可行使利益偿还请求权。

（5）履行票据债务后占有票据取得持票人地位的参加承兑人或者参加付款人。当参加承兑人承担了票据责任后，或者参加付款人付款后，便取得了被参加人及其前手的追索权，可以成为利益偿还请求权人。

（6）依其他方式取得票据权利的当事人。主要包括：票据善意取得人、因继承而取得票据的人、因主体的合并而取得票据的人等等。例如，某甲享有票据权利，某甲与某乙新设合并后产生某丙，某丙取得该票据权利，可以成为利益偿还请求权的主体。

2. 利益偿还义务人

持票人可以向谁行使利益返还请求权，各国法律规定不同。《德国票据法》规定，持票人只能向出票人、承兑人行使此项权利，而不能向被免除责任的其他票据债务人行使权利。《日本票据法》则规定可以向出票人、承兑人、背书人行使利益偿还请求权。① 我国《票据法》的规定与《德国票据法》相同。法律明定，偿还义务人应是汇票、本票、支票的出票人，或者汇票承兑人。票据背书人不能成为利益偿还请求权中的偿还义务人。出票人的保证人，或者承兑人的保证人也不能成为利益偿还请求权中的偿还义务人。

三、利益偿还请求权的效力

持票人行使利益返还请求权的，以被请求人获得利益为前提，请求返还的数额，也以被请求人获得的利益为限。出票人、承兑人在承担返还责任时，是否以现有的利益为限，即所返还的利益是以得利当时的利益为限，还是以返还时既存利益为限，各国法律规定不同。这取决于对利益返还请求权性质的确定。《德国票据法》认为，利益返还请求权在性质上是一种不当得利返还请求权，因此，"德国的学者多主张偿还责任，应以现存利益为限，日本学者多主张不以现存利益为限"②。我国《票据法》仅表明这是一种民事权利，而未确定其为不当得利请求权。我们认为，为了维护持票人的利益，为了确保交易的

---

① 参见《德国票据法》第85条和《日本票据法》第85条规定。
② 张国键：《商事法论》，台湾三民书局1980年修订版，第409页。

安全,助长票据的流通,票据利益返还请求权应确定为票据法上的权利,持票人可以请求出票人、承兑人返还其得利当时所获得的一切利益。

持票人在主张利益返还请求权时,无需提示票据。因为此项权利并非票据权利。但是,持票人应负举证责任,除证明其享有的票据权利因时效或手续欠缺消灭外,还应证明出票人、承兑人已获得利益。比如,出票人签发票据时或签发票据后曾获得收款人给付的对价利益;承兑人因承兑而获得出票人给付的资金或资金利益。

持票人向出票人行使利益返还请求权的,应当在出票人的住所进行;持票人向承兑人行使利益返还请求权的,应当在付款地进行。

利益返还请求权是对持票人权利丧失的补救,如果持票人的票据权利还存在,不发生利益返还请求权。比如,持票人向承兑人提示付款后遭到拒绝,而后又未按时提供拒绝证明,使持票人对前手(不包括出票人)的追索权消灭,此时,持票人尚有付款请求权,故不得向出票人行使利益返还请求权。学理上称其为利益返还请求权的非竞合性,即利益返还请求权不能与票据付款请求权或者追索权同时存在。

思考题

1. 简述票据时效期间的计算。
2. 简述利益偿还请求权的成立条件。

第三编 分　　论

第十一章　汇　　票

内容提示　本章在介绍汇票的概念和种类的基础上,阐述了汇票的概念、基本款式及其效力;介绍了汇票背书、承兑、保证等附属票据行为的概念、种类、款式和效力,分析了其性质以及与相似行为的区别;介绍了汇票的到期日、付款和追索权等概念、种类以及有关要件,分析了其性质以及与相似行为的区别。

第一节　汇票的概念和种类

一、汇票的概念

汇票,指由出票人签发、委托付款人按照票据记载无条件向收款人或持票人支付金额的票据。我国《票据法》第19条第1款给汇票下的定义是:"汇票是出票人签发的,委托付款人在见票时或者在指定日期无条件支付确定的金额给收款人或者持票人的票据。"汇票关系涉及三方当事人,即出票人、付款人和收款人。出票人是签发票据并委托他人按票据文义付款的一方,付款人是支付票款的受托方,但在承兑前对汇票不负票据责任,承兑后即为票据第一债务人,收款人是依出票人签发票据享有票据权利的一方。

汇票除具备票据的一般特征外,还有以下特征:

(一)汇票是委托他人付款的票据。汇票属委托证券。一般而言,汇票的出票人与付款人不是同一人,它是出票人委托他人付款的票据。汇票的出票人与付款人的法律地位不同,出票人的责任不是付款,而是担保承兑和担保付款,只有在汇票不获承兑或不获付款后才负票据付款责任。实践中,虽有出票人以自己为付款人而签发的汇票(即对己汇票,属变式汇票的一种,详见汇票种类),但当事人为付款时,是以付款人身份而非以出票人的地位出现的,并且通常汇票付款人没有资格的限制,其既可以是金融机构,也可以是其他民事主体,还可以是出票人自己担任付款人,这与作为自付证券的本票有着明显区别,本票的出票人与付款人为同一人,且在我国本票的付款人只能是银行。① 汇票与支票相比较,虽都属委托证券,但两者仍有区别,即对支票的付款人有严格的资格限制,我国支票的付款人仅限于经有关部门核准办理支票存款义务的银行和其他金融机构如信用社等。②

(二) 汇票是有承兑制度的票据。汇票付款人本无付款义务,故收款人或持票人在行使付款请求权前,一般须向付款人为承兑提示,由付款人承诺为汇票付款;否则不能请求付款。支票付款人虽亦无付款义务,但支票属支付证券,构成了一套与其相应的票据运作模式及调控规则。支票无承兑制度,有保付制度(我国无支票保付制度),但保付行为除发生付款人的票据责任效力外,还发生免责效力,这与仅发生票据责任效力的承兑行为又不同。至于本票,因其出票人就是付款人,无须经承兑确定付款人,故也无承兑制度。因此,承兑制度唯汇票所独有。但见票即付的汇票除外。③

(三) 汇票是到期日多样的票据。汇票的到期日具有多样性,有见票即付、定日付款、出票后定期付款、见票后定期付款四种。除见票即付的汇票外,其他三种到期日汇票都属远期汇票。出票人于票据签发时可任选一种。到期日的非单一性,使汇票可适用于远期付款,发挥其信用功能。此点汇票同于本票而别于支票,汇票和本票均

---

① 在国外票据法中有商业本票,即工商企业签发由自己到期无条件付款的票据。我国票据法未承认。
② 《中华人民共和国票据法》第81条。
③ 《中华人民共和国票据法》第39条。

属信用证券,可适用于远期付款①,而支票属支付证券,限于见票即付。

二、汇票的种类

根据不同的划分标准,可将汇票分为不同的种类:

(一)商业汇票和银行汇票

这是以出票人身份不同为划分标准作出的分类。我国《票据法》第19条第2款规定,汇票分为银行汇票和商业汇票。

1. 商业汇票。中国人民银行颁布的《支付结算办法》第72条规定,商业汇票是出票人签发的,委托付款人在指定日期无条件支付确定的金额给收款人或者持票人的票据。商业汇票是一个抽象概念,是票据实务中商业承兑汇票和银行承兑汇票的统称。故依承兑人的不同,商业汇票又有商业承兑汇票和银行承兑汇票之分。

(1)商业承兑汇票是由银行外的付款人签章承诺到期付款的票据。商业承兑汇票的签发由交易双方自愿约定。汇票若由交易中的应获得钱款的人签发,应经交易中的应支付钱款的人承兑;若由交易中的应支付钱款的人签发,应经其本人承兑或由其指定的付款人承兑。也就是说,商业承兑汇票的承兑人是付款人。在我国一般要求签发商业承兑汇票者,是在银行开立存款账户的法人以及其他组织,与付款人具有真实的委托付款关系,具有支付汇票金额的可靠资金来源。② 在使用商业承兑汇票时,收款人或持票人对将要到期的商业承兑汇票,应送交其开户银行办理收款,或直接向付款人或承兑人的开户银行提示付款。付款人或承兑人的开户银行接到商业承兑汇票后,应及时通知付款人或承兑人。付款人或承兑人表示付款的,应及时通知开户行付款,否则,应作成拒绝付款证明送交开户行,由开户行转交持票人。

(2)银行承兑汇票是经银行签章承诺到期付款的票据。在我

---

① 我国本票只有银行本票且为见票即付,另付款期限也较短。《中华人民共和国票据法》第78条规定,本票的付款期限最长不得超过2个月。
② 《支付结算办法》第75条规定。

国,银行承兑汇票的出票人必须具备下列条件:一是在承兑银行开立存款账户的法人以及其他组织;二是与承兑银行具有真实的委托付款关系;三是资信状况良好,具有支付汇票金额的可靠资金来源。①银行承兑汇票的出票人或持票人向银行提示承兑时,银行的信贷部门应按照有关规定的审批程序,对出票人的资格、资信、购销合同和汇票记载的内容进行认真审查,必要时可由出票人提供担保。符合规定和承兑条件的,银行与出票人签订承兑协议。银行承兑汇票的出票人应于汇票到期前将票款足额交存其开户银行。承兑银行应在汇票到期日或到期日后的见票当日支付票款。银行承兑汇票的出票人于汇票到期日未能足额交存票款时,承兑银行仍应向持票人无条件付款。承兑银行存在合法抗辩事由拒绝支付的,应作成拒绝付款证明。

2. 银行汇票是出票银行签发的,由其在见票时按照实际结算金额无条件支付给收款人或持票人的票据。银行汇票的出票银行为银行汇票的付款人。②

银行汇票的出票和付款,全国范围限于中国人民银行和各商业银行参加"全国联行往来"的银行机构办理。跨系统银行签发的转账银行汇票的付款,应通过同城票据交换银行将汇票和解讫通知提交给同城的有关银行审核支付后抵用。代理付款人(即:代理本系统出票银行或跨系统签约银行审核支付汇票款项的银行),不得受理未在本行开立存款账户的持票人为单位直接提交的银行汇票。省、自治区、直辖市内和跨省、市的经济区域银行汇票的出票和付款,按照有关规定办理。③

申请人使用银行汇票,应向出票银行填写"银行汇票申请书",填明收款人名称、汇票金额、申请人名称、申请日期等事项并签章。出票银行接受申请并收妥款项后签发银行汇票,将银行汇票和解讫通知一并交给申请人。申请人应将银行汇票和解讫通知一并交付给汇票上记明的收款人。收款人收受银行汇票后,应在出票金额以内,

---

① 《支付结算办法》第76条规定。
② 《支付结算办法》第53条规定。
③ 《支付结算办法》第55条规定。

根据实际需要的款项办理结算,并将实际结算金额和多余金额准确、清晰地填入银行汇票和解讫通知的有关栏内。

(二) 即期汇票和远期汇票

这是以记载到期日方式不同为划分标准作出的分类。

1. 即期汇票,是不记载具体到期日,持票人向付款人提示付款之日,付款人见票须立即付款的汇票,也称见票即付。它包括四种形式:(1) 票面上载明"见票即付"字样的汇票;(2) 出票日与到期日同为一日的汇票;(3) 票面上没有载明到期日的汇票;(4) 逾期后被承兑或背书的汇票,该汇票就承兑人或背书人而言,应被视为即期汇票①,我国《票据法》无此规定。

2. 远期汇票,是汇票上记载一定付款到期日,持票人在一定期限或特定日期届至可请求付款的票据。依对到期日不同的记载方式可分为四种形式:(1) 定期汇票,或称定日汇票、板期汇票,即出票人在发行汇票时,已记明一定日期为到期日的汇票;(2) 计期汇票,或称出票日后定期付款的汇票,即出票人在发行汇票时载明于出票日后经过一定期间付款的汇票;(3) 注期汇票,或称见票后定期付款的汇票,即持票人向付款人为承兑提示(见票)时,确定自提示承兑日起计算的一定期间届至由付款人付款的汇票;(4) 分期付款汇票,即将汇票金额分为几部分,对每一部分确定一个到期日,可以分期支付的汇票,这在英美票据法中被首先采纳。② 我国台湾地区"票据法"也有相似规定。③ 但《日内瓦汇票本票统一公约》第 33 条第 2 款明确规定,其他到期日的汇票或分期付款汇票无效。我国《票据法》不承认分期付款的汇票。此外,在《英国票据法》中,远期汇票还包括某一必然发生的特别事件发生后履行支付的汇票,但该特定事件的发生时间应事先不能确定。④

区分即期汇票与远期汇票的意义,不仅在于说明两者在记载到

---

① 《英国票据法》第 10 条规定。
② 《英国票据法》第 9 条第 1 款,《美国统一商法典》第 3-106 条第 1 款。
③ 我国台湾地区"票据法"第 65 条第 2 款。郭锋、常风:《中外票据法选》,北京理工大学出版社 1991 年版,第 55 页。
④ 《英国票据法》第 11 条规定。

期日和付款期限上的差异,而且还在于揭示它们在权利行使过程中程序和方式上的区别,即期汇票无须为承兑提示,而远期汇票必须在承兑提示后才能要求付款,远期汇票充分体现了票据的信用功能,而即期汇票多为一种支付工具。

(三) 记名汇票、指示汇票和无记名汇票

这是以记载收款人方式不同为划分标准作出的分类。

1. 记名汇票也称抬头汇票,指出票人在汇票上载明收款人的姓名或名称的汇票。这种汇票在出票人出票并将该汇票交付收款人后,才产生票据上的效力。此类汇票转让一般以背书、交付为其法定要件,两者缺一不可。另外,出票人可在汇票上载明"不得转让"字样。

2. 指示汇票,是出票人在汇票上记载收款人姓名或名称,并附加"或其指定人"字样的汇票。这种汇票持票人可依背书交付转让,但出票人不得对持票人的背书转让加以禁止。我国《票据法》未规定该制度。

3. 无记名汇票,是在汇票上不记载收款人姓名或名称,或仅记载"付来人"字样的汇票。这种汇票只能依交付转让。但无记名汇票的持票人可以在票据上记载自己或他人为收款人,使之转化为记名汇票,当其变为记名汇票后,持票人即可依背书转让。我国《票据法》第22条规定,汇票上必须记载收款人的名称,未记载的,汇票无效。这表明我国不允许签发无记名汇票。日内瓦统一法系亦不承认无记名汇票,但英美法系则认同此种汇票,如《英国票据法》第3条第1款规定,签发的汇票可记载将一定金额款项付与规定的人或指定人或来人。其中付来人的汇票便是无记名汇票。

区分记名汇票、指示汇票和无记名汇票的意义,在于表明它们的票据效力的发生和转让方式的不同。记名汇票和指示汇票实质上都已明确记载了收款人,故在转让时应采背书并交付汇票的方式,且转让后背书人对持票人负票据责任。但二者不同的是,记名汇票记载的收款人在出票时已确定,而指示汇票仅表明收款人是指定人,因此,指示汇票的出票人不能记载禁止转让,否则汇票无法从收款人转让至指定人,而记名汇票的出票人可记载禁止转让。而无记名的汇票上根本未记载收款人,其只能依交付的方式转让,否则必须先转化为记名汇票再为背书转让。同时因该汇票依交付转让时,汇票上无转让者的签名,故转让者无须承担票据责任。

(四)一般汇票和变式汇票

这是以汇票关系的当事人不同为划分标准作出的分类。

1. 一般汇票,是出票人、收款人和付款人三者各为不同主体充当的汇票。如 A 向 B 购物后,A 为付款向 B 签发汇票,委托 C 付款,其中 A 是出票人,B 是收款人,C 是付款人,三者由不同主体充任的即为一般汇票,也是汇票中的常态。

2. 变式汇票,是出票人、收款人和付款人中有一人兼任数个票据当事人身份的汇票。变式汇票有三种形式:

(1)指己汇票或己受汇票,即出票人指定自己为收款人的汇票。如 A 与 B 交易后,A 作为售货方以自己为收款人,以 B 为付款人而签发的汇票,此时 A 即兼有出票人和收款人双重身份。

(2)对己汇票或己付汇票,即出票人以自己为付款人的汇票。如 A 与 B 交易后,A 作为出票人签发自己为付款人,B 为收款人的汇票,该汇票中 A 兼有出票人和付款人的双重身份。

(3)付受汇票,即出票人以付款人为收款人的汇票。如 A 公司对 B 公司享有债权,后 A 与 B 的分公司 C 又有交易,A 需付款给 C,A 签发以 B 为付款人,C 为收款人和的汇票,C 取得付受汇票既可用于内部结算,也可背书转让。但因 C 是 B 的分公司无独立人格,故该汇票关系中,B 实际上就兼有收款人和付款人的双重身份。

对于变式汇票中的指己汇票和对己汇票,《日内瓦汇票本票统一公约》有明文规定,以此为蓝本的德国、日本等多数国家亦都明确允许签发。英美票据法也未加反对,但与日内瓦统一法系国家不同的是,《美国统一商法典》第 3-118 条直接规定,以出票人为付款人的汇票,其效力与本票同。《英国票据法》第 5 条第 2 款规定,如汇票出票人与付款人为同一人,持票人得自行决定该票据为汇票或本票。我国现行票据法对此未作明文规定,但《支付结算办法》第 53 条第 2 款规定:"银行汇票的出票银行为银行汇票的付款人。"即表明银行是出票人兼任付款人,属对己汇票;该办法的第 79 条第 1 款规定商业承兑汇票可由收款人签发交由付款人承兑,也可由付款人签发并承兑。该规定表明收款人兼任出票人,属指己汇票,或付款人兼任出票人,为对己汇票。至于付受汇票,日内瓦统一法系未明文规定,但在《英国票据法》第5条第1款有此含义,而中国台湾地区"票据法"第25条第1款规定,出票人得以付款人为收款人。① 付受汇票除有流通之效外还利于付款人内部的结算,故应无禁止必要。

区分一般汇票与变式汇票的意义,在于明确票据关系中当事人的身份是否发生重叠,从而达到确定责任归属的目的。

(五) 国内汇票和国外汇票

这是以汇票出票地和付款地不同为划分标准作出的分类,至于该汇票在何地辗转流通则在所不问。它也是英美票据法中的分类,在日内瓦统一法系及我国票据法均无此种分类。

1. 国内汇票或称本国汇票,指出票地、付款地均在一国境内的汇票。依《英国票据法》第4条第1款规定,国内汇票应是或在其票面称作是(1) 在不列颠群岛内出票或付款者,或(2) 在不列颠群岛内开出的该群岛内之居民为受票人的汇票。任何其他汇票均为外国汇票。所谓不列颠是不列颠及爱尔兰联合王国以及人岛、根赛、久赛、阿尔德奈沙克诸岛及其附近属女王陛下领地的岛屿。《美国统一商法典》第3-501条第3款也有本国汇票的规定,本国汇票是出票地或付款地在美国各州和哥伦比亚特区内的汇票。

2. 国外汇票或称国际汇票,指汇票的出票地和付款地有一个在外国,或者两者均在外国的汇票。依英美国家票据法规定,除国内汇票外,均属国外汇票。如对认定有疑问时,《英国票据法》第4条第2款规定,除票面上有相反表示外,持票人得将汇票视为国内汇票。

区分国内汇票和国外汇票的意义,不仅在于明确其出票地或付款地,更为重要的是法律的适用。

(六) 光票汇票和跟票汇票

这是以付款要求不同为划分标准作出的分类。② 我国票据法对此未作分类,其常见于国际贸易。

---

① 郭锋、常风:《中外票据法选》,北京理工大学出版社1991年版,第50页。
② 江平:《西方国家民商法概要》,法律出版社1984年版,第283页。

1. 光票汇票,是收款人或持票人只要提示汇票,无须附任何单据,付款人或承兑人就应到期付款的汇票。

2. 跟单汇票又称押汇汇票、信用汇票,指收款人或持票人向付款人或承兑人提示汇票时,应附示各种有关单据才可受款的汇票。汇票附示的单据常有:提货单、运货单、包装单、保险单、商业发票、产地证书、信用证、商检证书等。至于具体须附何种单据,要看进口商或买受人委托往来银行对出口商或出卖人的商业信用状况或委托证书所定条件而定。通常跟单汇票又分为三种:

(1) 信用证押汇汇票,指出口商根据信用证所载条款,备好一切单据,并签发以押汇银行为收款人,开证银行为付款人的汇票,附随信用证以向押汇银行收取票款的汇票。这种汇票对双方都有利,在国际贸易中甚为流行。

(2) 付款交单汇票,指付款人付清汇票金额之后,才能取得附随单据,以办理报关提货手续的汇票。这种汇票风险也较小,在国际上使用也较广。

(3) 承兑交单汇票,指付款人或承兑人在承兑汇票后,即可先行取得随附单据,凭此办理报关手续提取货物,于到期日再行付款的汇票。这种汇票对卖方不利,票款落空的风险较大,故若非信用很好、往来时间较长的贸易伙伴,一般不会接受这种汇票。

区分光票汇票和跟票汇票的意义,不仅是为了明确付款手续,而且还在于确定其是否与一定的对价相关联。

(七) 完成汇票、空白汇票和不完全汇票

这是以记载内容不同作为划分标准而作出的分类。

完成汇票,是出票人已载明全部必要记载事项的汇票。空白汇票,又称未完成汇票,是出票人未在汇票上记载全部必要事项而授权持票人补充记载的汇票。此种汇票在《日内瓦汇票本票统一公约》以及德国、日本等票据法中通常被视为有效票据,而在我国票据法中则没有明确规定。不完全汇票,是出票人在汇票上欠缺必要事项记载的汇票,属无效汇票。

区分完成汇票、空白汇票和不完全汇票的意义,在于表明汇票的效力。

(八) 本币汇票和外币汇票

这是以货币种类不同为划分标准而作出的分类。

本币汇票是出票人委托付款人向收款人或持票人支付的一定金额为本国法定货币的汇票。外币汇票是所付金额为国外流通币种的汇票。我国票据法规定汇票金额通常以人民币支付，若汇票金额为外币的，按照付款日的市场汇价，以人民币支付，但汇票当事人对汇票支付的货币种类另有约定的，从其约定。

区分本币汇票和外币汇票的主要意义，在于明确付款人所应支付的币种。

第二节 出 票

一、出票的概念

出票也称发票、开票或票据发行，指出票人签发票据并将其交付给收款人的票据行为。我国《票据法》第 20 条即如此对出票行为定义。票据法律关系的发生须依据一定的法律事实，而出票属法律事实中的法律行为，同时票据法律行为有多种如背书、承兑等，但出票行为是基础，其他票据法律行为均须在出票行为之后才能发生，故出票行为是基本票据行为，而其他票据行为为附属票据行为。因此，出票是票据创始行为，是形成票据法律关系的原因。无出票即无票据，也无票据法律关系。

汇票的出票由作成票据和向收款人交付票据构成，亦即必须符合两个条件：首先，出票人须依法定的款式作成汇票，如在我国汇票出票人应先在银行统一印刷的空白票据凭证上记载票据法规定的出票必要记载事项。其次，将作成的汇票交付收款人。票据交付收款人，收款人即成为持票人并取得票据权利。

汇票的出票，按理对纸张的要求不是作成票据的必备要件，尤其是在票据出现的早期，无论出票人以何种纸张作成票据，只要符合票据基本要求即可成为有效票据。但随着银行机构的发展和发达，在目前通常都不使用出票人自制票据用纸作成的票据，而且对相关格式也作了统一规定。此外,在汇票法律关系中,虽存在商业承兑汇票,该汇票的出票人、收款人、付款人三方均非银行,但在商品交易活动中,银行是专门的结算机构,即使商业承兑汇票也须载明付款人的开户银行,由该银行代理付款。为求安全和便利,也要求汇票出票人出票时须使用银行所提供的统一印刷、格式一致的汇票。因此,我国《票据法》第108条规定:汇票、本票、支票的格式应当统一,其格式由中国人民银行规定。

二、汇票的款式

汇票的款式也称汇票的格式,是出票人签发汇票应记载事项的具体反映。汇票的款式是否合法有效是通过对汇票记载事项验证确认的。基于票据是要式证券的特性,各国票据法对汇票出票的应记载事项都非常关注,我国也不例外。一般汇票的记载事项可分为必要和任意记载事项,在必要记载事项中又有绝对和相对必要记载事项之分,绝对必要记载事项如未记载,该汇票无效;相对必要记载事项如未记载依法定内容生效;任意记载事项如未记载,与票据效力无关,但如记载于票据上是否发生票据上效力应按该国票据法规定而定。此外,有的记载事项可记载在汇票上,但不生票据法上效力;有的记载事项则不得记载于汇票上,如有记载将影响票据的效力,此类记载事项属有害记载事项。对各类记载事项分述如下:

(一)汇票的绝对必要记载事项

绝对必要记载事项是汇票签发时必须记载的事项,欠缺绝对必要记载事项的,票据无效。我国《票据法》第22条第1款规定:"汇票必须记载下列事项:(1)表明'汇票'的字样;(2)无条件支付的委托;(3)确定的金额;(4)付款人名称;(5)收款人名称;(6)出票日期;(7)出票人签章。汇票上未记载前款规定事项之一的,汇票无效。"根据我国票据法规定的七项绝对必要记载事项,结合日内瓦统一法系和英美法系的相关规定,对绝对必要记载事项分析如下:

1. 表明"汇票"的字样,票据法学上称票据文句。票据上记载汇票字样,能确定票据的性质,以区别于其他证券,如公司债券、股票等;或者区别于不同的票据、不同的汇票,如因票据种类不同可记载汇票、本票、支票，因汇票的种类不同可记载银行汇票和商业汇票等，故而为绝对必要记载事项。对此，德国、日本等国票据法以及《日内瓦汇票本票统一公约》与我国规定相同，票据文句属绝对必要记载事项，但英美法系票据法不要求必须注明票据字样，如在《美国统一商法典》第 3-104 条关于票据条件中，票据文句不是必要条件。① 票据文句记载于票据正面，处于票据上端中间位置。因我国空白票据凭证由中国人民银行统一规定，由银行统一印制，票据字样已印载于票据凭证上，故签发票据时不必再为记载，只需正确选择票据凭证即可。

2. 无条件支付的委托，票据法学上称为委托文句。它既体现出票人支付委托的意思表示，即出票人自己不付款而委托他人支付，又表明为无条件的支付，即该支付不得附加任何条件如限定支付方式等，否则该汇票无效。故各国都将委托文句列为绝对必要记载事项。同票据文句一样，委托文句通常也无须出票人自行记载，其已统一印刷在汇票凭证上。如我国使用的银行承兑汇票，在出票人签章栏中已印好"本汇票请你行承兑，到期无条件付款"的字样；商业承兑汇票上，在出票人签章栏中印有"本汇票请予以承兑于到期日付款"字样。

3. 确定的金额，即票据金额。汇票是金钱证券，应有明确的数字和单位为支付依据。故应将此作为绝对必要记载事项，如票据金额记载欠缺，汇票当然无效。票据金额的记载欠缺与签发票据金额空白的票据不同。在日内瓦统一法系中允许签发金额空白的票据，但应在行使票据权利前补充完整，否则票据无效。

确定的金额要求记载金额的固定，不容选择，如不得记载 10 万左右等；记载文义的确定，不容模糊。

为保证票据金额记载的准确性以及防止他人变造或伪造票据金额，对于票据金额的记载通行的做法是重复记载，即以一种形式记载后再以另一种形式为记载，如以本国文字记载大写后再以阿拉伯文字为记载。如是少数民族地区和外国驻华使领馆，则可根据实际需要使用少数民族文字或者外国文字记载金额大写。② 但重复记载就

---

① 刘心稳：《票据法》，中国政法大学出版社 2002 年版，第 151 页。
② 《支付结算办法》第 13 条。

可能出现两种记载不一致的情况。对此我国《票据法》第 8 条规定，票据金额以中文大写和数码同时记载，两者必须一致，两者不一致的，票据无效。但日内瓦统一法系和英美法系关于金额记载事项的规定与我国不同。《日内瓦汇票本票统一公约》第 6 条规定，凡汇票应付金额同时以文字和数字表示者，如有任何差异，以文字表示的数额为应付金额。凡汇票应付金额多次以文字及数字表示者，如有任何差异，以较小的数额为应付金额。德国、日本、瑞士等均有相同规定，英美法系总体上也认同文字与数字有差异时以文字为准的原则，但在《美国统一商法典》的具体规定中又略有不同，该法第 3-118 条规定，文字支配数字，但如文字模糊，则以数字为准。国外的相对变通利于持票人，而我国的严厉做法则更符合票据金额确定的本质，亦即我国的国情。另票据金额也不得涂改或更改，否则汇票也无效。①

此外，票据金额的记载，既可以我国法定货币即人民币为单位，也可以外币为单位。按照我国票据法的规定，汇票金额以外币单位为记载时，根据付款日的市场汇价以人民币支付；但汇票当事人对汇票支付币种有约定者除外。另根据我国银行《支付结算办法》的要求②，约定以现金进行票据金额支付时，应载明"现金"字样，否则须按规定审查后才能支付，但"现金"记载不属票据法上规定的必要记载事项。

4. 付款人名称。付款人是出票人委托对汇票上所载金额承担到期支付责任的人。尽管付款责任是在承兑后才确定，但无付款人的记载就无承兑和付款的请求对象，故付款人的名称是绝对必要记载事项。付款人的名称应记载本名、全名或全称，自然人应是身份证件上的姓名，法人或非法人团体应是登记名称或批准使用名称。付款人是否可复数记载，即出票时记载二个以上的付款人，有的国家允许记载两人以上。如《英国票据法》第 6 条第 2 款规定：汇票可以二人以上为共同付款人（不论是否合伙）。但其委托以二者选一的方

---

① 《中华人民共和国票据法》第 9 条第 2 款。
② 《支付结算办法》第 67 条第 3 款规定，支取现金的，银行汇票上必须有出票银行按规定填明的"现金"字样，才能办理。未填明"现金"字样，需要支取现金的，由银行按照国家现金管理规定审查支付。

式向两个付款人提出或连续向两个以上的付款人提出的,不是汇票。① 但我国票据法无明确规定,一般实务中汇票付款人仅为一人记载。②

付款人通常是出票人和收款人以外的第三人,但我国实务中允许出票人可签发对己汇票,即记载自己为付款人。尤其是我国银行汇票均以出票银行为付款人(详见变式汇票)。关于对己汇票各国在定性和适用上不同。美国、瑞典、挪威等将对己汇票视作本票;英国等由持票人自己决定或作本票或作汇票;德国、瑞士等视其为汇票,但以隔地付款为条件;日本也视其为汇票且不区分同地和异地付款。③ 另应指出的是,汇票记载的付款人与实际结算关系上的付款人不同,不能混为一谈。

5. 收款人名称。收款人是票据上最初的权利人,是第一持票人,因此出票人在签发汇票时须记载收款人名称,特别是我国票据法不承认无记名汇票而突出其指示证券性质时,收款人名称即应作为绝对必要记载事项。而且我国票据法规定收款人姓名属不可更改事项,若有更改,票据无效。④ 为便于付款人在付款时对收款人身份进行必要的审查,收款人的名称也应记载本名、全名和全称。日内瓦统一法系也不允许签发无记名汇票,但英美法系允许出票人开立不记载收款人的汇票即无记名汇票,但规定未载明收款人的,以持票人(来人)为收款人,否则必须载明收款人。⑤

收款人通常是汇票出票人和付款人以外的第三人,但实务中允许以出票人为收款人签发己受汇票,或以付款人为收款人签发的付受汇票(详见变式汇票)。

6. 出票日期。出票日期是汇票签发时所记载的年月日。汇票出

---

① 郭锋、常风:《中外票据法选》,北京理工大学出版社1991年版,第99页。
② 对此,票据法理论上也有争议。付款人复数记载因多了承兑和付款的请求对象,利于持票人,但却在如何对复数付款人行使请求权方面产生了麻烦,即是可任意选择、还是并列抑或有顺序排列等说法不一。刘心稳:《票据法》,中国政法大学出版社2002年版,第153页。
③ 郭锋、常风:《中外票据法选》,北京理工大学出版社1991年版,第305页。
④ 《中华人民共和国票据法》第9条第2款。
⑤ 王小能:《票据法教程》,北京大学出版社1994年版,第159页。

票日期的记载既是确定出票人有无行为能力,代理人有无代理权的依据,又是确定汇票到期日起算点和承兑提示期间的依据。因此,我国票据法与日内瓦汇票本票统一公约等都将出票日期作为绝对必要记载事项。而英美等国例外地对出票日期未作硬性规定,未记载出票日期的汇票仍应有效,但合法持票人在行使票据权利时,可将自认为准确的日期填写在汇票上。① 如《英国票据法》第3条第4款规定,汇票不因无出票日而无效。作为补救,该法第12条规定,持票人得以实际签发日或承兑日补填,该汇票即应按补填的日期作相应付款。②

出票日是出票人意思表示内容,不是事实上日期的记载,故出票日可以是实际出票日,也可以是非实际出票日,亦即早于或晚于实际出票日的,均不影响票据的效力。出票日期与事实上出票日不符,持票人应按票据记载的出票日期行使票据权利。但出票日期应是日历上存在的日期,且不应晚于付款日期,否则汇票应归于无效。

7. 出票人签章。出票人签章是出票人对汇票承担票据责任的表示,在汇票承兑前出票人必须保证汇票能获承兑和付款,一旦付款人拒绝承兑或拒绝付款,持票人有权向出票人追索。因此多数国家的票据法都将出票人签章作为绝对必要记载事项。出票人应签其全名、本名。法人和其他使用票据的单位在票据上的签章,为该法人或者该单位的盖章加其法定代表人或者其授权的代理人的签章。对此,我国《最高人民法院关于审理票据纠纷案件若干问题的规定》进一步规定,票据出票人在票据上的签章上不符合票据法以及下述规定的,该签章不具有票据法上的效力:商业汇票上的出票人的签章,为该法人或者该单位的财务专用章或者公章加其法定代表人、单位负责人或者其授权的代理人的签名或者盖章;银行汇票上的出票人的签章和银行承兑汇票的承兑人的签章,为该银行汇票专用章加其法定代表人或者其授权的代理人的签名或者盖章(第41条)。出票人或承兑人在票据上未加盖规定的专用章而加盖该银行的公章的,

---

① 王小能:《票据法教程》,北京大学出版社1994年版,第159页。
② 刘心稳:《票据法》,中国政法大学出版社2002年版,第152页。

签章人应当承担票据责任(第42条)。

(二) 汇票的相对必要记载事项

相对必要记载事项是汇票出票时应记载,但不记载并不导致票据无效,可依法律规定推定其存在的事项。也就是说,出票人记载的,可直接依记载文义确定有关事项,出票人未记载的,则可直接依法律推定其记载事项。我国《票据法》第23条规定,汇票上记载付款日期、付款地、出票地等事项的,应当清楚、明确。汇票上未记载付款日期的,为见票即付。汇票上未记载付款地的,付款人的营业场所、住所或者经常居住地为付款地。汇票上未记载出票地的,出票人的营业场所、住所或者经常居住地为出票地。综合日内瓦统一法系和英美法系等规定,对汇票相对必要记载事项分析如下:

1. 付款日期。即汇票付款人应支付汇票金额的具体日期,也称到期日。汇票到期日是确定持票人行使权利,付款人履行付款义务的时间界限。在到期日之前,付款人享有期限利益可拒绝付款;在到期日届至时,付款人才须履行义务。但应注意票据权利的行使应以提示票据为前提,故汇票到期日届至时,付款人并不实际发生付款义务,唯有在持票人提示汇票请求付款时,付款人才须履行付款义务。换言之,付款人迟延付款责任不是从到期日届至计算,而是从票据提示之日开始。与此对应,汇票到期日事关持票人请求承兑、请求付款,否则将丧失对前手的追索权。此外,一些汇票权利的消灭时效也是自到期日开始起算。由此说明,付款日期无论对于持票人还是付款人均属重要。

我国票据法规定了四种付款日期的记载形式,即见票即付、定日付款、出票后定期付款、见票后定期付款。以何种形式记载可由出票人自行选择。但因付款日期仅涉及票据权利的行使和实现,而非票据关系的构成要素,故其仅是相对必要记载事项,未记载不影响票据的效力,但又因付款日期不确定就无法确定持票人行使权利和付款人履行付款义务的时间,故我国票据法规定,汇票上未记载付款日期的,为见票即付。我国票据法的做法与日内瓦统一法系、英美法系等各国票据法规定相同。

2. 付款地。它是汇票金额的履行地,也是提示承兑、提示付款或作成拒绝证书的处所,还能确定法院对票据纠纷的地域管辖。其作用不容忽视,各国都认为汇票上应记载付款地,但属相对必要记载事项,我国也不例外。我国票据法规定,票据上未记载付款地的,付款人的营业场所、住所或者经常居住地为付款地。这说明汇票上记载付款地的,应记载准确清楚,以记载文义确定付款地,通常付款地的记载为最小的独立行政区域如某市某区或县,汇票上记载更小的是付款具体处所如某市某街某号。① 汇票上未记载付款地的,即以付款人营业场所为付款地;如无营业场所的,以其住所为付款地;如住所与经常居住地不一致的,以其经常居住地为付款地。对此,《日内瓦汇票本票统一公约》与我国票据法规定稍有不同,该《公约》第2条第2款规定,如无特殊记载,受票人姓名旁记载的地点视为付款地;同时视为受票人的住所地。

3. 出票地。它是制作和交付汇票的处所,即出票行为地或称票据的签发地。如制作地和交付地不一致,通常以交付地为准。多数国家都将出票地作为相对必要记载事项。也就是说,出票人在汇票上记载出票地的,应依记载确定出票地,如未记载出票地的,也不影响票据的效力。我国票据法规定,未记载出票地的,出票人的营业场所、住所或者经常居住地为出票地。出票地记载的作用主要在于,在涉外票据纠纷发生时可依其确定相应的准据法;在票据纠纷发生时可依此确定管辖法院。通常出票地记载为最小独立的行政区域。对此,《日内瓦汇票本票统一公约》与我国票据法规定也稍有不同,该公约第2条第3款规定,未载出票地的汇票,出票人姓名旁记载的地点视为出票地。

(三) 任意记载事项

任意记载事项是票据法上规定可由出票人选择记载的事项。即是否记载由当事人决定,不记载不会造成票据无效,法律也不推定其

---

① 付款地与付款处所不同,前者是行政区域,后者是具体特定地点,在付款人亲自付款时一般付款地和付款处所是一致的,但如由代理付款人付款时,付款地与付款处所就可能不一致。

存在的事项。但出票人在汇票上记载该事项,可发生票据法规定记载该事项的效力。① 概括各国票据制度中的任意记载事项主要有:

1. 汇票的担当付款人。即代付款人为票据付款的人,与我国规定的代理付款人相似。担当付款人既可以由出票人记载,也可由承兑人记载。出票人记载担当付款人的,承兑人可以变更担当付款人。票据有担当付款人记载的,持票人应先向担当付款人提示付款。我国票据法虽然无担当付款的规定,但依长期以来形成的结算做法及我国《支付结算办法》的规定,付款人的开户银行实际上就是付款人的担当人。② 我国银行代理付款人不是票据关系的当事人,仅是结算关系的当事人。③

2. 汇票的预备付款人。即指在持票人不获承兑或付款时,由他人参加承兑或付款的人。设定预备付款人的目的在于增强汇票的信用。汇票上有此记载的,预备付款人是当然的参加人。背书人在背书时也可以记载预备付款人,但背书人不能变更出票人记载的预备付款人。预备付款人与担当付款人不同,预备付款人一旦参加承兑在票据上签名即成为票据债务人,而担当付款人仅是付款人的代理人,此外两者的设立目的、记载者范围等也不同。

3. 禁止背书。汇票出票人在出票时可记载禁止转让文句以消除汇票的流通性。汇票有此记载的,背书无效。我国《票据法》规定出票人在汇票上记载"不得转让"字样的,汇票不得转让。④

4. 货币种类。此种记载目的在于确定汇票支付货币的种类。我国票据法规定,汇票金额为外币记载的,须按付款日的市场汇价以

---

① 姜建初:《票据法》,北京大学出版社 2000 年版,第 150 页。
② 覃有土:《商法学》,中国政法大学出版社 2002 年版,第 309 页。
③ 《支付结算办法》第 55 条第 2 款,银行汇票的代理付款人是代理本系统出票银行或跨系统签约银行审核支付汇票款项的银行。
④ 对我国票据法规定的不得转让记载有何效力?理论上有两种理解,一种观点认为其与禁止背书具有同一意义,即表明汇票不得进行票据上的转让,亦即不能按票据法规定进行背书转让,但不妨碍该汇票进行票据外的转让,亦即按一般债权转让方式。另一种观点认为其与禁止背书记载有不同意义,不得转让记载不仅表明该汇票不得进行票据法上的背书转让,而且也禁止进行其他任何形式的转让。票据法通说采前说,我国票据法规定似乎采后说。刘心稳:《票据法》,中国政法大学出版社 2002 年版,第 151 页。

人民币支付,但对汇票支付货币的种类,当事人有约定的可从约定。据此,可确定我国允许汇票上记载以外币进行支付的文句。但以外币支付的须符合我国有关外汇管理的规定。

5. 担保承兑的免除。出票人可以在票据上记载"本汇票不担保承兑"的文句。当事人可以依特约免除票据债务人担保票据承兑之责。这项记载的意义在于防止追索权的期前行使。背书人也可以作此项记载。

6. 承兑的限制。出票人可以对收款人或持票人进行提示承兑行为的时间作出限制。如"在某年某月某日前不得提示承兑",又如"须于出票日后2个月内提示承兑"。此项记载的目的是防止付款人因资金不足而拒绝承兑。

7. 利息和利率。因汇票是信用证券,通常是远期付款,故一般票据法规定允许记载利息和利率。但各国对此规定分歧较大。《日内瓦汇票本票统一公约》第5条第1款规定,只有见票即付或见票后定期付款的汇票,才能记载利息和利率,其他汇票则不能记载利息,如有记载视为无记载。[①] 德国、法国、日本等票据法也有相同规定。而英美法系则未区分汇票种类而确定是否可为记载利息和利率。而且明确利息的起算如无约定,则从出票日起算。如《英国票据法》第9条第3款规定,如汇票表明支付时带有利息,除票据另有其他规定外,利息应自出票日起算,如未载明出票日,则从签发日(即出票日)起算。

各国票据法对汇票任意记载事项的规定颇不一致。上述某些记载事项,在一国属于能产生汇票效力的有益记载事项,在他国则属于不发生汇票效力的无益记载事项,在另一国又属于会使汇票无效的有害记载事项。[②] 而根据我国票据法的规定,可成为任意记载事项的只有"不得转让"、"币种"二项。

[①] 定期汇票和发票后定期汇票因可预先算出利息,并将此纳入汇票金额,故不必附记利息。统一法系规定即反映此点。
[②] 覃有土:《商法学》,中国政法大学出版社2002年版,第309页。

（四）不生票据效力的记载事项

不生票据效力的记载事项指在汇票上记载与否由当事人自行决定,该事项不记载不影响票据效力,但记载也不发生票据法上效力,而发生其他法律规定相应效力的事项。我国《票据法》第 24 条规定:"汇票上可以记载本法规定事项以外的其他出票事项,但是该记载事项不具有汇票上的效力。"这类记载事项在我国通常与票据结算和管理等有关,如汇票号码、汇票金额的用途、汇票所涉及的交易合同号码、银行汇票申请人名称、账号或住址、开户银行号等。①

（五）有害记载事项

有害记载事项也称禁止记载事项,此类记载不仅不能产生票据法上效力或者其他有益的效力,而且还将影响汇票的效力。此类记载出票时均不得记载。有害记载可分两类:一是记载无效,即仅使该记载无效,而不会导致整个票据无效,如保证不得附条件,附条件不影响汇票保证责任;二是记载使票据无效,如汇票支付附条件,将使整个汇票无效。

三、我国汇票的出票程序和票据样式

在我国票据实务中汇票的出票程序,因银行汇票和商业汇票而不同。具体表现为:

（一）银行汇票

根据支付结算办法的相关规定,申请人使用银行汇票应有如下步骤:②(1) 应向出票银行填写"银行汇票申请书",填明收款人名称、汇票金额、申请人名称、申请日期等事项并加盖其预留银行的签章。(2) 出票银行接受申请并收妥款项后签发银行汇票,将银行汇票和解讫通知一并交给申请人。(3) 申请人应将银行汇票和解讫通知一并交付给汇票上记明的收款人。收款人收受银行汇票后,应在出票金额以内,根据实际需要的款项办理结算,并将实际结算金额和

---

① 姜建初:《票据法》,北京大学出版社 2000 年版,第 152 页。
② 《支付计算办法》第 58、59、60、61 条。

多余金额准确、清晰地填入银行汇票和解讫通知的有关栏内。

银行汇票一式四联,第一联为卡片,由签发行结清汇票时作汇出汇款付出传票;第二联为银行汇票,与第三联解讫通知一并由汇款人自带,在兑付行兑付汇票后此联作联行往来账付出传票;第三联是解讫通知,在兑付行兑付后随报单寄签发行,由签发行作余款收入传票;第四联是多余款通知,在签发行结清后交汇款人。

银行汇票样式:

中国××银行银行汇票(第二联,正面)

付款期				汇票号码	
壹个月				第　　　号	

签发日期 (大写)	壹玖　年　月　日	兑付地点：	兑付行：　　　行号：	本汇票和解讫通知一并由汇款人自带,在兑付行兑付汇票后作联行往来付出传票
收款人：	账号或地址：			
汇款金额　人民币(大写)				
实际结算金额　人民币(大写)			千百十万千百十元角分	
汇款人：_____ 发行人：_____　行号：____ 汇款用途：_____ 签发行盖单	账号或住址：_____ 多余金额 百十万千百十元角分		科目(付)_____ 对方科目(收)_____ 兑付日期　年　月　日 复核　　　　　记账	

(二) 商业汇票

商业汇票包括银行承兑汇票和商业承兑汇票。

1. 银行承兑汇票的签发及其基本样式。银行承兑汇票一式四联,第一联为卡片,由承兑银行支付票款时作付出传票;第二联由收款人开户行向承兑银行收取票款时作联行往来账付出传票;第三联为解讫通知联,由收款人开户银行收取票款时随报单寄给承兑行,承兑行作付出传票附件;第四联为存根联,由签发单位编制有关凭证。

银行承兑汇票的基本样式:

银行承兑汇票 2

出票日期（大写）	壹玖 年 月 日		汇票号码 第 号	
出票人全称		收款人	全 称	
出票人账号			账 号	
付款行全称	行号		开户行	行号
出票金额	人民币（大写）		千百十万千百十元角分	
汇票日期		本汇票已经承兑，到期日由本行付款	承兑协议编号	
本汇票请你行承兑，到期无条件付款			科目(借)____ 对方科目(贷)____	
出票人签章 年 月 日		承兑行签章 承兑日期 年 月 日	转账 年 月 日 复核 记账	
		备注：		

此联作借方凭证附件 收款人开户行随委托收款凭证寄付款行

2. 商业承兑汇票的签发及其基本样式。商业承兑汇票由出票人依据票据法规定的记载事项，在根据中国人民银行统一要求的汇票凭证上记载事项并交付。

商业承兑汇票的基本样式：

商业承兑汇票 2

出票日期（大写）	年 月 日	汇票号码 第 号
付款人	全 称 / 账 号 / 开户银行 行号	收款人 全 称 / 账 号 / 开户银行 行号
出票金额	人民币（大写）	千百十万千百十元角分
汇票日期		交易合同号码
本汇票已经承兑，到期无条件支付票款 承兑人签章 承兑日期： 年 月 日		本汇票请予以承兑于到期日付款 出票人签章

此联寄持票人开户行作委托收款凭证附件 付款人开户行随借方凭证

四、出票的效力

汇票签发行为发生如下效力:

1. 对出票人的效力。我国《票据法》第26条规定,出票人签发汇票后即承担保证该汇票承兑和付款的责任。可见,出票人的义务包括担保承兑和担保付款两个方面。所谓担保承兑指汇票于到期日前不获承兑时,出票人在持票人行使追索权时应负被追索的责任;所谓担保付款指汇票到期不获付款时,出票人应负被追索的责任。担保承兑和付款的责任在我国票据法中不可因当事人特约而免除。但《日内瓦汇票本票统一公约》①,以及德国和日本等票据法都规定,担保承兑责任对出票人并非绝对,可因当事人特约而免除;而担保付款责任对出票人来说是绝对的,不存在因当事人特约而免除的情况。如有免除记载,该记载视为无记载。

2. 对收款人的效力。汇票出票行为一经完成,对收款人的效力是产生票据权利。收款人行使付款请求权时,应先向付款人提示承兑。付款人承兑后才成为票据义务人。如收款人在承兑提示(除见票即付外)或付款提示遭拒绝后,取得追索权。

3. 对付款人的效力。汇票出票行为完成后付款人可选择承兑,也可拒绝承兑。因此,出票对付款人仅是表明赋予其资格,而非付款责任的确定。汇票付款人的责任确定,应在付款人承兑之后,此时的付款人为承兑人,属于票据第一债务人,持票人可向其主张票据权利。

第三节 背 书

一、背书的概念和性质

(一)背书的概念

背书,是持票人在票据背面或其粘单上记载相关事项,以转让票

---

① 《日内瓦汇票本票统一公约》第9条。

据权利或将票据权利授予他人的附属票据行为。我国《票据法》第27条第4款规定:"背书是指在票据背面或者粘单上记载有关事项并签章的票据行为。"但结合第27条各款以及票据法其他条款和原理,对背书应作如下说明:

1. 背书是附属票据行为。在票据行为中只有出票行为是基本票据行为,背书须以出票行为为前提和基础即在出票行为成立后才能进行。背书有效与否也与出票行为形式是否合法关系密切。如票据因形式欠缺而无效时,背书也将无效。[1]

2. 背书是持票人所为的票据行为。持票人指合法取得票据而持有票据的人,包括出票时的收款人(通常是第一背书人)、经他人背书接受票据的人,以及其他合法方式取得票据者(如基于单纯交付而取得票据权利的人)。

3. 背书是在票据背面记载背书目的事项的票据行为。背书顾名思义是在票据背面所为的票据行为,不能在票据正面记载。如票据多次背书而背面无空白处,为保证票据的继续流通,可在粘单上背书。背书应符合法定形式且明确记载背书的目的,按我国票据法规定的背书目的有三种:即将汇票权利让与他人,或将汇票权利设质,或委托他人取款。

行为人在转让或授权他人行使汇票权利时,除背书外还应交付汇票。

(二) 背书的性质

背书性质指背书的法律属性,对此票据法理论有争议。[2] 背书是票据行为的一种,其与出票一样,只要有当事人单方表示意思和签

---

[1] 虽有票据行为独立原则使各个票据行为的效力互不影响,但票据因形式欠缺而无效即形成物的瑕疵的,发生绝对抗辩事由。如此结果必然是票据权利的行使受影响。因此,背书只能在形式合法的票据上进行。

[2] 关于背书性质,票据法理论中有五种观点:一是债权让与说,即背书是票据上出让债权的行为;二是保证行为说,即背书是背书人担保承兑和付款的行为;三是所有权取得说,即背书是被背书人取得票据所有权而原始取得票据权利的行为;四是债权与物权契约说,即背书是债权负担行为与票据所有权移转契约的结合;五是有相对人的单方行为说,即背书是有相对人的单方法律行为。刘心稳:《票据法》,中国政法大学出版社2002年版,第166页。

章,而不需被背书人签名承诺即可成立,故不能将它作为契约。同时背书又以将记载背书事项的票据交付被背书人为生效要件,故背书应有相对人。因此,将背书定性为有相对人的单方行为能揭示其本质属性。据此,在把握背书时应注意:首先,背书是背书人独立进行的行为,无须通知票据债务人或经其承诺。其次,背书行为生效后,即使是背书转让权利,一般背书人也并不退出票据关系,其仍需承担担保义务。再次,背书转让的权利具有不可分性,即票据权利与票据凭证结合为一体转让,且该票据权利只能同时转让给同一人,排除同一权利双重转让的可能性。① 最后,背书具有单纯性,即背书只能将票据权利无条件地移转给被背书人,否则票据权利将处于不确定状态,而影响其流通。

二、背书的种类

背书根据不同的标准可进行不同的分类。研究背书的种类,目的在于理解不同的背书内容和效力方面的特点,区别不同背书的作用。背书的主要种类是依背书的目的性质为标准,将其分为转让背书和非转让背书,或称实质背书和形式背书。

(一) 转让背书

转让背书,指以转让票据权利为目的的背书。因其实质上发生权利转让的效力,故又称实质背书。其按背书方式又可分为无记名背书和记名背书。

1. 无记名背书是不记载被背书人姓名或名称的背书。因票据上被背书人名称记载处空白,又称空白背书;再因这种背书只要有背书人签章,又称略式背书。

《日内瓦汇票本票统一公约》规定,背书可以不指明受益人,或仅由背书人签名。持票人受让空白背书的票据后,再行转让时可依以下三种方式进行:(1)将本人的姓名或名称填入空白之处,将票据转换成记名票据后转让。(2)再进行空白背书。(3)不填载空白,

---

① 如票据上记载部分背书或将票据金额同时转让给两人的背书记载,并不使票据无效,仅应产生背书无效。

也不作背书而以单纯交付的方式转让。① 也就是说,持票人转让无记名背书的票据时,可根据需要在单纯交付和记名背书等方式中选择。

国外的票据制度认可无记名票据的主要理由有三:其一,使票据易于流通,即不仅记载简便,而且增加了转让方式,简化了转让手续。其二,充分体现当事人的意志,即与记名背书方式相比,其留有选择余地,可由当事人依自己意志自由决定。其三,防止被追索的范围过大,即按票据法上"签名者就票据文义负责"的规则,在单纯交付时,因转让人在票据上未签章就可不被持票人追索。② 但无记名票据风险较大,缺乏安全性。这是因为,不仅依单纯交付使出让人退出票据关系而缩小了票据责任人范围,而且极易发生被冒领等情形又无法阻拦善意取得制度的适用。考虑到我国市场经济尚处于起步阶段,商业信用还未稳固地建立,目前我国还不宜建立类似于日内瓦汇票本票统一规则的无记名背书制度。在效率和安全之间,我国选择了安全,虽此种选择过于谨慎,欠缺前瞻性,但与我国国情相吻合。因此,我国《票据法》第30条规定,背书必须记载被背书人名称。另一方面,在票据交易中,背书人授权被背书人自己补记被背书人名称的现象时有发生,立法和司法不能无视这一久已形成的票据交易习惯。据此,《最高人民法院关于审理票据纠纷案件若干问题的规定》第49条规定:"依照票据法第27条的规定和第30条的规定,背书人未记载被背书人名称即将票据交付他人的,持票人在票据被背书人栏内记载自己的名称与背书人记载具有同等法律效力。"应当明确的是,被背书人在自己的名称补记前不得提示承兑、提示付款,也没有明确的依据表明可以通过单纯交付的方式转让票据。

2. 记名背书指记载被背书人名称的背书。其依背书记载内容不同为划分标准又可分为一般和特殊的记名背书。③

---

① 《日内瓦汇票本票统一公约》第13、14条。
② 覃有土:《商法学》,中国政法大学出版社2002年版,第310页。
③ 不少教材在确定标准时既考虑记载内容又考虑其他情形,故将到期后背书、回头背书也列入特殊背书。本书仅以记载内容是否按票据法规定为标准,而不涉及其他方面,故无论是到期后背书还是回头背书在记载内容上无特别之处,仍应属一般记名背书。

(1) 一般的记名背书,指以票据法规定的通常方式记载转让票据权利的记名背书。交易中,大部分转让背书均属此类。包括:第一,期前背书,即到期日届至前的背书。第二,期后背书,即超过付款提示期限的背书。第三,不获承兑或不获付款后的背书,即票据经承兑提示或付款提示遭到拒绝后的背书。第四,回头背书,也称还原背书、回还背书、逆背书,即持票人将票据转让给前手的背书。如甲将汇票签发给乙,乙背书给丙,丙背书给丁,丁又背书给甲或乙。对于期后背书、不获承兑或付款后的背书和回头背书,虽在背书记载内容上与期前背书相同,但在效力的认定上票据法规定有所区别(容后详述)。

(2) 特殊的记名背书,指除记载通常事项外还记载特殊事项的背书。因汇票上所记载的特殊事项是对背书转让的限制,也称限制背书。在日内瓦统一法系特殊背书主要包括禁止背书、无担保承兑背书等,而我国仅指禁止背书。

第一,禁止背书的记载,指背书人在票据上记载"不得转让"、"禁止转让"字样,禁止被背书人再背书转让该票据。禁止背书记载为各国普遍认可[①],我国也不例外。我国《票据法》第 34 条规定,背书人在汇票上记载"不得转让"字样,其后手再背书转让的,原背书人对后手的被背书人不承担担保责任。之所以各国均认可禁止背书记载,是因为此种特殊背书对票据权利并不构成不良妨碍或限制,仅是表示背书人对其担保责任的限制。亦即强调作禁止转让记载的背书人只对被背书人承担担保责任,以限制被背书人再背书。如被背书人再为背书转让的,该背书有效,只不过作禁止转让记载的背书人不负担保责任,而其他票据债务人仍应承担票据责任,持票人仍可向禁止转让背书人外的票据债务人进行追索。

应当明确,出票人记载"不得转让"与背书人记载"不得转让"之区别。

出票人于票据签发时,在汇票上记载"不得转让"字样的,汇票

---

① 《日内瓦汇票本票统一公约》第 15 条第 2 款、《美国统一商法典》第 3-205 条(b)及第 3-603 条(1 款)(b)项、《英国票据法》第 8 条第 1 款等都有具体规定。

不得转让。任何人均不对受让汇票的人承担票据责任。我国《最高人民法院关于审理票据纠纷案件若干问题的规定》第48条进一步规定:"依照票据法第27条的规定,票据的出票人在票据上记载'不得转让'字样,票据持有人背书转让的,背书行为无效。背书转让后的受让人不得享有票据权利,票据的出票人、承兑人对受让人不承担票据责任。"

背书人在汇票上记载"不得转让"字样的,背书人对其后手的背书转让不再承担担保责任。我国《最高人民法院关于审理票据纠纷案件若干问题的规定》第51条则进一步明确,依照《票据法》第34条和第35条的规定,背书人在票据上记载"不得转让"、"委托收款"、"质押"字样,其后手再背书转让、委托收款或者质押的,原背书人对后手的被背书人不承担票据责任,但不影响出票人、承兑人以及原背书人之前手的票据责任。

应当说明的是,由于汇票的背书会发生抗辩切断的效力,为了防止票据抗辩切断,出票人或背书人在票据上记载"不得转让"字样,因而,对"不得转让"应当作扩张解释。即包含不得转让和不得质押。如某甲签发一张汇票给某乙,汇票上记载"不得转让",某乙将该汇票质押给某丙的,该质押无效。因为,某丙行使票据质权是享有抗辩切断利益的。

第二,无担保背书,指背书人在汇票上记载"不担保本票据承兑或付款"字样的背书。因无担保背书实质上是免除背书人自己的担保承兑和付款的责任,故也称免责背书。一般票据背书应负担保责任,即承担担保其后手所持汇票承兑和付款的责任。如此规定的目的在于促进票据流通,充分保护持票人的利益。但根据票据法理论及英美国家和《日内瓦汇票本票统一公约》的规定[①],背书人的担保责任不是绝对的,可允许背书人在汇票上记载免除担保责任的事项。而且与出票人免除担保责任记载不同,背书人既可记载免除担保承兑,又可记载免除担保付款。显然,此种背书应具备权利转让、证明

---

① 《日内瓦汇票本票统一公约》第15条第1款规定,如无相反规定,背书人保证汇票的承兑和付款。《美国统一商法典》第3-414条第1款、《英国票据法》第16条有相似规定。

的效力,而无权利担保的效力。进行此种背书的目的是防止追索权的行使。由于此种背书有损于票据信用,不利于票据流通。因此,规定允许作此记载的国家,在实际中也较少使用,宁愿以接受空白背书票据的方法取而代之。而有些国家包括我国对此索性不予认可,如汇票上有此记载,应属附条件记载而不生票据效力。

此外,在国外和有关地区票据法的特殊背书中还包括:记载预备付款人的背书,即背书人为防止付款人拒绝承兑或付款被追索而记载预备付款人的背书;免除作成拒绝证书的背书,即为避免承担退票费用等而记载免除作成拒绝证书的背书;免除拒绝事由通知的背书,即背书人记载免除持票人对自己通知义务的背书。① 诸如此类,不一一列举,但这些特殊记载事项在我国票据法均无规定。

(二) 非转让背书

非转让背书,指不以转让票据权利为目的的背书。因其仅具有背书的形式,而无背书转让票据权利的实质,故又称形式背书。这类背书包括质押背书与委托取款背书两种,我国《票据法》第 35 条规定,背书记载"委托收款"字样的,被背书人有权代背书人行使被委托的汇票权利。但是,被背书人不得再以背书转让汇票权利。汇票可以设定质押;质押时应当以背书记载"质押"字样。被背书人依法实现其质权时,可以行使汇票权利。

1. 质押背书。在票据上设定质权的背书为质押背书,或称设质背书。票据是权利的载体,票据上的权利性质为债权,依法其可作为质权客体。质押背书旨在表明背书人为出质人,被背书人为质权人,以该票据权利为质押客体。质押背书必须记载"质押"文句,以区别于其他背书,并应在背书人将记载出质的票据交付被背书人占有时发生质押效力。依背书记载文义,被背书人仅有质权,在质权实现之前,不能行使票据权利。但质押背书是一种独立的票据行为,质权人与转让背书中的持票人一样,享有票据抗辩切断的利益。但我国《最高人民法院关于审理票据纠纷案件若干问题的规定》第 52 条强调,贷款人恶意或者有重大过失从事票据质押贷款的,人民法院应当

---

① 王小能:《票据法教程》,北京大学出版社 1994 年版,第 193—194 页。

认定质押行为无效。

2. 委托取款背书。票据上记载委托被背书人取款的背书,为委托取款背书,又称委任背书。委托取款背书旨在表明将收取票款的权利委托被背书人行使,而行使权利的后果仍由背书人承受。这种背书应载明"委托收款"的文句,背书人是委托人,被背书人是受托人。被背书人虽持有票据,有权代理背书人行使票据权利,收取票据款额,但不得以背书转让票据权利。同理,因被背书人实质上是行使背书人的权利,故不享有抗辩切断的利益,票据债务人可基于对背书人的抗辩事由对抗被背书人。

三、背书的款式

背书的款式即背书的记载事项,其与背书的效力密切相关。背书作为一种票据行为,必须在票据上记载相关事项。一般记名背书是汇票背书中记载事项最为完整的,其他背书的记载事项则是在此基础上所作出的特别规定。根据我国票据法的规定,结合日内瓦统一法系和票据法原理,背书的记载事项有如下几项:

(一) 背书的绝对必要记载事项

背书的绝对必要记载事项是背书必须记载的事项,欠缺该事项记载,背书无效。依我国《票据法》第29条和30条的规定,背书的绝对必要记载事项包括背书人签章和被背书人的名称。

背书人签章与出票人签章的要求一致,即背书人为自然人的,应以本名签章,背书人为法人的,则应以法人公章加其法人代表人或其授权代理人的签章。

被背书人的名称由背书人书面记载。背书人未记载被背书人名称即将票据交付他人的,持票人在票据被背书人栏内记载自己的名称与背书人记载具有同等法律效力。

我国《票据法》第35条规定,质押或委托取款背书,还应记载"质押"或"委托收款"等意义的字样。该记载为绝对必要记载事项,若不记载,不生票据质押或委托取款的效力。《最高人民法院关于审理票据纠纷案件若干问题的规定》第55条还强调,依照票据法第35条第2款的规定,以汇票设定质押时,出质人在汇票上只记载了

"质押"字样未在票据上签章的,或者出质人未在汇票、粘单上记载"质押"字样而另行签订质押合同、质押条款的,不构成票据质押。

(二) 背书的相对必要记载事项

在我国票据法上,背书行为的相对必要记载事项仅有背书日期一项。背书日期是背书人在票据上记载为背书行为的日期。背书日期的记载意义主要有二:其一,关系到背书效力的确定,我国票据法规定期后背书与期前背书的效力不同,而确认背书是否已过提示付款期限应以背书日期为依据;其二,涉及背书人行为能力的确认,背书是票据行为,该行为有效与否与行为人是否具有行为能力相关,而确认行为人是否有行为能力也应以背书日期为依据。但上述两方面的意义仅在于限制背书在票据法上效力的范围,而不是完全否认票据的效力,因此我国《票据法》将此作为相对必要记载事项,其第29条第2款规定,背书未记载日期的,视为在汇票到期日前背书。确认背书日期空白记载为汇票到期日前的有效背书,对于保证持票人顺利行使票据权利至为关键。因为如此就可防止超过提示付款期限背书的后果发生。这也与《日内瓦汇票本票统一公约》规定基本一致。[①]

需注意的是,背书行为的实际发生日期与背书日期的记载并不等同,二者可能不一致。但根据票据的文义性,必须根据汇票记载的文义来确定。此外,如对未记载日期的背书有疑义,也只能依票据法规定将其视为到期日前的背书,而不能作出其他解释。[②]

(三) 背书的任意记载事项

背书任意记载事项是背书人可在不违背票据法禁止性规定的前提下自由记载的事项。该事项一旦记载即生汇票上效力,不记载不影响汇票的效力。各国票据法规定的任意记载事项主要有:禁止背书、无担保承兑、记载预备付款人等。但依据我国《票据法》第24条的规定可以推知,我国票据法认可的背书任意记载事项仅仅是禁止背书的记载。

---

① 《日内瓦汇票本票统一公约》第20条第2款规定,如无相反证明,凡未载明日期的背书,视为在规定作成拒绝证书期限届满前在汇票上背书。
② 姜建初:《票据法》,北京大学出版社2000年版,第165—166页。

（四）背书不具有票据效力的记载事项

背书不具有票据效力的记载事项具有两个特点：其一，该记载事项本身无票据上效力；其二，该事项的记载不影响背书行为的效力。学理上将此称为"无益记载"。背书附条件，属于无益记载。

（五）背书不得记载事项

背书不得记载事项是在背书转让时不得加以记载，如记载则发生背书行为无效的事项。我国《票据法》第33条第2款规定，将汇票金额的一部分转让的背书或者将汇票金额分别转让给二人以上的背书无效。可见，不得记载的事项包括部分记载和分别背书记载。

1. 部分背书记载，指将汇票金额一部分背书转让的记载。票据权利的转让以记载背书和交付票据为要件，如将记载部分金额的票据背书转让并交付被背书人，那么未转让部分金额的票据权利就因无票据证明而无法行使。由此也决定了票据权利具有不可分性，各国票据法都规定部分背书记载为无效。[①]

2. 分别背书记载，指将票据金额分别转让给数人的记载。票据权利由票据记载体现，票据只有一张，如将票据金额按部分分别转让给不同的人，则各个被背书人不可能同时占有票据。因此，同样基于票据权利的不可分性，也不得将汇票金额分别转让给两人以上。否则，此种背书也无效。

四、背书的效力

背书的效力，因背书的目的不同而有别，依此可分为转让背书的效力和非转让背书的效力；在转让背书中又有一般的和特殊的背书转让效力之分。[②]

（一）一般转让背书的效力

我国《票据法》第37条规定：背书人以背书转让汇票后，即承担保证其后手所持汇票承兑和付款的责任。背书人在汇票得不到承兑

[①] 《日内瓦汇票本票统一公约》第12条第2款、《美国统一商法典》第3-202条第3款、《英国票据法》第32条第2款。

[②] 此处仅强调效力的特殊性，而不考虑其他因素。故只要在效力上有特别规定的，不论是一般记名背书还是特殊记名背书，均列入此类。

或者付款时,应当向持票人清偿本法第 70 条、第 71 条规定的金额和费用。据此并结合票据法原理分析,一般转让背书具有三方面的效力,即权利移转效力、权利担保效力和权利证明效力。

1. 权利移转效力。即转让背书成立后票据上的一切权利全部移转给被背书人的效果。转让票据权利是转让背书的目的,是背书人的意志体现,故在背书成立后将票据权利从背书人移转至被背书人应是背书的基本效力。依背书转让的票据权利应包括对付款人、承兑人、出票人、背书人、保证人等票据债务人的一切权利。其中,最为重要的是付款请求权和追索权。对此,《日内瓦汇票本票统一公约》等也有相同规定。①

应注意的是,依背书移转的权利与普通债权转让的效力不同,主要在于背书移转权利无须通知债务人,且受让人除恶意或重大过失外有优于前手的权利,即抗辩切断,而普通债权转让依我国合同法规定须通知债务人,否则对债务人不生效,且抗辩不能切断。②

2. 权利担保效力,也称责任担保效力。即背书人对其后手(被背书人)在票据上权利的实现负担保责任。也就是说,一旦背书行为成立后,通常背书人都应当担保票据的承兑和付款。持票人不获承兑或不获付款的,有权向背书人追索。背书人的担保责任,从内容上可分为担保承兑和担保付款;从范围上则不仅限于对其直接后手,而是适用于所有的后手。如甲将汇票背书让与乙,乙又背书让与丙,丙再背书让与丁,此时甲对乙、丙、丁等后手均负担保责任。

背书人的担保责任并非源于背书人的本意,而是来自票据法规定的法定责任。正因如此,才使汇票的信用功能得到充分发挥,使票据的流通性得到有力加强。但背书人的这种担保责任性质上具有从属性,相对于票据主债务人的付款义务,其属于二次性义务。故《日内瓦汇票本票统一公约》等允许背书人依特约免除该担保义务,而我国票据法无此规定。

应注意的是,对于背书人的权利担保效力在我国可因出现禁止

---

① 《日内瓦汇票本票统一公约》第 14 条、《美国统一商法典》第 3-201 条。
② 《中华人民共和国合同法》第 80 条、82 条。

背书、期后背书等情况而受影响(详见特殊背书效力部分)。此外,在允许空白背书的国家中,因单纯交付而转让票据的,转让人未在票据上签章,故不承担票据的担保责任。

3. 权利证明效力。即持票人以背书的连续证明其汇票的权利。因仅凭背书的连续,持票人就享有行使票据的权利,故其又称资格授予效力。所谓背书连续即背书在形式上衔接不间断,除收款人为背书外,各次背书的背书人都是前一次背书的被背书人,直至最后持票人。背书连续的权利证明效力得到各国票据法的普遍认可。① 我国票据法也有相似规定,该法第31条第1款规定,以背书转让的汇票,背书应当连续。持票人以背书的连续,证明其汇票权利;非经背书转让,而以其他合法方式取得汇票的,依法举证,证明其汇票权利。同时,我国《最高人民法院关于审理票据纠纷案件若干问题的规定》第50条规定,依照票据法第31条的规定,连续背书的第一背书人应当是在票据上记载的收款人,最后的票据持有人应当是最后一次背书的被背书人。

背书的连续仅以具备形式上要件即可,如连续的背书中存在实质上伪造或无效背书并不影响背书连续的成立。依我国《票据法》第31条第2款规定,背书连续指在票据转让中,转让汇票的背书人与受让汇票的被背书人在汇票上的签章依次前后衔接。如图所示:

被背书人 B	被背书人 C	
背书人签章 A 日期2006年 2月25日	背书人签章 B 日期2006年 3月7日	背书人签章 C 日期2006年 4月11日

我国《票据法》第32条规定,以背书转让的汇票,后手应当对其直接前手背书的真实性负责。后手是指在票据签章人之后签章的其他票据债务人。

---

① 《日内瓦汇票本票统一公约》第16条、《英国票据法》第32条第5款等。

连续背书权利证明效力具体表现为：一是持票人以背书连续证明自己享有票据权利，不需提供其他证据，票据债务人也不得要求持票人另行举证，但如背书不连续而要确认持票人为合法者，则应由持票人提供证据以证明其合法取得票据，享有票据权利。二是票据付款人向连续背书持票人付款时，无须审查持票人是否属真正权利人，只要审查背书是否连续即可。亦即对背书连续持票人付款后，即使其不是真正权利人，付款人也可免责，但付款人为恶意或重大过失者除外。三是依连续背书取得票据者即取得票据权利，即使背书欠缺其他实质要件对被背书人也不生影响。票据法赋予连续背书权利证明效力，乃是票据是流通证券的性质所决定的，也是体现票据兼顾安全性和迅捷便利性的具体要求。

（二）特殊转让背书效力

特殊转让背书效力指票据法对背书转让规定发生与一般背书不同的特别效力。在我国票据法中能产生特别效力的背书转让有四种，即禁止背书效力、期后背书效力、不获承兑不获付款后的背书效力和回头背书效力。此外按国外票据法规定还包括空白背书效力、无担保背书效力等。关于禁止背书和无担保背书效力已在背书的种类论述。在此仅对期后背书、不获承兑不获付款后的背书、回头背书和空白背书的效力分述如下：

1. 期后背书、不获承兑不获付款后的背书。我国《票据法》第36条规定，汇票被拒绝承兑、被拒绝付款或者超过付款提示期限的，不得背书转让；背书转让的，背书人应当承担汇票责任。票据法这一规定包含两层意思，一是汇票被拒绝承兑、拒绝付款或逾期的，不得再背书转让，这是因为票据被拒绝或逾期后，其流通性就应受限制或丧失，此类票据理应不得背书；二是期后背书并非绝对无效，而是限制其票据法上效力的范围，即仅在持票人（被背书人）对背书人有票据权利，对其他票据债务人无票据权利。在事实上难以杜绝此类背书情况存在的前提下，如完全置已依背书取得票据者利益而不顾也不尽合理。因此，票据法如此规范，体现了对维护票据流通严肃性和保护持票人正当利益两方面价值的兼顾。

与一般背书转让效力相比，期后背书、不获承兑不获付款后的背书的效力较弱。虽然背书有权利移转的效果,且根据背书的连续也无须证明实质关系的合法性,但因期后背书、不获承兑不获付款后的背书实质上与民法上一般债权让与相似,持票人只能向被背书人行使票据权利,而不能向其他票据债务人行使票据权利。

应注意的是,我国票据法的规定与《日内瓦汇票本票统一公约》的规定有别。该公约第20条第1款规定:汇票到期后的背书与到期前的背书有同等效力。但因拒付而作成拒绝证书后,或规定作成拒绝证书的期限届满后的背书,只具有普通债权转让的效力。可见,该公约规定区分了普通期后背书与特别期后背书,前者仅指票据到期后的背书,后者是强调拒绝证书作成或作成拒绝证书的期限届满后的背书。① 且二者在效力上不同,前者与期前背书有同等效力,而后者仅发生普通债权转让的效力。

2. 回头背书。我国《票据法》第69条规定,进行回头背书后,持票人为出票人的,对其前手无追索权;持票人为背书人的,对其后手无追索权。可见,该条规定认可回头背书的效力,即既能产生一般背书的效力包括权利移转、证明和担保的效力,又允许被背书人仍可为背书。但同时对追索权的行使加以限制,以避免循环追索。如出票人甲将票据背书给乙,乙背书给丙,丙又将票据背书给甲后,甲对丙、乙无追索权。如上例中丙将票据背书给乙后,持票人乙是背书人非出票人,其对丙无追索权,但对出票人甲有追索权。

此外,如果持票人是承兑人,应对任何人均无追索权。因根据我国《票据法》第44条规定,承兑人承兑后是票据的主债务人,应当承担到期付款的责任,故当其依背书转让取得票据时,对其他债务人无追索权。但未为承兑的付款人如成为持票人仍应有追索权。如果持票人是保证人,其对被保证人的后手应无追索权,但对被保证人的前手有追索权。如汇票在 A、B、C、D、E 之间依次背书转让后,E 将汇票背书转让给 F,而 F 又是 C 的保证人在票据上签章,此时 F 只能向 C、B、A 追索,而不能向 C 的后手 D、E 追索。

---

① 在英美法系一般不区分普通期后背书与特别期后背书,但强调过期汇票流通转让,此后任何人都不能取得优于其前手的权利。见《英国票据法》第36条。

票据法之所以认可回头背书的效力,而不按普通债权规则在债权人和债务人法律地位属于同一人时使债权因混同而消灭,是因为流通是票据的生命,在票据到期日前即使再回到出票人或背书人手中,其仍存在流通的可能,为助长票据的流通,就不能适用混同规则而消灭票据权利。

3. 空白背书。根据《日内瓦汇票本票统一公约》和有关国家和地区票据法的规定,允许空白背书的存在。但因空白背书票据未记载被背书人,故需要依现实持票人确定才使票据权利人特定。而空白背书票据持票人既可自行补充被背书人使之转为正式背书,产生正式背书效力并依正式背书转让票据权利;也可不进行任何补充仅依空白背书转让票据权利;还可以通过单纯交付的方法转让票据权利。因此,空白背书票据的转让,可因当事人选择不同转让方式而产生不同的效力。具体地说:

第一,如果空白背书持票人(让与人)直接再以空白背书方式转让或在票据上补充自己姓名或名称后背书交付转让,或者持票人以单纯交付的方式转让,都产生转让的效力。

第二,以单纯交付的方式转让票据的,因未在票据上签章而不承担票据责任。

(三) 非转让背书效力

非转让背书效力,依我国票据法规定包括委托取款背书效力和质押背书效力两类。

1. 委托取款背书效力。委托取款背书只是授予持票人代理收款的权限,票据权利人仍然是背书人,故与一般背书转让效力不同,其不具有权利移转和担保效力,只有权利授予和证明效力。前者是表明取款代理权的授予,这也是此种背书的目的所在。受托人持有票据仅享有代理取款权,不得行使其他票据权利包括再依背书转让汇票的权利等。后者是证明持票人有代理权,而无须提供其他权利证明。

应注意的是,委托取款背书中的被背书人代为行使汇票权利的范围,依我国票据法规定分析应根据背书人授权意思而定。此点与《日内瓦汇票本票统一公约》的规定有所不同,依该公约第 18 条规定,委任背书持票人可行使汇票上所有权利,但只能以代理人资格背书。①

2. 质押背书效力。根据质权的特性和票据法的规定,质押背书效力与一般背书的转让效力也不同,其效力有三:

一是质权设定效力。质押背书成立后,被背书人取得了票据质权。这也是质押背书的目的。质押背书为被背书人设定质权,不移转票据权利。在被担保的原因关系中债务未届清偿期时,持票人取得质权仅有担保作用,在被担保的债务到期未履行时持票人才可行使票据权利以实现质权。如设质票据权利清偿期先于被担保债权的,持票人可行使票据权利②,但须与背书人协议将兑现的价款提前清偿所担保的债权或向第三人提存。③ 又因质权设定时持票人占有票据,故其应妥善保管票据,否则因持票人过失而致票据灭失的,其应负赔偿责任。

二是质权证明效力。质押背书设定的质权以质押文义记载并交付票据而生效。被背书人持有记载质押文义的票据即证明其享有质权,而无须再以质押合同等其他证据来证明。但其与一般背书转让的持票人资格证明,在性质和权利范围等方面均不同。

三是责任担保效力。质押背书虽不移转票据权利,但背书人对出质票据负有担保承兑和担保付款的责任。当设质票据所担保的债务到期不履行时,被背书人就要行使票据权利,请求付款人付款以实现债权,如该票据权利不能实现,则被背书人(持票人)当可向票据上为签章者包括质押背书人行使追索权。

四是再背书效力。依《日内瓦汇票本票统一公约》第19条第1款的但书规定,设质背书的被背书人只能为委托取款背书,不能为转让或转质背书。④《最高人民法院关于审理票据纠纷案件若干问题的规定》第47条规定,因票据质权人以质押票据再行背书质押或者

---

① 刘心稳:《票据法》,中国政法大学出版社2002年版,第179—180页。
② 持票人应如何行使票据权利?我国立法规定不明,按日内瓦汇票本票统一公约规定,应以代理人资格行使汇票权利。见《日内瓦汇票本票统一公约》第19条第1款。
③ 《中华人民共和国担保法》第77条。
④ 王小能:《票据法教程》,北京大学出版社1994年版,第227页。

背书转让引起纠纷而提起诉讼的,人民法院应当认定背书行为无效。因此,再背书的效力应限于委托取款背书,而不能为转让或转质背书。

第四节 承 兑

一、承兑的概念和性质

(一) 承兑的概念

承兑,指汇票付款人在汇票上表示于汇票到期日依票载金额付款的票据附属行为。我国《票据法》第 38 条规定:"承兑是指汇票付款人承诺在汇票到期日支付汇票金额的票据行为。"

1. 承兑是一种附属票据行为。与背书行为相同,其也是以出票行为存在为前提,以有效汇票存在为基础和对象。

2. 承兑是须由付款人所为的票据行为。这从行为主体方面将承兑与出票、背书等行为和其他票据行为作出了区别。其不同点在于,承兑是仅限于汇票付款人所为的票据行为,出票人和持票人均无权为承兑行为,同时承兑又是汇票所特有的制度,本票和支票制度中都无须承兑。但就票据法原理而言,并非一切汇票都须承兑。见票即付的汇票,没有承兑制度。

3. 承兑是付款人承诺到期无条件支付汇票金额的单方法律行为。虽在汇票出票时,出票已记载无条件支付的委托,但汇票承兑与否仍是付款人的自由,付款人无必须承兑的义务。即使在付款人与出票人间有资金关系时,拒绝承兑也不会因此负任何票据责任。但汇票一旦经承兑,即无须他人合意,付款人便成为票据债务人,应按票据记载金额负付款义务。

4. 承兑是一种付款人在汇票上进行的要式行为。即承兑的意旨不仅应在汇票正面表明,而且必须依法定格式在汇票上记载法定事项并签章。否则不发生承兑效力。

汇票是委托他人付款的票据,出票人签发汇票后,付款人并不当然成为票据债务人。因此,汇票持票人为了明确在到期时能否得到付款,必须在汇票到期前向付款人提示承兑。若付款人承兑,则其成为汇票的第一债务人,承担付款责任,若届时拒绝付款,持票人可直接对他提起诉讼。若付款人拒绝承兑,持票人就应持拒绝证书,向其前手及出票人行使追索权。另外,汇票若经信誉卓著的付款人承兑,也可提高该汇票的信用,增强其流通性。

(二) 承兑的性质

对于承兑,可从不同角度论述其特性,如与出票行为相比其定位于附属票据行为;从承兑记载要求而言其是要式行为;从承兑只需付款人承诺即可发生效力来说其属单方法律行为。但就其本质属性而言,承兑应属于债务承担行为。这是因为,汇票承兑人在承兑前原本无须承担票据债务,其不是票据关系的债务人,而是在其为承兑后,才介入票据关系成为票据债务人。这在效力上与民法原理中债务负担相同。[①] 但其与民法中的债务负担仍有不同,民法的债务承担包括免责债务承担和并存债务承担两种,前者当他人愿意承担债务负担时,经债权人同意原债务人免责,其债务即移转于债务负担人;而后者当他人介入债务关系时,债务人并不退出债的关系,其与债务负担人连带承担债务责任。而汇票的承兑与免责债务承担不同,其仅体现为债务的发生,不是债务的移转,不需经债权人同意,且与并存的债务承担也不同,承兑人成为第一债务人。此外,一般民法中的债务承担通常属双方法律行为,而汇票的承兑属单方法律行为;一般民法中债务负担为不要式行为,而汇票承兑是要式行为。尽管如此,承兑的性质是承担债务的行为,由于其承担债务时并不免除他人的责任,对权利人十分有利,因此,性质上与并存的债务承担最为接近。

二、承兑的种类

以不同的划分标准,可将汇票承兑作不同的分类。主要有两种:

(一) 依承兑方式不同,可分为正式承兑和略式承兑

正式承兑又称完全承兑,指持票人提示承兑时,汇票付款人在汇票正面记载"承兑"字样,注明承兑日期并签名的承兑方式。一般认

---

① 刘心稳:《票据法》,中国政法大学出版社2002年版,第182页。

为承兑字样的记载,只需有与承兑相通的文义即可,如"照兑"、"照付"、"兑付"等,并不限于"承兑"二字。略式承兑指持票人提示承兑时,汇票付款人仅在汇票正面签名,而无承兑文义记载的承兑方式,《日内瓦汇票本票统一公约》第25条第1款规定,仅由付款人在汇票正面签名亦构成承兑,并且它与正式承兑在法律上具有相同效力。德国、日本、法国和英美等国票据法也均相似规定。我国《票据法》第42条规定,"付款人承兑汇票的,应当在汇票正面记载承兑字样和承兑日期并签章",对略式承兑没有提及。这是因为依我国票据法的规定,汇票凭证由国家指定单位统一印制,格式由中国人民银行规定。按规定印制的汇票凭证已载明"承兑"字样,倘若付款人愿承兑,只需在承兑栏中签名即可,故客观上不存在略式承兑问题。荷兰、西班牙等也只承认正式承兑的效力。① 区分正式承兑和略式承兑的意义,在于表明付款人在汇票上记载文义的内容有所不同,但在不承认略式承兑的国家中,还直接涉及承兑是否有效的问题。

(二) 依承兑有无限制,可分为单纯承兑和不单纯承兑

单纯承兑又称普通承兑,指付款人完全依票据所载文义毫无限制而进行的承兑。不单纯承兑又称附限制的承兑,指付款人就票据文义加以变更或限制而进行的承兑。其中又有三种情形:一是部分承兑,即付款人仅就汇票的部分金额为承兑。二是附条件承兑,即付款人就票据金额附有一定条件的承兑。三是对付款的时间、地点限制的承兑,即在承兑时指明只能在某地付款或限制承兑的有效时间。对于不单纯承兑,我国票据法仅规定,付款人承兑汇票,不得附有条件,承兑附有条件的,视为拒绝承兑。而对部分承兑和付款的时间、地点限制的承兑均无相应规定。而《日内瓦汇票本票统一公约》和多数国家的票据法都承认不单纯承兑,但各国规定有所不同。《日内瓦汇票本票统一公约》规定,如部分承兑的,持票人不能拒绝部分承兑,其接受后对未获承兑部分应作成拒绝证书。如承兑附条件视为拒绝承兑,但如持票人愿依所附条件行使付款请求权的,承兑人仍应依所附条件承担责任。如付款的时间、地点限制的承兑,这种特别

---

① 郭锋、常风:《中外票据法选》,北京理工大学出版社1991年版,第309页。

指定是有效的,持票人不得拒绝。① 德国、日本票据法均有相似规定。但英美等国认为,对不单纯的承兑,持票人可拒绝接受,请求作成拒绝证书或退票。如持票人接受的,那么未对此确认的出票人、背书人都可以解除对汇票的责任。但该规定不适用部分承兑,对部分承兑中的未承兑部分必须作成拒绝证书。②

三、承兑的程序

根据各国票据法规定,承兑须按照一定程序进行,具体可分为承兑提示和承兑(或称承兑表示)两个阶段。

(一)承兑提示

1. 承兑提示的概念。承兑提示是持票人为行使或保全票据权利,在汇票到期日前向付款人出示票据请求其承诺付款的行为。我国《票据法》第39条第2款规定,提示承兑是持票人向付款人出示汇票,并要求付款人承诺付款的行为。一般,向付款人出示票据者是提示人,汇票所载的付款人则是受提示人。承兑提示仅限于票据债权人,其他人不能作为提示人。但根据《日内瓦汇票本票统一公约》,德国、法国、日本等票据法也允许汇票的单纯占有人如汇票保管人等也可为承兑提示。这是因为提示的目的仅在于确定付款人是否承担到期付款责任,对提示人资格加以限制无实际意义。③

2. 承兑提示的性质。承兑提示是承兑的前提,但其不是票据行为,是行使或保全票据权利的行为。它与催告具有相当的功效。二者不同的是,承兑提示必须出示票据,而催告则可以书面或口头方式进行。一般而言,除即期汇票外,持票人都须向付款人先为承兑提示。然而,由于汇票记载文义的不同,提示承兑的期间要求也有所区别,常见情形有三:一是定日付款或出票后定期付款的汇票,由持票人在该汇票到期日之前向付款人提示承兑。二是见票后定期付款的汇票,有的要求在合理期间内提示即可,如英美等国;有的则作具体

---

① 《日内瓦汇票本票统一公约》第26、27条。
② 《英国票据法》第19条、第44条规定。
③ 姜建初:《票据法》,北京大学出版社2000年版,第187页。

规定,如《日内瓦汇票本票统一公约》、德国、日本、法国等规定为1年。我国票据法规定应当在1个月内向付款人为承兑提示。对承兑提示期限有规定的国家,除我国外,一般都允许出票人自由伸缩该期限,背书人仅能缩短该期限。① 三是对己汇票,通常出票人出票时同时承兑,持票人只需在该汇票的到期日向付款人提示付款即可。

承兑提示是持票人的权利而非义务,多数国家票据法采用自由提示原则。如持票人在汇票到期日前不为承兑提示,而在到期日直接为付款请求,也无不可。然而,即使采用承兑提示自由的国家也不认为该自由是绝对的,他们一般也有限制规定,其具体情形有三种:一是不必提示承兑的汇票,如见票即付的汇票就无需提示承兑;二是不得提示承兑的汇票,它包括汇票上记载禁止请求承兑和定期日前不得提示承兑的汇票;三是必须提示承兑的汇票,包括见票后定期付款的汇票、汇票上已载明必须提示承兑的汇票、在付款人的营业地或住所地外的处所给付的汇票。对于上述限制,理论界有人将第一、三种称之积极限制,将第二种称之消极限制。② 无论何种限制,一经票据法规定,持票人应当遵守,若有违反,持票人将承担相应的后果。但即便如此,仍可看作是持票人的权利,持票人不为承兑提示是承兑人对其权利处分的表现。

3. 承兑提示的期限。承兑提示必须在法定期限内进行,各国法律都对承兑提示的期限予以限定。我国票据法规定的承兑提示期限包括一般和特别承兑提示期限两种。一般承兑提示期限是对出票时付款日期已确定的汇票设定的承兑提示期限。我国《票据法》第39条第1款规定,定日付款或者出票后定期付款的汇票,持票人应当在汇票到期日前向付款人提示承兑。这两类汇票的付款日期在出票时已确定,持票人自出票日起至到期日前的任何一天(除法定节假日和休息日外)都可为承兑提示。特别承兑提示期限是对出票时付款日期不能确定的汇票设定的承兑提示期限。我国《票据法》第40条第1款和第2款规定,见票后定期付款的汇票,持票人应当自出票日

---

① 郭锋、常风:《中外票据法选》,北京理工大学出版社1991年版,第311页。
② 王小能:《票据法教程》,北京大学出版社1994年版,第236页。

起1个月内向付款人提示承兑。汇票未按照规定期限提示承兑的,持票人丧失对其前手的追索权。法律如此规定,目的在于促使持票人尽快行使票据权利,以防止票据签名者承担责任无期限延长的情况发生。

此外,在《日内瓦汇票本票统一公约》中还规定了指定承兑提示期限,即由票据行为人指定的提示承兑期限。行为人另行指定期限与法定期限有冲突时,行为人指定期限有优先效力。它包括一般和特别指定承兑提示期限两种。一般指定承兑提示期限是行为人对定日付款汇票和出票后定期付款汇票为指定承兑提示的期限。出票人在签发汇票时可在出票日后至付款日前的范围内,指定某一日前不得提示,也可指定某一日必须提示,还可指定自某日始至某日止的一段时间内为提示。如对3月5日为出票日、10月9日为付款日的汇票,出票人指定4月5日后可提示承兑(指定上限),指定8月5日前必须为承兑提示(指定下限),指定4月5日至7月5日内提示承兑(指定一段期间)。在出票人未记载禁止承兑提示时,背书人也可记载指定承兑提示期限。但如出票人已记载承兑提示期限的,背书人的记载应不能与之冲突,否则应以出票人的记载为指定承兑期限。特别指定承兑提示期限是行为人对见票后定日付款汇票为指定承兑提示的期限。对此,《日内瓦汇票本票统一公约》规定了1年的法定期限,同时允许出票人可缩短或延长。因此,出票人所为的指定承兑提示期限实质上是对法定期限的变更。如是背书人为指定,应仅限于缩短指定,亦即有出票人为特别指定时,背书人可在出票人指定承兑提示期限内缩短;如无出票人为特别指定时,背书人可在法定的1年期限内缩短。①

4. 承兑提示的效力。即持票人依法为承兑提示所产生的法律效果。尽管是否为承兑提示是持票人的自由,但毕竟提示承兑与否所产生的后果截然不同。为承兑提示后,积极方面而言是持票人行使权利的表现,消极方面来说是保全票据追索权并中断时效的手段。不为承兑提示即丧失对其前手的追索权。因此,承兑提示的效力主

---

① 姜建初:《票据法》,北京大学出版社2000年版,第188—190页。

要表现为对追索权的保全。但不同种类的汇票,提示承兑的效力也略有差异。对于定日付款和出票后定期付款的可承兑提示的汇票,持票人选择提示承兑的,如付款人拒绝承兑,持票人可保全对所有票据义务人的追索权;持票人未承兑提示,直接在到期日提示付款的,如付款人拒绝付款,持票人因已过承兑提示期限而丧失期前追索权,只能对不获付款后作成拒绝证书行使期后追索权。对于见票后定期付款的汇票,因须通过承兑提示来确定付款日期,如其未提示则就意味着无法确定付款日期,故持票人实际上将丧失期前和期后追索权。

我国《票据法》规定,定日付款或者出票后定期付款的汇票,持票人未在汇票到期日前提示承兑的,见票后定期付款的汇票,持票人未在出票日起 1 个月内提示承兑的,持票人丧失对其前手(不包括出票人)的追索权。

(二) 承兑(承兑表示)

1. 承兑的考虑期间。承兑表示由付款人进行,付款人一经承兑即为承兑人,须对汇票的付款负绝对责任。持票人提示承兑时,付款人应及时作出承兑或拒绝承兑的决定。但考虑到出票人与付款人可能对他们之间的资金关系或其他关系没有事先联系好,若付款人贸然承兑,有可能使付款人利益受损;若付款人断然拒绝,又可能破坏票据信用,影响持票人的利益。换言之,在这种情况下,要求付款人当场作出是否承兑的表示有失公平,也不利于各方当事人。因此,多数国家的票据法都许可付款人在一定的期限内考虑是否承兑,学理上称之为承兑的考虑期间。通常各国规定付款人的承兑考虑期间为 1 日,而我国《票据法》则规定为 3 日,即付款人自收到提示承兑的汇票之日起 3 日内应作出承兑与否的表示,这一期限无须征得持票人同意,也并非必须考虑 3 日,而是考虑承兑与否的最长期限,但不得拖延或请求延长,以免影响票据流通。

2. 承兑的交接与完成。付款人在为承兑时,必须在汇票上依法记载承兑意思表示,由于持票人为承兑提示时,汇票已暂时归付款人占有,因此付款人应向持票人签发收到汇票的回单,并在回单上记明汇票提示承兑日期和签章,以证明持票人已按时为承兑提示。此外,当付款人在汇票上记载自己的承兑意思表示后,就应当将汇票交还给持票人。唯有如此,承兑程序才告完全结束,承兑的效力也才发生。

承兑人在承兑生效前,承兑能否撤回,能否由承兑人涂销,各国法律规定不同。承兑撤回指付款人接受持票人承兑提示予以签名承兑,但在将汇票归还持票人前否认承兑效力的行为。而这种否认行为如在承兑签章后进行,必然表现为承兑涂销,即承兑人在承兑生效前涂销承兑的行为。因此在表达上有所不一,有的用撤销,有的用涂销,有的用撤回,但实质都是对承兑行为的否认,相对而言对未生效的承兑用撤回更为妥当,但在票据上显示应为对承兑记载的涂销。多数国家的票据法均认为,承兑人在汇票退回持票人前可撤回承兑表示,承兑一经撤回,应视为拒绝承兑,持票人可请求作成拒绝证书,行使追索权。如《日内瓦汇票本票统一公约》第29条规定:在汇票上作出承兑的受票人,如在归还汇票时涂销承兑,视为拒绝承兑。如无相反证明,该涂销视为在归还汇票前所为。《英国票据法》第21条规定,票据在交还前可以撤回承兑。票据立法之所以允许付款人撤回承兑,是因为承兑行为的完成,必须由承兑人的签名承兑和将承兑的汇票返还给持票人两阶段组成。若在承兑行为完成之前,付款人将承兑撤回,对持票人的权利或票据的流通性并无损害。但各国票据法对承兑的撤回作了限制,即若付款人已向持票人或任何在汇票上签名的当事人以书面通知其承兑的,则付款人仍应按其承兑向上述当事人负责,而不得撤回承兑。我国《票据法》无承兑撤回的规定,但实务中如存在承兑人在交还汇票上涂销承兑的,应解释为拒绝承兑,由付款人出具拒绝证书。①

四、承兑的款式

承兑的款式是汇票付款人承兑时,在汇票上所应记载的事项。汇票付款人为承兑时,一般应将承兑表示记载在汇票原本或复本②的正面。若另立其他书面文件,或以口头、电话、电报等方式为承兑,

---

① 刘心稳:《票据法》,中国政法大学出版社2002年版,第187页。
② 《日内瓦汇票本票统一公约》有复本制度,且规定汇票的复本与原本具有统一效力,故在复本上也可为承兑。但我国票据法未规定复本制度,也就无在复本为承兑的可能。

或在汇票的背面以及誊本上为承兑,则不发生承兑的效力。承兑的记载事项主要分为必要记载事项、任意记载事项和不得记载事项三类:

(一) 必要记载事项

承兑的必要记载事项又有绝对和相对之分。

承兑的绝对必要记载事项,因承兑是正式承兑还是略式承兑而有所区别。在正式承兑中应记载"承兑"字样和付款人签名,而在略式承兑中只需记载付款人签名一项。我国《票据法》无略式承兑的规定,作为正式承兑的必要记载事项是承兑文句和承兑人签章,该事项不记载不发生承兑效力。但因我国的商业汇票统一票据用纸上已预先印好相应的承兑文句,已无须承兑人另行自己记载。

承兑的相对必要记载事项是承兑日期,它体现在见票后定期付款或指定请求承兑期限两种汇票之中。承兑日期涉及到期日的计算和证明持票人有无依期请求承兑等,因此法律规定付款人应记载承兑日期。通常除持票人要求以提示日为承兑日外,承兑的日期应是承兑表示之日。多数国家和地区的票据法认为,若汇票未载明承兑日期,持票人应请求作成拒绝证书证明承兑日期,以使其保留向出票人和背书人的追索权。若未作成拒绝证书的,则视为由承兑人在提示承兑期限的最后一日作出。在见票后定期付款的汇票,以出票日起法定承兑期限之末日为承兑日。在指定请求承兑期限的汇票,以出票人指定承兑期限之末日为承兑日。① 我国《票据法》仅就见票后定期付款的承兑日期记载作了规定。该法第42条规定,见票后定期付款的汇票,应当在承兑时记载付款日期。汇票上未记载承兑日期的,以承兑期限的最后一日为承兑日期。

(二) 任意记载事项

各国规定的任意记载事项主要是指担当付款人和付款处所的记载。担当付款人实际上是付款人的代理人,故由付款人指定更为顺理成章。付款人在承兑时记载付款处所,目的在于为付款提供便利,故多数国家立法都允许承兑人为此项记载。对于任意记载事项我国

---

① 《日内瓦汇票本票统一公约》第25条第2款、第35条。

票据法中无规定。

(三) 不得记载事项

我国《票据法》第43条规定,承兑不得附条件,否则视为拒绝承兑。可见承兑一旦附条件,该承兑即无效,所谓记载条件包括部分承兑等各种情况。此点与日内瓦统一法系等有所不同。

五、承兑的效力

汇票的承兑效力指基于承兑人的承兑行为而应承担的票据法上义务的后果。我国《票据法》第44条规定:"付款人承兑汇票后,应当承担到期付款的责任。"可见付款人完成承兑后所发生的承兑效力在于确定付款人责任。各国票据法也均有付款人在承兑后应当到期付款的规定。《日内瓦汇票本票统一公约》[①]以及多数国家的票据法规定还进一步强调,即使持票人为出票人,也可就该汇票对承兑人直接行使权利,以达到巩固汇票的信用,保障持票人权益和促进流通的目的。通常认为付款人一经承兑,即成为汇票的第一债务人,对汇票上所载金额负绝对的付款责任。这种绝对付款责任包括如下几层含义:

首先,承兑行为完成,承兑人即成为票据债务人,应承担到期付款的责任。无论其与出票人间是否存在资金关系,持票人除因时效完成外都享有付款请求权,汇票出票人包括背书人都可免受期前追索。其次,即使持票人有时因手续欠缺而丧失对前手的追索权,也不影响其对承兑人的权利。再次,承兑人必须承担最终的追索责任,即其他票据债务人被追索后而持有票据者,都可请求承兑人偿还,即使出票人请求承兑人偿还也不例外。最后,承兑人要承担利益返还请求权的责任。

六、参加承兑

(一) 参加承兑的概念

参加承兑,指为防止持票人在到期日前行使追索权,由预备付款

---

① 《日内瓦汇票本票统一公约》第28条。

人或票据债务人以外的第三人,为特定票据债务人的利益,代替付款人为承兑的票据附属行为。具体包括三层意思:一是其为一种附属的票据行为,因该行为必须在汇票上签名并记载参加承兑的意思,同时又是以出票行为存在为前提,故为附属票据行为。二是属防止期前追索的行为,因参加承兑通常是在付款人拒绝承兑或无法承兑如破产等情况下进行,故有参加承兑行为后,持票人不得行使期前追索。三是为特定债务人利益而进行的票据行为,因一旦持票人为期前追索,就意味着其可向前手直至出票人请求票据金额、利息及其费用。这将影响票据和被参加人信用,故参加承兑不仅可预防期前追索,而且也可维护票据和被参加人的信用。

基于参加承兑有防止追索权期前行使和维护票据及被参加人信用的两方面作用,《日内瓦汇票本票统一公约》、德国、日本等国,以及我国台湾地区票据法均有参加承兑制度。但因对参加承兑认识角度不同,各自规定的模式也不尽相同。日内瓦法系注重参加承兑与参加付款的共性,将二者归在参加制度一并规定;而我国台湾地区的票据法则关注参见承兑与参加付款的个性,将参加承兑作为承兑特殊情况,规定于承兑制度之后①,参加付款则规定于付款制度之后。我国票据立法认为在我国无实际需要,故没有规定参加承兑制度。②尽管如此,为与相似制度加以区别,仍有了解参加承兑制度的必要。

参加承兑本质上是承兑的一种补充形式,故二者虽都属汇票特有的附属票据行为,都须记载于汇票正面,且以到期日届至负担票据上债务为目的,但其仍有诸多区别,主要表现为:其一,参加承兑主要作用在于阻止期前追索的发生,而承兑则在于确定付款责任。其二,参加承兑人是为维护特定债务人信誉而介入票据关系,故参加承兑人仅对被参加人的后手负付款义务。而汇票经承兑后,承兑人对汇票负绝对付款责任,任何票据债务人取得持票人地位后均可凭票要求其支付票载金额。其三,参加承兑人付款后,票据关系并不因此全

---

① 王小能:《票据法教程》,北京大学出版社 1994 年版,第 246 页。
② 参见中国人民银行副行长周正庆:《关于〈中华人民共和国票据法(草案)的说明〉》。

部消灭,参加承兑人对被参加人和其他有关人由此取得持票人的权利。而承兑人付款后,票据权利完全消灭,即使出票人未提供资金,承兑人也不能依票据关系行使请求权,只能依民法有关规定向其求偿。其四,参加承兑的目的在于阻止期前追索,故参加承兑人的责任可因持票人的保全手续欠缺,丧失追索权而消灭。而承兑的目的在于确定付款责任,在我国承兑人付款责任除因时效消灭外,不会因保全手续的欠缺而消灭。

(二) 参加承兑的要件

参加承兑人介入票据关系,将使票据关系所生后果发生相应变化。因此,参加承兑并非随意发生,其形成必须规范化。根据各国和有关地区票据法的规定,参加承兑通常应具备的要件是:

1. 持票人能享有期前追索权是参加承兑的前提条件。参加承兑设立的目的在于阻止持票人于期前追索,若持票人无期前追索权,如禁止承兑汇票,持票人就无法在到期日前提示承兑,只能在到期日为付款提示,这就不存在期前追索,也无参加承兑之可能。

2. 持票人有不获承兑或无法承兑的原因是参加承兑的必要条件。持票人一经承兑,付款责任就已确定,持票人利益得到维护,前手的信誉也受到保全,也就无须参加承兑人介入到票据关系之中。

3. 持票人同意接受是参加承兑的执行要件。通常除预备付款人参加承兑外,其他第三人包括票据债务人以外的第三人和除承兑人之外的其他票据债务人为参加承兑,均须经持票人同意。

4. 依法定方式进行记载是参加承兑的形式要件。参加承兑属票据的附属行为,其记载内容、方式应当符合法律规定的操作程序,以体现票据作为要式行为的特性。

(三) 参加承兑的程序和款式

1. 参加承兑的程序。在参加承兑中,进行参加承兑行为的人是参加承兑人,因参加承兑而直接享受利益的人是被参加承兑人,亦称被参加人。对于参加承兑人的资格,各国和有关地区的票据立法要求略有区别,一般汇票中记载预备付款人的,其属当然参加人,即参加承兑不必征得持票人同意,持票人也不能拒绝。持票人向预备付款人提示承兑而遭拒绝的,需作成拒绝证书,才可行使追索权。票据债务人以外的其他第三人(即非预备付款人)参加承兑的,考虑到该第三人的资力信用难以证明,又有与票据债务人串通,利用参加承兑阻止追索权行使的可能,必须征得持票人同意。①

通常参加承兑人须在符合法律规定的要件下才能介入票据关系,即于持票人因不获承兑或无法承兑而作成拒绝证书时介入,即参加承兑的时间应在到期日前发生期前追索之时,否则就无参加的必要。同时应依法在汇票上记载参加承兑的文义。一旦参加人参加承兑后,各国和有关地区的票据法均要求参加人在法定期限内通知被参加人。因为通常参加人与被参加人有委托等内部关系存在,但实践中也难以排除无内部关系而参加的可能。所以将参加事由在法定期限内通知被参加人就能让其有所准备,或者对于其前手就原因关系为抗辩,或者与付款人另行决定其资金关系,或者在期前清偿。但各国和有关地区对法定期限的规定有所不同,《日内瓦汇票本票统一公约》第55条第4款规定在2个营业日内为通知。参加人怠于为此项通知的应负赔偿责任,但赔偿额以不超过汇票上的数额为限。德国、日本票据法也有相同规定。

参加承兑时,参加人须临时占有汇票,当记载完成后参加人应将汇票交还给持票人,此时参加承兑即告完成。

2. 参加承兑的款式,即表现为参加承兑应记载的事项。大致有如下各项:① 参加承兑的文句。即在汇票上记载参加承兑的意思表示,以区别于其他票据行为。通常应在汇票的正面表明参加承兑的文义。一般认为该文义并不限于"参加承兑",与之相通的文义也可,如"照代承兑"、"到期由本人照兑"等。② 参加承兑人的签章。参加承兑人介入票据关系后,将承担相应的法律责任,以示负责,参加承兑人必须签章。这两项为绝对必要记载事项。③ 被参加人姓名或名称。参加承兑是为特定债务人的利益,为确定被参加人,以便将来参加承兑人有向其请求偿还的依据,应记载被参加人的姓名,但

---

① 《日内瓦汇票本票统一公约》第55条、56条,英国《票据法》第65条。我国台湾地区"票据法"第53条。郭锋、常风:《中外票据法选》,北京理工大学出版社1991年版,第54页。

这是相对必要记载事项。日内瓦汇票本票统一公约和多数国家或地区票据法均规定,若未记载被参加人姓名,视为出票人参加承兑。① 预备付款人参加承兑时,以指定预备付款人之人为被参加人。④ 参加日期。即参加承兑时应记载年月日。此项记载的目的在于,确定参加承兑行为的生效日期,及当事人于当时是否有行为能力。② 参加承兑也不得附条件。此为记载不生票据效力的事项。

(四) 参加承兑的效力

参加承兑的效力涉及参加承兑人、持票人和被参加人及其前手,具体表现如下:

1. 对于参加承兑人的效力。参加承兑人应向持票人及被参加人的后手,担负与承兑人同一责任。③ 参加承兑之所以能阻止追索权的行使,是因为参加承兑人愿在到期日承担付款责任。然而,参加承兑人毕竟不是汇票付款人,故持票人于票据到期后仍应向票据担当付款人或付款人提示付款,在遭到拒绝时才能向参加承兑人提示付款。而且参加承兑人仅对被参加人的后手负付款责任,对被参加人的前手不发生责任问题。参加承兑人付款后,票据关系并不随之消灭,届时参加承兑人即取得持票人的权利,可请求被参加人及其前手偿还其所支付的金额以了结票据关系。须强调的是,参加承兑人在介入票据关系后,亦负有通知义务,应在法定期限内将参加事由通知被参加人,否则对因此造成的损失应负赔偿责任。

2. 对持票人的效力。无论是预备付款人,还是票据债务人以外的第三人,一旦依法参加承兑,持票人就不得于到期日前对被参加人及其后手行使追索权,这在规定参加承兑制度的国家或地区的票据法中均有体现。参加承兑所阻止的是持票人的期前追索权,并且是暂时性的停止。这是因为若汇票到期后,付款人或担当付款人不付款,而由参加承兑人付款时,被参加人及其前手对于参加承兑人,仍有清偿义务。

---

① 《日内瓦汇票本票统一公约》第 57 条。
② 此项记载事项仅有我国台湾地区"票据法"规定为记载事项。王小能:《票据法教程》,北京大学出版社 1994 年版,第 250 页。
③ 《日内瓦汇票本票统一公约》第 58 条第 1 款。

3. 对被参加人及其前手的效力。即被参加人及其前手,在参加承兑人参加承兑后,仍可以向持票人依汇票文义付款,亦称期前清偿。这是因为参加承兑人介入票据关系后,被参加人及其前手的信誉是得到了维护,但票据关系并未消灭,若汇票付款人或担当付款人在汇票到期后仍不付款,而由参加承兑人付款的话,那么时间被拖延,费用负担将随之增加。所以,为避免将来偿还金额的扩大,防止不必要的损失发生,《日内瓦汇票本票统一公约》第58条第2款规定,被参加人及其前手,仍然可以在参加承兑后,向持票人支付票载金额、利息和其他必要费用,请求交付汇票,以迅速了结票据关系。德国、日本票据法等票据法也有相同规定。

第五节 票 据 保 证

一、票据保证的概述

（一）票据保证的概念

保证指票据债务人以外的第三人以担保票据债务为内容的票据附属行为。我国《票据法》第45条第1款规定,汇票的债务可以由保证人承担保证责任。因保证制度是汇票、本票和支票共同的制度,故保证即为票据保证。在票据保证关系中,保证人是进行保证行为的当事人;被保证人是票据关系中的债务人,它可以是出票人、背书人、承兑人;保证关系中的债权人是被保证人的后手,被保证人如果是承兑人的,持票人是保证关系中的债权人。

有票据债务存在,就可设定担保方式来担保其履行,以实现票据权利。这意味着票据保证作为保障票据权利实现的方式有利于票据权利人,但因票据行为只有在票据上签章后才能发生效力,故基于该外观同时也反映了被保证的票据债务人信用或支付能力等可能存在的不足,这不仅不利于票据债务人,也同时会影响该票据的信用,进而对持票人再为票据转让形成一定的障碍。于是,在国外的实际票据活动中并不直接采用票据保证的做法,而是通过事实上的保证人对票据为背书或承兑的方式来增强该票据信用,实现保证的目的。

对此,学理上称为隐蔽保证或称隐存保证。然而,这种隐蔽保证毕竟在性质效力上与票据保证有所区别,不能完全取代票据保证,因此在各国和有关地区的票据立法中,票据保证作为一种可靠的担保方式依然是票据法制度中一项重要内容。

(二) 票据保证的特征

票据保证既是票据行为,又具有担保功能,作为票据行为,其存在的自身特性可区别于其他票据行为,作为一种担保方式则又有别于民法上的保证,要理清其与相似行为的区别,就应充分把握票据保证的特征。票据保证的法律特征主要有:

1. 票据保证是一种附属的票据行为。票据保证与其他票据行为一样,是以保证人在票据上记载相关事项并签章为保证行为成立的生效要件,以体现保证的意思。但因保证以被保证的债务存在为前提,以形式上有效的出票为基础,故应是附属票据行为。换言之,无有效的出票行为,也就无票据,无票据也就不存在票据债务,当然也就无设定票据保证的必要。

2. 票据保证是以担保被保证人债务清偿为内容的票据行为。票据债务包括承兑人的付款债务和出票人、背书人、参加人等偿还债务,被保证人在票据关系中所应承担的债务内容决定了保证人的担保内容,即只有当被保证人的债务不能清偿时,保证人才应依票载保证文义承担保证责任。

3. 票据保证人是票据债务人以外的第三人。我国《票据法》第45条第2款规定,保证人由汇票债务人以外的他人担当。也就是说,汇票债务人不能担当保证人,而应由票据债务人以外的他人担任保证人。如此规定的原因在于,根据票据债务人对持票人负连带责任的法则,票据债务人原本就有担保承兑和担保付款的责任,若再由其作为保证人则属叠床架屋之举。然而,由票据债务人担当保证人并非毫无实益。因保证人的责任与票据债务人的责任为同一责任,故当背书人为承兑人的保证人时,持票人在丧失追索权的情形下亦可向作为保证人的背书人行使权利。① 因此,德国、法国、日本等票

---

① 覃有土:《商法学》,中国政法大学出版社2002年版,第315页。

据法和《日内瓦汇票本票统一公约规》规定,保证得由在汇票上签名的当事人作出。①

4. 票据保证是一种要式、独立、无因的单方法律行为。首先,因保证人在实施票据保证行为时应遵守法定的方式,故属要式行为。其次,因票据保证行为不完全依赖主债务的存在而存在,故也具有独立性,如保证被担保的票据债务因票据债务人无行为能力而无效,并不影响保证的效力。但被担保的票据债务因形式欠缺而无效的,如未按规定记载绝对必要记载事项,保证行为也无效。亦即仅在形式上票据保证与票据债务有依赖性。再次,因票据保证独立存在且可不受被担保债务有无等影响,故又体现了无因性。如票据债务是因实质要件欠缺而无效或不成立的,保证的效力不受影响,即保证人的保证责任不得因此而免除。

至于票据保证属单方法律行为则是票据行为性质的必然体现,同其他票据行为一样,保证人为保证行为无须征得被保证人的同意,只要单方依法定方式将保证意思表达于票据上即可。

(三)票据保证与民法保证的异同

票据保证与民法保证都涉及保证之名,对票据债务虽主要以票据保证来担保,但因票据债务的特殊性,不排除两种保证同时存在的可能。为准确掌握票据保证和民法保证,有必要理清二者的异同。

1. 二者的相同点。主要有三方面:一是目的作用相同,均为保障债权实现而设定。二是行为性质有所相同,都属担保中的人保即是行为人作保,而与物保有别,如民法中的抵押等就是以提供一定的物来担保。同时二者也都属从债务,通常以主债务存在前提,因所担保的主债务消灭而消灭。三是二者均是要式行为。虽法定的行为方式仍有所不同,但大类属要式行为。票据保证为要式行为自不待言,民法上的保证依我国《担保法》第13条规定,应当采用书面形式,故也属要式行为。

---

① 《日内瓦汇票本票统一公约》第30条、《法国票据法》第30条、《德国票据法》第30条、《日本票据法》第30条均作了同样的规定。

2. 二者的不同点。主要体现在行为的性质和效力两方面：

一是行为的性质不同。民法上保证是双方法律行为。保证人与债权人只有订立保证合同，保证关系始能成立。票据保证则是一种单方法律行为，只要保证人依法定方式独立为保证意思，无须与票据债权人达成合意。

二是行为的效力不同。包括：

（1）票据保证有独立性和无因性，如被保证人的债务因实质要件欠缺保证人仍须承担保证责任，只有在形式要件欠缺时才可免责，而民法保证有相对独立性而无无因性。

（2）因票据行为的效力不受实质要件的影响，故票据被保证人可用于抗辩的事由，票据保证人不得借以对抗票据权利人，即不得行使抗辩权，而民法保证中不存在此种情形，即主债务人能抗辩的事由，保证人也都能行使。

（3）票据保证中无先诉抗辩权存在，而民法保证中因区分一般和连带保证，在一般保证中，保证人有先诉抗辩权，即保证人在债权人未就主债务人的财产强制执行无果前可拒绝债权人的请求。

（4）票据保证人为两人以上的，即形成共同保证的，所有保证人承担法定连带责任，而民法的共同保证，保证人可约定不承担连带责任。

（5）票据保证人为清偿后取得票据而享有追索权，可向票据承兑人、被保证人及其前手进行追索，而民法保证人为清偿后应根据与保证人之间的关系而确定是否有求偿权，如有求偿权也仅得向主债务人行使。

此外，二者在适用时效等方面也不同。

二、票据保证的种类

根据不同的标准，票据保证可分为不同的种类，主要有三类：

（一）根据对票据金额担保的范围，可分为全部保证和部分保证

全部担保是保证人对票据金额全部为担保的保证。部分保证是保证人只对部分票据金额为担保的保证。一般票据保证都为全部保证。对于保证人就票据部分金额设定担保，《日内瓦汇票本票统一

公约》持肯定态度,该公约第 30 条规定,汇票的全部或部分金额得以担保方式保证付款。德国、法国、日本票据法亦然。而我国票据法未规定保证人可就票据部分金额为担保。然而,如将票据保证上记载条件理解为部分保证,则我国票据法是持否认态度,因我国票据法规定票据保证不得附条件。① 另从理论上分析,部分保证虽利于持票人并能充分体现当事人意志,但将会造成保证人与持票人分割票据权利的状况,造成票据关系的复杂化,与商事交易简捷、迅速原则相悖,故也不宜规定部分保证。②

(二) 根据保证人的人数,可分为单独保证和共同保证

单独保证是保证人为一人的保证。共同保证是保证人为两人以上的保证。共同保证因保证人在两人以上,且都须在票据上签章,故看似各个签章均代表一个独立的票据行为,但此类保证人应承担连带责任,且为法定连带责任,共同保证人不得以约定改变。我国《票据法》第 51 条规定,保证人为两人以上的,保证人之间承担连带责任。

(三) 根据保证记载的内容不同,可分为正式保证和略式保证

正式保证是保证人在票据上记载保证意旨并签章的保证。略式保证是保证人仅为签章而未在票据上记载保证意旨的保证。《日内瓦汇票本票统一公约》允许略式保证,该公约第 31 条第 3 款规定,票据保证人仅在票据签名者,视为保证成立。而我国《票据法》第 46 条规定,保证人必须在汇票或者粘单上载明保证字样。

三、票据保证的款式

票据保证行为应按一定的方式进行。一般是持票人将票据交保证人临时占有,由保证人依法记载有关事项,并将该票据交还持票人后,保证行为才告完成。保证行为能否生效的关键在于票据保证的款式是否合法。票据保证的款式是由票据保证记载事项构成。我国

---

① 但有人认为根据保证是否可记载条件,可分为单纯保证和不单纯保证。前者是票据保证时不附条件的保证。后者是票据保证时附条件的保证。姜建初:《票据法》,北京大学出版社 2000 年版,第 202 页。

② 覃有土:《商法学》,中国政法大学出版社 2002 年版,第 316 页。

《票据法》第 46 条规定:保证人必须在汇票或者粘单上记载下列事项:(1)表明"保证"的字样;(2)保证人名称和住所;(3)被保证人的名称;(4)保证日期;(5)保证人签章。该条规定一方面表明票据保证行为应以书面形式进行,而不能以口头或其他形式进行,并应按票据法的规定记载有关事项,但对记载位置不像背书和承兑有特别要求,即在汇票或者粘单上记载均可。另一方面具体列举了应记载事项。此外,结合我国《票据法》第 47 条、第 48 条的规定和票据法原理,对票据保证的记载事项作如下分析:

(一)绝对必要记载事项

票据保证的绝对必要记载事项若不记载,保证无效。

1. 保证的文句,即表明记载保证的字样。按《日内瓦汇票本票统一公约》规定,保证以"与担保同"字样,或其他同义的习惯用语表达均可,对此我国票据法无明确规定,但因在统一的票据用纸上未事先印好保证字样,故通常实际记载应不限于法律规定用语,凡记为"担保"、"保证人"等能表明保证意旨的词句,都可认为记载合适。另外,《日内瓦汇票本票统一公约》承认略式保证,故保证字样的记载不是绝对必要记载事项,而是相对必要记载事项,未记载时视为已记载,不影响票据保证的效力。但出票人和付款人在票据上单纯签章不发生票据保证效力。① 此点与我国票据法不同。

2. 保证人签章。保证人签章是表明保证人完成保证行为的标志,也是认定保证人承担票据保证责任的必然要求。故即使承认略式保证,也必须有保证人签章。

3. 保证人名称和住所。该记载也能像保证人签章那样表明保证人为何人在何地,以便票据权利人及时、准确、顺利地行使票据权利。但对此《日内瓦汇票本票统一公约》未将它列为记载事项,我国理论上有人认为应作为相对必要记载事项,即不记载应以保证人的签章来推定其名称和住所。② 但按相对必要记载事项对待的前提是,法律对此有推定,而非学理推定。因此我国票据法理论的通说将

---

① 《日内瓦汇票本票统一公约》第 31 条第 3 款。
② 姜建初:《票据法》,北京大学出版社 2000 年版,第 207 页。

它归为绝对必要记载事项。

(二) 相对必要记载事项

票据相对必要记载事项若未记载,不影响票据保证效力,得以票据法推定其效力。

1. 被保证人的名称。票据保证人仅对被保证人的债务承担担保责任,故记载被保证人是必要的,但该记载属相对必要记载事项,我国《票据法》第47条第1款规定,票据上未记载被保证人名称的,已承兑的汇票,承兑人为被保证人;未承兑的汇票,出票人为保证人。如此推定,既可满足大多数人利益,以达到加强票据信用并利于票据债权人的票据保证目的,也可尽快使票据其他债务人免除责任。对此,《日内瓦汇票本票统一公约》的规定与我国稍有不同,其未区分汇票是否承兑,而直接规定未记载被保证人的,视为为出票人保证。①

2. 保证日期。该事项记载是确认保证人何时为保证行为的依据。一般保证应在被保证人的债务未履行前作出,这可增强票据信用,若在票据债务已届履行期或确定债务人已不能履行时为保证,固然对增强票据信用无意义,但仍可为被保证人解脱票据责任,使票据权利人实现权利。因此,票据法理论认为票据保证在到期日前或后,即使在作成拒绝证书时都可为保证。也正是基于此,理论上将该事项归为任意记载事项。对此,《日内瓦汇票本票统一公约》也未将它作为相对必要记载事项。而我国票据法为使更多债务人受益,尽量提前保证日期,便将它作为相对必要记载事项,我国《票据法》第47条第2款规定,保证人在汇票或者粘单上未记载保证日期的,出票日期为保证日期。

(三) 不具有票据效力记载事项

即该事项记载既不发生票据法上效力,也不影响票据效力。保证行为与其他票据行为一样,应具备单纯性,不得附条件;附有条件的,该附条件记载被认为无益记载事项,不发生任何效力,而保证行为仍有效。我国《票据法》第48条规定,保证不得附有条件;附有条

---

① 《日内瓦汇票本票统一公约》第31条第4款。

件的,不影响对汇票的保证责任。

四、票据保证的效力

票据保证的效力指保证人为保证行为后所产生相应的法律后果。其体现在保证人、被保证人和持票人之间的权利义务关系上。票据保证具有以下效力:

(一) 保证人的责任

1. 单独保证人的责任。我国《票据法》第49条规定,保证人对合法取得汇票的持票人所享有的汇票权利,承担保证责任。但是,被保证人的债务因汇票记载事项欠缺而无效的除外。同时在第50条规定中强调被保证的汇票,保证人应当与被保证人对持票人承担连带责任。汇票到期后得不到付款的,持票人有权向保证人请求付款,保证人应当足额付款,由此可见,保证人所负的责任具有同一性、独立性和连带性:

(1) 保证人与被保证人负同一责任。所谓负同一责任指保证人所承担的责任与被保证人所承担的责任完全相同。换言之,保证人的责任应就被保证人所负责任而定。如为承兑人保证,就应负付款责任;如为出票人或背书人保证,就应负担保承兑或担保付款责任。这种责任的同一性源于担保的从属性,其具体表现为两方面:一是质的同一,即保证人与被保证人所负责任的性质一致,被保证人应负何种责任,保证人就应负何种责任,如被保证人应负付款义务,保证人也应负付款义务,如被保证人应负偿还义务(也称追索义务),保证人也应负偿还义务,且都属无先诉抗辩权的连带责任;二是量的同一,即保证人与被保证人所负责任的数量范围相同。保证人的责任范围取决于被保证人所负责任的多少,如同为背书人而前后顺序不一,则为前背书人担保显然要比为后背书人担保所负责任的量要多。有人认为除质与量同一外,还包括效力的同一。[①] 也有人认为还包

[①] 即得向被保证人主张权利的持票人,均得向保证人主张同一权利。姜建初:《票据法》,北京大学出版社2000年版,第209—210页。

括种类同一①,但无论是种类还是效力同一均与质和量的同一发生重叠,因质与量分析本身均是以效力为基点和终点,而种类则应属于性质范畴,属性相同再能归于同种类,故无重复阐述的必要。

(2)保证人承担独立责任。票据保证属保证行为,也属票据行为。从保证行为角度来说,其应体现从属性,如前述保证责任的同一性以及票据法规定被保证债务因形式要件欠缺无效而导致保证无效的,都是体现了保证责任的从属性。从保证属票据行为角度出发,其又应与其他票据行为一样体现独立性。具体地说,票据保证不因被保证人实质债务无效而无效。简言之,被保证之债无效,不影响保证责任。保证人也不能以被保证债务人的抗辩事由对抗债权人。如被保证人是无民事行为能力人,或者被保证的票据属于伪造的票据,只要被保证的票据不欠缺必要记载事项、形式合法,保证人仍应承担保证责任,就是票据保证独立性的典型体现。之所以票据保证应有独立性,是因为票据是文义证券,注重外观,而实质因素在票据文义上无法察觉,如因实质原因无效而致保证无效,则不利保护善意持票人而影响票据的流通。而要使票据责任独立性贯彻到底,就应同时承认票据行为的无因性。

(3)保证人与被保证人承担连带责任。票据保证人与被保证人责任有同一性,一方面从质和量上反映二者效力的一致,另一方面也说明保证人与被保证人各自承担着自身的债务,当两个债务分别存在又须分别履行时,确定其有无顺位至关重要。票据法规定将它定位于连带责任即说明其不存在顺位的先后,而是在履行义务上具有同位性。此点不仅是票据保证责任性质的体现,也是其与民法保证主要的不同。如前所述,票据保证方式中无一般保证,只有连带责任保证一种,保证人无先诉(检索)抗辩权。

2.共同保证的责任。票据保证人为二人以上的,即使两个保证人在建立保证关系时无彼此意思联络,分别为同一个被保证人担保,该二人也为共同保证人,彼此承担连带责任。我国《票据法》第51条就此作了相应规定。

---

① 王小能:《票据法教程》,北京大学出版社1994年版,第261—262页。

(二) 保证人的权利

1. 保证人的追索权。即票据保证人承担了保证责任后,取得了持票人的权利,有权向被担保的票据债务人进行追索。我国《票据法》第 52 条规定,保证人清偿汇票债务后,可以行使持票人对被保证人及其前手的追索权。保证人的这种代位追索权与其他持票人所享有的权利不同,它是因履行保证债务而依法律规定取得票据享有相应票据权利,而不是依转让方式取得票据享有权利。故其不仅可向前手进行追索,而且也能向被保证人进行追索。也由于被担保人与其他票据债务人对于持票人负连带责任,因而其追偿对象与范围要比民法上保证人追偿的对象和范围宽得多。具体地说:(1) 保证人有权要求承兑人依票载金额付款。(2) 保证人有权向被保证人及其前手行使追索权。(3) 保证人若因时效或手续的欠缺而丧失追索权的,有权向出票人或承兑人主张利益返还请求权。应明确的是,此时保证人所享有的票据权利是一项独立的权利,当保证人在主张票据权利时,票据债务人不得以对原持票人的抗辩事由来对抗保证人。①

2. 保证人的抗辩权。虽然因票据保证应承担连带责任而无先诉抗辩权,又因票据保证为独立责任而一般也不能直接援用被保证人的抗辩权,但不是说票据保证人无抗辩权可行使。但保证人能为抗辩权的范围应限于对物的抗辩,或应是一切债务人均能为的抗辩。如被保证债务因形式要件欠缺而无效,保证人可依此为抗辩;票据金额记载不一致或已付讫等,保证人可为抗辩。

(三) 及于持票人和被保证人及其前后手的效力

1. 及于持票人的效力。持票人因票据保证人为保证行为而多了一条行使票据权利的途径。但持票人所行使的票据权利不同,对保证人取得权利范围、行使对象都有所影响。如为承兑人保证,持票人可向保证人行使付款请求权,持票人权利实现,保证人可要求承兑人承担责任;如为出票人和背书人保证,持票人可行使追索权,持票人实现权利,保证人即取得持票人的地位。

---

① 覃有土:《商法学》,中国政法大学出版社 2002 年版,第 316 页。

2. 及于被保证人及其前后手的效力。保证行为本身并不免除任何票据债务人的票据责任。如保证人清偿了票据债务,被保证人的后手的责任被免除。对被保证人及其前手来说,仍应向保证人负票据债务清偿责任。

应注意的是,票据保证的效力是基于票据保证有效时才发生,若票据保证无效当然不发生上述效力。但不发生上述效力并非无后果。根据我国《最高人民法院关于审理票据纠纷案件若干问题的规定》第61条的规定,票据保证无效的,票据的保证人应当承担与其过错相应的民事责任。因此,无效的票据保证不产生票据法的责任,但应承担民法上的过错责任。

第六节 到 期 日

一、到期日的概念和种类

(一) 到期日的概念

到期日亦称付款日,指票据债务人依汇票上所载文义应当履行付款义务的日期。到期日的基本作用在于确定付款时间,应在票据上加以记载,如前所述,该记载为相对必要记载事项,若无记载,视为见票即付。但一旦记载必须记载于票据上,否则不生到期日的效力。另应注意的有二:一是到期日与实际付款日不同,如遇法定节假日等实际付款日就晚于到期日;二是票据到期日为法律上的"期日",而非"期间"。前者指以一定时间单位表示的特定时间点,是从静态角度观察时间,如某年、某月、某日等。后者指某一期日始至某一期日止的一定时间段,是从动态角度观察时间,如自某年某月某日至某年某月某日,或者从某时起若干日、若干星期、若干月、若干年等。[①]

汇票属于信用证券,故汇票的付款日不能仅限于见票即付,应允许票据债务人确定一定期限以后为付款义务。各国票据法既允许出票人确定付款日期,又对其选定日期的方式作了一定的限制。一般

---

① 张俊浩:《民法学原理》,中国政法大学出版社1991年版,第295页。

各国和有关地区对到期日的规定大致可分两种方式,英美法系国家的票据法对到期日的规定,不另设专章,而是散见于各有关条文之中。《日内瓦汇票本票统一公约》及德国、日本、法国等票据法对到期日设专章或专节进行规定,且通常放在汇票付款节之前。我国票据法对到期日有专条规定,但将此规定放在汇票的出票节之内,而具体计算则散见于各有关条文之中。但无论采用何种立法例,关于到期日各国都奉行了严格的法定主义原则。[①]

(二) 到期日的种类

根据汇票记载到期日的方式不同,各国票据法规定的汇票到期日主要有以下四种:

1. 见票即付。即持票人提示付款日为到期日。票据付款人或承兑人在持票人提示付款当日付款。因其能在提示付款日即得到付款,故也称为即期票据。签发此种汇票,出票人可记载见票即付,也可不记载到期日。各国通常都规定未记载到期日的汇票视为见票即付。[②]

这种汇票的到期日届至,以提示汇票为必要条件。何时应为提示是持票人的自由,这为持票人提供了便利。但如持票人不为付款提示,则无法计算到期日,付款人的票据债务也就难以清结。而且出票人提供的资金长期闲置不利于资金的周转。因此多数国家票据法都对其期限加以规定,强调持票人应在法定期限内提示付款。我国《票据法》第53条第1款规定见票即付的汇票,持票人应自出票日起1个月内向付款人提示付款。对于未在法定期限内提示付款的,外国票据法一般规定即丧失对前手的追索权。如《日内瓦汇票本票统一公约》第53条规定,见票即付的汇票在提示期限届满时未提示付款的,持票人丧失其对背书人、出票人,以及其他负有责任当事人的追索权,但承兑人除外。我国票据法则无明确规定,因根据我国《票据法》第53条第2款的规定,对见票即付的汇票,持票人未按期提示付款的,作出说明后承兑人或付款人仍应继续对持票人承担付

---

① 王小能:《票据法教程》,北京大学出版社1994年版,第267页。
② 我国《票据法》第23条第2款、《日内瓦汇票本票统一公约》第2条第2款。

款责任,且第54条强调付款人必须当日足额付款,据此持票人能定获付款,根本无须发生追索,也就无是否丧失追索权的问题。①

2. 定日付款。即以汇票上记载确定的日期(特定日)为到期日,如出票人于出票时记载汇票的付款日为某年某月某日。以这种方式记载到期日的汇票也称定期或板期汇票。但所谓特定日,一般认为只需就票据文义特定即可,并不需强求表明年月日,如记载2005年中秋节等亦不失为特定日,但是若仅记载"货物到达之日"等,则因其到期日无法特定,不能认为是定日付款。此外,汇票上特定日可与出票日为同一日,也可是出票日后的某一日,但决不能是出票日前的某一日。

3. 出票后定期付款。即以出票日后一定期限届至为到期日。如此记载到期日的汇票也称计期汇票。也就是说,以出票日为起算时间,经历票据上记载的期限后,以该期限之最后一日作为付款日。如"出票1个月付款"的汇票,出票日为3月3日的,付款日为4月3日。自出票日起经过若干时间后付款,其到期日亦属特定,只不过须加以计算后才能明确而已。因此,它实质上与定日付款并无不同。

4. 见票后定期付款。即以提示承兑日或拒绝承兑证书作成日后一定期限的届至为到期日。这种到期日记载的汇票也称注期汇票。这是以见票日为起算时间,经历票据上记载的时期后,以该期限的最后一日作为付款日。比如,"见票后1个月付款"的汇票,当持票人于3月3日提示承兑的,付款日为4月3日。这种汇票的到期日无确切时间,到期日的迟早取决于承兑提示的迟早。故不仅以见票提示为要件,而且还须经一定的时间才能确定到期日。我国《票据法》第40条规定,见票后定期付款汇票的承兑提示,不得迟于出票后的1个月。另须注意的是,见票后定期付款的"定期",并非指由承兑人在承兑时指定到期日,而是指出票人在出票时记载的到期日,自见票时开始起算。

出票人只能在以上四种方式中确定到期日,否则法律不予认可。此外,在到期日中还涉及分期付款的问题。对此,《日内瓦汇票本票

---

① 刘心稳:《票据法》,中国政法大学出版社2002年版,第160—161页。

统一公约》第 33 条规定,分期付款的汇票无效,但英美法系、我国台湾地区"票据法"则承认其效力。这是因为随着工商业的发展,分期付款交易已成为经济活动的主要方式之一,若分期付款交易以票据为其付款方式,则更为便利。但因票据为流通证券,证券所设权利与证券具有不可分性,若汇票所载金额,部分已到期,部分未到期,对已到期部分未获付款,应行使追索权,未到期部分仍可转让,这在票据只有一张的情况下,无法操作。因此,允许分期付款汇票的国家,均明文规定这种到期日,因其中任何一期到期而不获付款时,未到期部分,视为全部到期,以解决上述矛盾。①

我国《票据法》无分期付款规定。

二、到期日的确定和计算

汇票到期日是票载金额应获支付的日期,性质上属票据的履行期限,是持票人请求付款人支付票款的始期,即持票人是否在法定期间内提示付款须以到期日为计算起点,同样票据时效期间的计算也以到期日为起算点。这意味着票据权利的得失与汇票到期日的确定和计算密切相关。由此也决定了汇票到期日的确定和计算的重要性。因此,对到期日必须准确计算,而期日的准确计算有赖于统一的计算标准,据此,各国票据法或民商法都有关于期日计算的规定。我国《票据法》第 107 条规定:"本法规定的各项期限的计算,适用民法通则关于计算期间的规定。按月计算期限的,按到期月的对日计算;无对日的,月末日为到期日。"可见到期日一般须以日表示。在到期日之前,持票人不得请求付款。各国票据立法虽对此均有规定,但其中内容略有不同。分述如下:

（一）见票即付的汇票

见票即付的汇票提示付款日即为到期日,不需再加以计算。但各国对持票人何时为提示付款均有规定。其中,《日内瓦汇票本票统一公约》及德国、日本、法国等票据法规定,应在出票日起 1 年内

---

① 王小能:《票据法教程》,北京大学出版社 1994 年版,第 271—272 页。

提示付款。此项期限出票人可缩短或延长,而背书人只可缩短。①同时还规定出票人可规定见票即付的汇票不得在指定日前提示付款。在此情况下,提示的期限则应自指定之日起算。② 我国《票据法》规定的期限较短,即自出票日起 1 个月内向付款人提示付款,且不允许出票人对此期限延长或缩短。英美国家对此期限无具体规定,仅强调须在合理时间内提示,何为合理时间则应就汇票的性质、有关同类汇票的贸易惯例和具体案例综合考虑而定。③ 相对《日内瓦汇票本票统一公约》以及我国的有关规定,英美是一种笼统、且伸缩性较大的限制。④

(二) 定日付款汇票

定日付款汇票的到期日已在汇票上载明,故无须计算。如汇票上记载月初、月中或月末,系指每月的第一日、15 日和最后一日。

(三) 出票后定期付款的汇票

出票后定期付款的汇票原则上以出票日后一定期限届满之日作为确定到期日根据。但历法上月份的天数与汇票上定期记载方式不同,有时会形成疑问。因此合理的计算方式是,出票日后 1 个月或数个月付款的汇票,以出票日后一定期限的对应日期为到期日。如出票后 1 个月付款,出票日 2006 年 1 月 20 日,到期日就是 2006 年 2 月 20 日。如无对应日期,则在该月的最后一日为汇票到期日。如出票后 2 个月付款,出票日 2006 年 12 月 30 日,因 2 月无 30 天,故到期日是 2006 年 2 月 28 日(或 2 月 29 日)。《日内瓦汇票本票统一公约》及德国、日本、法国票据法包括我国票据法均有如此规定。⑤ 再次,如为出票日后或见票日后一个月半或数个月半付款者,应先计算整月数,然后加上 15 日,以其末日为到期日。如出票后 2 个半月付款,出票日 4 月 5 日至 6 月 5 日是 2 个月,再加上 15 日即 6 月 20 日为到期日。对此,我国票据法无如此细致的规定,但《日内瓦汇票本

---

① 《日内瓦汇票本票统一公约》第 34 条。
② 同上。
③ 《英国票据法》第 45 条第 2 款第 2 项。
④ 王小能:《票据法教程》,北京大学出版社 1994 年版,第 269 页。
⑤ 《日内瓦汇票本票统一公约》第 36 条第 1 款。我国《票据法》第 107 条。

票统一公约》有此规定。①

（四）见票后定期付款的汇票

见票后定期付款的汇票到期日的确定与计算取决于见票和承兑两个因素，即其付款期限以承兑中注明的日期或作成拒绝证明的日期为准，如承兑中未注明日期或未作成拒绝证明，即被视为汇票自付款人收到提示承兑的汇票之日起第三日承兑或拒绝承兑（《日内瓦汇票本票统一公约》相关规定则视为提示承兑期限的最后一日承兑）。② 比如，出票人在2006年1月10日出票记载见票后2个月付款，持票人于2月5日向付款人为承兑提示，付款人当日为承兑行为，该汇票的到期日就是4月5日；如承兑提示遭拒绝，作成拒绝证明的日期为2月7日，则该汇票的到期日为4月7日，此类计算与上述出票后定期付款相同，不再赘述。如该汇票承兑后未注明日期或未获承兑也未作成拒绝证明，则该汇票提示承兑日为2月7日，由此计算该汇票的到期日是4月7日。

关于到期日的确定和计算，除有以上常见做法外，在各国票据法和《日内瓦汇票本票统一公约》以及票据法理论中还有特殊规定，其主要包括如下方面：

一是到期日记载为月初等的确定。如汇票的到期日为月初、月中或月末，应理解为每月的第1日、15日或最后1日。③ 这种情况在我国票据实务不被允许，无存在基础。票上载明8日或15日，并非表示1个或2个星期，而是指8日或15日。半月即指15日。④

二是涉外票据日历差别的确定。（1）定日付款的汇票，如其付款地的日历不同于出票地的日历，其到期日视为依付款地的日历而定。（2）出票后定期付款的汇票，出票地日历不同于付款地日历的，则出票日应为付款地日历的相应之日，并以此决定到期日。（3）汇

---

① 《日内瓦汇票本票统一公约》第36条第2款。
② 参见《中华人民共和国票据法》第41条、第42条。
③ 《日内瓦汇票本票统一公约》第36条第3款、《德国票据法》和《日本票据法》第36条第3款、《法国票据法》第133条第3款等均对此有明文规定。
④ 《日内瓦汇票本票统一公约》第36条第4、5款、《德国票据法》和《日本票据法》第36条第4、5款、《法国票据法》第133条第4、5款等均对此有明文规定。

票提示的时间按照上述规定计算。(4)依汇票规定或票据的单纯记载可得知有另外含义时,不适用前三款的规定。①

三是对法定节假日的处理。汇票的到期日如遇法定假日,则其期限可延长至假期届满后第一个营业日。②

四是始日的确定。《日内瓦汇票本票统一公约》第73条规定,法定和约定的期限不包括该期限的开始之日,我国《民法通则》第154条规定,开始当天不算入,从下一天开始计算。

第七节 付 款

一、付款的概念和种类

（一）付款的概念

付款在票据理论中有广义和狭义之分。广义付款指一切票据关系人依票据文义向票据债权人支付票据金额的行为。狭义付款指为消灭票据关系由汇票担当付款人、付款人或承兑人在汇票到期日按票载金额支付票款的行为。二者区别在于,前者票据关系人付款后,票据关系并非必然绝对消灭,如背书人付款后能向前手行使追索权;而后者付款人或担当付款人付款后,票据关系绝对消灭,尽管在付款人与出票人之间可能仍存在着资金关系,一方可向另一方行使求偿权,但它属于非票据关系,并不影响票据关系的终止。此处与我国《票据法》的付款规定③均采纳狭义付款的概念。

狭义的付款定义包括如下几层意思：一是付款仅限定于票据付款人(或担当付款人)④的支付行为,其他被追索人向持票人支付票载金额的行为均不是票据法规定的付款;二是付款仅限于票据金额的支付,即以金钱为支付对象而不能以其他财产取而代之,这是由票

---

① 《日内瓦汇票本票统一公约》第37条、《德国票据法》和《日本票据法》第37条、《法国票据法》第134条均对此有明文规定。

② 《日内瓦汇票本票统一公约》第72条。

③ 《中华人民共和国票据法》第60条:付款人依法足额付款后,全体汇票债务人的责任解除。

④ 担当付款人虽不是严格意义的票据债务人,但其付款也能消灭票据关系。其与付款人之间的关系按民法规定解决。

据属金钱债权证券的特性所决定的;三是付款是消灭票据关系的准法律行为。因付款人不在票据上签章表达付款意旨,而是支付票据款项收回并注销票据故不属票据行为,票据理论称为准法律行为。①

付款牵涉票据权利义务关系的最后清结和票据流通的终止,多数国家的票据法对此均设有专章或专节予以明文规定。

(二) 付款的种类

汇票付款按照不同标准,主要分为如下两类:

1. 根据是否支付全部票载金额,可分为全部付款和部分付款。全部付款指付款人按票载金额全部足额支付汇票金额,部分付款是付款人仅支付票载金额的一部分。我国票据法只承认全部付款,不允许仅对汇票金额的一部分进行支付。但许多国家允许付款人只支付汇票金额的一部分并要求持票人应当接受部分付款。如《日内瓦汇票本票统一公约》第39条第2款规定,持票人不得拒绝部分付款,并在第3款规定部分付款的手续。

2. 根据是否在法定或约定期限付款,可分为到期付款和期外付款。到期付款是付款人在汇票的到期日予以付款,期外付款是付款人在汇票到期日之前或之后的付款。期外付款又可分期前付款即在汇票到期日前付款和期后付款即汇票到期日以后付款两种情况。到期付款为常态,期外付款为非常态。

二、付款的程序

汇票付款应按法定程序进行,根据票据法的有关规定,汇票付款程序应由付款提示和付款两个环节组成。

(一) 付款提示

1. 提示付款的定义和意义。付款提示是持票人为了行使或保全票据权利,向付款人或担当付款人出示票据,请求按票载金额付款的行为。持票人提示付款既是票据付款的前提,也是付款的必经程序。亦即持票人请求付款,通常以提示为必要,但也有例外,如持票人丧失票据,经公示催告或其他法定程序后,可凭除权判决行使权

---

① 刘心稳:《票据法》,中国政法大学出版社2002年版,第196—197页。

利。又如拒绝承兑证书作成后,也无须再为付款提示。

提示付款的意义有二:一是确定票据权利人。因票据的流通较频繁,流通地域较为广泛,且每次转让又无须通知付款人,由此也就决定汇票付款人无法像一般债权债务关系中的债务人那样,主动向债权人履行义务,而只能等待权利人前来行使权利,同时票据权利与票据证券合为一体,不提示就无法证明权利人有票据权利,故持票人为证明自己是票据权利人,应向付款人提示汇票请求付款。未提示付款的,票据义务人无主动付款的义务。二是保全追索权。依票据法规定是否在法定期限提示付款,是确定能否行使追索权的要件。

2. 提示付款的当事人。通常,付款提示是由持票人向付款人(或承兑人)进行,票据上记载担当付款人的,应向担当付款人进行。付款人或担当付款人拒绝付款的,票据上有参加承兑人记载的,应向参加承兑人提示付款;无参加承兑人而有预备付款人记载的,应向预备付款人提示付款。我国无参加制度,因此不存在向参加承兑人、预备付款人提示付款的情形。实践中,我国的汇票出票人和付款人均为在银行或其他金融机构开立账户的民事主体,持票人一般依照我国《支付结算办法》通过向付款人的开户银行委托收款的方式提示付款,我国《票据法》第53条规定,通过委托收款银行或者通过票据交换系统向付款人提示付款的,视同持票人提示付款。因此,付款提示的提示人为持票人或委托收款银行,受提示人是付款人或担当付款人、票据交换所,其他人不能作为付款提示人和受提示人。

3. 提示付款的期限。付款提示如仅为达到向确定的债务人请求付款目的的,持票人在票据关系结束前均可为提示,但如还要保全追索权的,则持票人须在法定期限内进行付款提示。因为汇票作为流通证券,其权益还应及时确定,何况汇票付款人资信状况,特别是清偿债务的能力不会持续不变,此时有支付能力并不意味着彼时也有相同能力,倘若持票人在规定提示付款期不提示付款,那么汇票出票人和持票人前手的利益就可能因此而蒙受不应有的损失。因此,各国票据法都规定付款提示期限,以制约持票人。若持票人不按票据法规定期限为付款提示,则丧失对其前手的追索权,而只能请求承兑人履行付款义务。此外,对于见票即付的汇票,付款提示还有确定到期日的作用。

付款提示的期限因汇票性质的不同而有所区别,各国票据法的规定也不同:(1)对已承兑的远期汇票,包括定日付款、出票或见票后定期付款的汇票的提示付款期限,有的限于到期日为付款提示,如英美等国①;有的则规定应于到期日或其后两个营业日之一作付款提示,如《日内瓦汇票本票统一公约》第38条就如此规定,德国、日本等票据法也有相同规定。而我国《票据法》第53条规定此类汇票自到期日起10日内向承兑人提示付款。(2)对见票即付的汇票提示付款期限,有的未作具体规定,仅强调在合理时间内进行,如英美等国②;有的则规定应自出票日起一定期限为付款提示,如《日内瓦汇票本票统一公约》第34条规定为1年,且对于该期限,出票人能缩短或延长、背书人只能缩短。德国、日本、法国票据法也有相同规定。而我国《票据法》第53条规定,见票即付的汇票自出票日起1个月内向付款人提示付款。

4. 提示付款的方式和地点。提示付款须将票据现实地向付款人或担当付款人出示,如以口头或其他书面方式都不能产生提示的效力。通常提示的地点应是汇票上记载的付款地。如汇票上未记载,我国《票据法》第23条规定,付款人的营业场所、住所或经常居住地为付款地。

5. 提示付款的效力。即持票人依法提示后所生法律后果。包括两方面:一是对付款人或承兑人来说是行使付款请求权。如持票人按期提示,付款人当日足额付清,票据关系消灭;如付款人未当日付清即可发生付款人迟延付款责任。但如持票人未按期提示,付款人或承兑人的付款责任并不免除。我国《票据法》第53条第2款规定,持票人须作出说明,请求承兑人或付款人进行付款。因此是否依法定期限提示付款对付款人或承兑人意义不大。二是对背书人而言是保全追索权。即持票人按时提示付款即可享有对前手的追索权,反之则丧失对前手的追索权。当然若未为提示付款也将丧失追索

---

① 郭锋、常风:《中外票据法选》,北京理工大学出版社1991年版,第313页。
② 同上。

权。我国《票据法》仅规定,未按照规定时间提示付款的丧失对背书人的追索权。

(二) 付款

1. 付款日期。付款应于到期日届至后进行。到期日前付款的,由付款人自行承担所产生的责任。① 如付款人在到期前付款后接到持票人的挂失止付通知的,不得以票据已经付款为由抗辩。一般而言,在汇票到期日,持票人提示票据请求付款时,付款人审查付款提示期限和背书是否连续后,应按票载金额予以支付。但各国和有关地区的票据法对付款人是在当日付款还是在一定宽限期后付款,规定不一。中国台湾地区"票据法"第70条规定,即时付款为原则,但如持票人同意也可延期,以提示后3日为限。② 如此规定的目的在于,汇票付款人无资格限制,并不限于金融机构,付款人手中暂时无现金的情况难以避免,如一味强调当日付款,易造成付款拒绝的后果,这对持票人和其他票据债务人均不利。而允许延期付款可缓冲矛盾。对此英国在1971年前规定远期汇票可有三天恩惠日,供付款人周转资金。但中国台湾地区的规定与英国的规定不同,中国台湾地区的规定属约定期限,应征得持票人的同意,而英国规定属法定期限,不必经持票人同意。③ 然而,《日内瓦汇票本票统一公约》第74条明确规定:"恩惠日,不论其法律上或司法上者,均不适用。"德国、日本、法国也无恩惠日之规定,均要求付款人应当场及时付款。我国《票据法》的规定与此相同,规定持票人依法定期限提示付款的,付款人尽了必要审查义务确认无误后,须在当日以足额付款。

2. 汇票付款的标的。基于票据是金钱证券的特性,票据付款标的应以金钱为对象,以票载金额为限。但汇票常由异地间甚至国际交易双方所使用,两地货币不一,往往发生金额换算的问题。为此,较多国家和地区的票据法对此均有详尽规定,其主要内容大致包括如下两方面:一是表示汇票金额的货币,如非付款地通用者,原则上

---

① 《中华人民共和国票据法》第58条。
② 郭锋、常风:《中外票据法选》,北京理工大学出版社1991年版,第56页。
③ 王小能:《票据法教程》,北京大学出版社1994年版,第285页。

应换算为付款地通用货币支付,换算以付款地到期日的汇率计算。若付款人迟延付款,持票人可自行选择依到期日或付款日的汇率计算。但出票人于汇票上载明汇票金额须以指定货币为实际支付的,包括按汇票上注明汇率计算和实际以外国货币支付的情形,则不适用上述规定。当然,此种记载不得违反有关国家的金融政策和法律规定,否则无效。二是表示汇票金额的货币,如在出票地与付款地是同名异价的,推定其为付款地的货币。

我国《票据法》第 59 条规定:汇票金额为外币的,按照付款日的市场汇价,以人民币支付。汇票当事人对汇票支付的货币种类另有约定的,从其约定。由此说明在我国境内人民币是法定支付手段,但在法律规定允许的范围内,汇票当事人对汇票支付的币种可自行约定。至于出票地与付款地同名异价的货币,在我国没有存在的可能,故无规定之必要。

3. 付款方式。即付款人为履行票据债务按票载金额向持票人支付的具体做法。原本的做法是直接向持票人支付金钱,但随着现代银行制度的建立和发展,票据付款的方式也有所变动。现在可由付款人或代理人付款,也可转账或现金付款。在我国实务中一般银行承兑汇票是由承兑银行即付款人付款,而银行汇票和商业承兑汇票通常是以银行为付款代理人即代理人付款。因代理付款人并非票据当事人,故其是根据委托关系承担受托人的责任。此外,按理对汇票付款是采取转账还是现金方式应无特别限制,但我国《支付结算办法》第 58 条规定,在我国银行结算制度中对汇票付款方式有限定,在需要使用银行汇票支取现金时,应在汇票金额栏中填写现金字样和金额,且签发银行汇票的申请人和收款人须是个人,否则应采用转账方式。

(三) 付款的签收和汇票收回

我国《票据法》第 55 条规定,持票人获得付款的,应当在汇票上签收并将汇票交给付款人。持票人委托银行收款的,受委托的银行将代收的汇票金额转账收入持票人账户,视同签收。这意味着票据付款时,须由持票人将收取票据金额记载于汇票上和将票据交付给付款人两部分组成。这是由票据为完全证券的性质所决定的。汇票的签收和收回目的在于使汇票关系全部消灭,以防汇票再次投入流通而发生重复支付。此外,通过票据交换所进行票据金额结算的,不可由持票人签收,而仅在汇票上加盖交换印章,如依交换程序而取得付款应视为签收。①

三、付款的效力

汇票付款的效力即由汇票付款人付款而发生的法律效果,由付款人的权利和责任两方面组成。我国《票据法》第 60 条规定,付款人依法足额付款后,全体汇票债务人的责任解除。但各国票据法对汇票付款效力的规定有所不同,分述如下:

(一) 付款人的权利

1. 部分付款权。不少国家的票据法认为,与拒绝付款相比,部分付款有利于持票人,应当允许。这是因为,如付款人因部分付款被视为拒绝付款而被持票人追索,被追索人又无力履行义务时,则可能损害持票人的利益。而如允许部分付款,票据关系部分消灭,其余部分持票人可以行使追索权,就能减轻被追索人的负担,增加实现票据权利的可能性。所以,如《日内瓦汇票本票统一公约》第 39 条规定,付款人可为一部分付款,持票人不得拒绝。若是部分付款,付款人可要求持票人在票上记载所收金额,并另给收据。持票人对未获付款部分,可请求作成拒绝证书以行使追索权。德国、日本、法国等票据法也有相同规定。

英美等国虽无明文规定,但一般认为持票人可以拒绝。我国《票据法》对部分付款也未作具体规定,但就其要求付款人在持票人提示付款后必须在当日足额付款的规定分析,我国是不允许部分付款的。实践中往往以存款不足而退票。全部付款的,产生票据关系消灭的效力。这是因为,实际票据活动中,绝大部分票据付款是通过银行交换所完成的,如对每天大量发生的付款要区分是全部还是部分付款,这既增加交易成本又影响效率,显然是不可能的。所以由银行交换为票据付款的,一般不允许部分付款,而在那些允许部分付款

---

① 姜建初:《票据法》,北京大学出版社 2000 年版,第 221 页。

的国家一般也以付款银行和客户的特约而取代。①

2. 收回票据权。付款人为全部付款时,可请求持票人在汇票上记载收讫字样、签名并交出票据,以证明票据权利义务关系消灭。我国《票据法》第 55 条对此有明文规定,其他各国票据法也都有类似规定,但在允许部分付款的国家中,他们均规定付款人仅为部分付款的,持票人无需缴回票据。

3. 票据金额提存权。原则上付款人依法对持票人为全部付款而免除其责任。但票据是流通证券,往往在许多人之间辗转,持票人如在法定期限内不为付款提示时,付款人无法付款,也不能免除其付款责任。为兼顾债务人的利益,《日内瓦汇票本票统一公约》第 42 条规定,付款人有权将票据金额提存,其所有费用和风险均由持票人承担,付款人提存后即免除其票据责任。须强调的是,有权提存票据金额以消灭票据关系的债务人,应是汇票承兑人包括其保证人,其他票据债务人如出票人、背书人等都因持票人未在法定期限提示付款而丧失了追索权,故无提存必要,也无须将他们纳入提存权人范围。德国、日本和中国台湾地区的票据法也有如此规定。英美等国不承认此种提存方法,我国《票据法》对此也无明确规定,仅强调持票人未按法定期限提示付款的,在作出说明后,承兑人或付款人仍应当继续对持票人承担付款责任。但如说明不成立是否可提存票据金额则无规定。

(二) 付款人的责任

1. 审查责任。付款人在付款时,依《日内瓦汇票本票统一公约》第 40 条第 3 款规定,付款人只有审查背书是否连续的义务。除有恶意或重大过失而未能知道持票人非票据权利人外,付款人对背书人签名真伪及持票人权利的真实性,均无认定之责。德国、日本、法国等票据法有相同规定。如果汇票背书不连续,付款人为付款,应自负其责;如果汇票背书是连续的,即使持票人非票据权利人而为受款,付款人也能免除责任,但如果付款人有重大过失和恶意的,其责任不能免除。我国《票据法》第 57 条规定:付款人及其代理付款人付款

---

① 姜建初:《票据法》,北京大学出版社 2000 年版,第 221 页。

时,应当审查汇票背书的连续,并审查提示付款人的合法身份证明或者有效证件。付款人及其代理付款人以恶意或者重大过失付款的,应当自行承担责任。《最高人民法院关于审理票据纠纷案件若干问题的规定》第 69 条规定:"付款人或者代理付款人未能识别出伪造、变造的票据或者身份证件而错误付款,属于票据法第 57 条规定的'重大过失',给持票人造成损失的,应当依法承担民事责任……"可见,我国《票据法》关于审查义务的规定与多数国家的规定相似,不同的是付款人还须核实持票人的身份。具体地说:

第一,付款人在付款时有形式审查义务,即对票据外在形式为审查。付款人对持票人提示的票据为形式审查应是最基本的要求,也是对促进票据流通和保障交易安全的最低要求。形式审查包括:一是审查背书是否连续,如对背书连续的持票人付款,付款人即可因此免除责任,反之付款人应自负其责;二是审查票据自身形式是否合法,即付款人对形式要件符合法律规定的汇票付款,才能发生票据法上付款的效力。

第二,付款人在付款时有对提示付款人证件的审查义务,这是我国票据法规定的附带审查义务。其与形式审查的不同在于,付款人未尽此项审查义务并无票据法上的责任,而只发生票据法外的过失赔偿责任。

第三,付款人在付款时无实质审查义务。所谓实质审查指对持票人是否为真正权利人、是否依真实有效票据背书而受让票据等实质性问题审查。票据法对付款人不规定实质性审查义务,关键在于维护票据的流通性并体现其迅捷和便利。付款人无实质性审查义务,主要强调的是对背书真伪和持票人是否真正权利人无认定之责。换言之,即使背书是伪造的,或者持票人是以欺诈等非法手段取得票据,或者代为取款的代理人无代理权等都无审查义务,不能以持票人实质上的原因向持票人提出抗辩。我国实践中付款人付款时,会对出票人签章是否为银行预留签章或银行规定的签章,对承兑人签章是否真实进行审查,但此种审查的依据是结算规则,故违反该规定所发生的责任应属结算规则上的责任,而非票据责任。①

第四,付款人依法为形式审查且主观上无故意或重大过失向非真正权利人为付款,可构成善意付款,即付款为有效从而免除向真正权利人再为的付款责任。相反,如付款人未进行形式审查或有故意或重大过失在形式审查时未发现票据形式问题,付款人发生错付,仍应自行承担责任,不能免除向真正权利人付款的责任。对于付款人存在恶意,真正权利人应举证,即以证据证明付款人明知持票人非正权利人而付款,或者付款人稍尽注意即可查知持票人不是真正权利人等。

此外,代理付款人为付款时的审查义务和善意付款的认定与付款人相同。

2. 负期前付款危险责任。期前付款指付款人在汇票记载的到期日前为付款。除见票即付的汇票外,其他汇票都有确定或可确定的到期日,故均有发生期前付款的可能。又因期前付款是付款人依自己意思而非汇票记载到期日付款,故其也称任意付款。付款人在到期日始负付款责任,是法律赋予票据当事人的期限利益。即在到期日前,不仅付款人无付款义务,如持票人请求付款,付款人当可拒绝,持票人不得以该拒绝为由行使期前追索,而且持票人也无受领义务,即使付款人愿意付款,持票人仍可拒绝。这是因为,它与一般债权债务关系不同,在一般债的关系中债务人可抛弃期限利益,但票据为流通证券,在到期日前该票据仍可流通,持票人可利用该汇票进行各种经济贸易,发挥其信用并从中收益,亦即对于持票人来说也有期限利益存在。因此,各国票据法虽未明文禁止付款人期前付款,但一般都允许持票人可以拒绝,并规定付款人若为期前付款,应自负其责。我国《票据法》第 58 条也规定:对定日付款、出票后定期付款或者见票后定期付款的汇票,付款人在到期日前付款的,由付款人自行承担所产生的责任。所谓自负其责即由付款人自己承担期前付款的风险。具体地说,如果付款人在到期日前对无票据权利人进行付款,即使其是善意的,也不能以已付款对抗真正票据权利人。

---

① 姜建初:《票据法》,北京大学出版社 2000 年版,第 232 页。

3. 期后付款的责任。期后付款指付款人在付款提示期间经过或拒绝证书作成后的付款。应注意的是,期后付款不是票据记载到期日届至后的付款,而是提示付款期限经过或拒绝证书作成后的付款,故而各种汇票包括见票即付的汇票都有发生期后付款的可能。这种付款因付款人是否承兑而在效力上有所不同。

(1) 对已承兑的付款人所为的期后付款。因付款人一经承兑即成为第一债务人,负绝对付款责任;而持票人虽未在法定期限为付款提示,但其丧失的仅是对前手的追索权,而非付款请求权。故只要票据权利不是因时效完成而消灭,已承兑的付款人的责任就不能免除。换言之,已承兑的付款人是为到期付款还是为期后付款无实质区别。《英国票据法》第59条将到期日付款与到期日后付款均作为正当付款。我国《票据法》也规定即使在付款提示期限超过后,持票人作出说明时,承兑人仍应当继续对持票人承担付款责任。而《日内瓦汇票本票统一公约》则允许承兑人在持票人未在法定期限提示付款时,以行使提存权的方法消灭票据关系。

(2) 对未承兑的付款人所为的期后付款。因付款人未在票据上签章,就不是票据债务人,无支付票载金额的义务。其仅与出票人之间存在票据法外的委托付款关系。如果持票人在承兑提示或付款提示遭拒绝时作成拒绝证书,即履行保全手续,其可以行使期前或到期追索权,此时尽管付款请求权尚未确定,但汇票上的权利依然存在。付款人向持票人为付款可与到期付款产生相同效力。如果持票人因未履行保全手续而丧失对前手的追索权,汇票又未经承兑,付款人向持票人为付款的,也产生付款的效力,因为我国《票据法》第65条及《最高人民法院关于审理票据纠纷案件若干问题的规定》第19条规定,除时效因素外,未履行票据权利保全手续的,不丧失对出票人的追索权。

综上,汇票经足额付款后,票据关系便宣告消灭。票据关系消灭,不仅使付款人免除责任,而且全体汇票债务人的责任也随之解除。因此可以说,付款是票据流通的终点站,其主要的效力在于解除全体汇票债务人的责任。

四、参加付款

（一）参加付款的概念

参加付款指为防止持票人行使追索权,由承兑人、付款人或担当付款人以外的第三人,为特定票据债务人的利益所为的付款行为。包含三层意思:一是因参加付款人不于汇票上记载参加意旨并签名,故其不是票据行为①;二是防止持票人行使追索权的行为;三是为特定票据债务人利益所为的行为。既然参加付款可阻止追索权的行使,也就维护了被参加人的信誉。

与参加承兑相同,参加付款也有防止追索权的行使和维护票据信用和被参加人的信用的两方面作用。② 这是因为汇票付款人或担当付款人拒绝付款或因其他原因不能付款时,持票人原本可行使追索权,但由他人参加付款后,使其利益得到保障,无追索之必要,从而也使特定票据债务人的信誉得到了保全。因此,《日内瓦汇票本票统一公约》③、德国、日本等票据法均确认此制度。而我国《票据法》无参加付款制度。

参加付款与参加承兑不同:其一,付款的时间不同。参加付款是现实的付款行为,参加承兑则在到期日后才有付款之责。其二,产生的前提和要件不同。参加付款的前提是付款人或承兑人拒绝付款,而参加承兑通常是付款人拒绝承兑或无法承兑。同时,参加付款无商业风险,而参加承兑人存在到期日无力支付票款的风险。因此,参加付款不必经持票人同意。而参加承兑尤其是任意参加承兑应征得持票人同意。其三,行为性质不同。参加付款应可记载于拒绝证书上或其他凭证上,而不用记载于汇票上,故一般认为属准法律行为,而参加承兑则必须记载于汇票上,故属票据行为。其四,目的不同。参加付款的目的是防止追索权的行使与维护票据荣誉;参加承兑的目的是防止追索权的期前行使与维护票据荣誉。

---

① 王小能:《票据法教程》,北京大学出版社1994年版,第295页。
② 覃有土:《商法学》,中国政法大学出版社2002年版,第319页。
③ 《日内瓦汇票本票统一公约》第55条,及第59—63条。

参加付款与付款不同。参加付款与付款尽管均涉及对票载金额支付,但二者并不相同,不能混为一谈,其主要区别是:一是行为主体不同。参加付款的行为主体是付款人或承兑人以外的第三人,甚至可以是与票据关系完全无关的人,而汇票付款的行为主体是付款人或承兑人,其是票据关系中的基本当事人。二是作用不同。参加付款的作用在于维护特定债务人的利益,阻止追索权的行使,而付款的作用在于消灭票据关系。三是支付票载金额的范围不同。参加付款的参加人不能就汇票金额的部分予以支付,只能就被参加人应支付金额为全部支付,而付款人通常在汇票上记载所收金额并给收据后,可为部分付款。四是效力不同。参加付款人行使参加行为后,即取得持票人的权利,票据关系仅部分消灭,而付款人为全部付款后,票据关系就完全消灭。

参加付款与民法中第三人清偿不同。虽然二者都是第三人所为行为,但也有不同。一是产生的前提不同。民法中第三人清偿除该第三人与债的履行有利害关系外,一般债权人可拒绝,而参加付款则不问参加人就票据债务有无利害关系,持票人都不得拒绝。二是为清偿后的后果不同,民法中第三人为清偿后应视清偿人与债务人的关系而定是否有求偿权,而参加付款后,参加付款人即取得持票人资格,可对承兑人、被参加人及其前手行使代位权。三是抗辩上不同。在民法上第三人清偿中,债务人对原债权的抗辩事由都可对抗清偿后第三人,即抗辩不切断,而参加付款人取得持票人资格后,其他票据债务人不能以对抗原持票人的事由对抗参加付款人,即抗辩切断。

(二) 参加付款的要件

参加付款人介入票据关系参加付款后,必然使原有票据关系产生一定的变化。因此,为维护票据关系中各方当事人和参加付款人的权益,就必须确定参加付款的要件,使之有据可依。通常认为参加付款应具备如下法律要件:

1. 参加付款须已发生持票人行使追索权的情事。

2. 参加付款须包括被参加人应付的全部金额。一般而言,付款人付款可就票载金额的部分支付,且持票人往往还不可能拒绝,而参加付款则应就被参加人应支付的金额全部参加。票据立法之所以不允许部分参加付款,是因为它不仅不能阻止追索权的行使,反而会使票据关系趋于复杂,徒增有关费用,使票据债务人受损。

3. 参加付款须以法定记载方式进行。形式的规范化也便于票据当事人识别,以区别于其他票据行为或准法律行为。

(三) 参加付款的程序和款式

1. 参加付款的程序。参加付款人应在符合法律规定的要求下为参加付款。

(1) 参加人和被参加人。在参加付款中,实施付款行为的是参加付款人,因参加付款而直接享受利益的是被参加人。具备参加付款人资格的可分两类:一是参加承兑人和预备付款人参加付款,学理上称当然的参加。有参加承兑人或预备付款人的,持票人在不获付款时应向他们为付款提示,由参加承兑人或预备付款人参加付款。若持票人未为付款提示,被参加人或指定预备付款人及其后手免除义务。二是与票据关系完全无关的第三人参加付款,学理上称任意的参加。参加付款意味着有人现实地支付票载金额,而持票人的目的在于票款清偿,至于何人清偿在所不问。这对持票人有益无害。因此,规定参加制度的国家的票据立法均强调,参加付款人不受限制,不论何人都可以参加。① 即使其与拒绝付款的汇票毫无法律上或事实上的利害关系人也可参加,且持票人不得拒绝,否则持票人将丧失对被参加人及其后手的追索权。至于被参加人应无限制,即凡汇票上债务人都可充任被参加人。

一般的操作程序是,若付款人或担当付款人未在汇票到期日或持票人同意的延期日期内付款,有参加承兑人时,持票人应向参加承兑人提示付款,无参加承兑人而有预备付款人时,应向预备付款人提示付款。提示期限应为拒绝证书作成期限的末日或次日。若参加承兑人或预备付款人未在付款提示时清偿债务的,持票人应请求作成拒绝证书,以保全追索权。若持票人未在法定提示期限内为付款提示或作成拒绝证书,对于被参加人与指定预备付款人及其后手丧失追索权。当持票人不获付款,须行使追索权时,参加付款人即可介入

---

① 《日内瓦汇票本票统一公约》第55条,《英国票据法》第68条第1款。

票据关系,但必须在法定期限内通知被参加人。

(2) 两人以上同时参加付款顺序确定。① 如有数人参加付款,以参加付款后能解除较多人数责任的人有优先权。如甲签发汇票给乙,乙背书给丙,丙又背书给丁。当该汇票被拒绝付款后,戊以甲为被参加人参加付款,己则为乙,庚则为丁。此时,戊参加付款后能免除乙、丙的票据责任,较己和庚免责人数为多,因此戊有参加付款的优先权。法律之所以作如此规定,是为了使票据债务迅速了结,免除多数人受追索。如果当事人明知他人享有优先参加付款权而违反参加付款顺序进行参加付款的,对因此而未能解除责任的人丧失追索权。②《英国票据法》第 68 条、我国台湾地区"票据法"第 80 条也都有此规定。③

如果参加付款的数人是为同一债务人而参加,应以被参加人委托之人或预备付款人优先参加。若数人中既有委托之人又有预备付款人时,一般票据法都未明文规定谁优先参加,理论上也有不同理解。但我国台湾学者郑玉波认为,应依法律条文规定的精神和当事人的意思决定。既然当事人先指定预备付款人,后又委托他人,足见其已不愿让预备付款人参加付款,故以受托人优先参加为宜。④

(3) 参加付款的时间。参加付款的时间,是限于汇票到期日之后,还是在到期日前进行,理论界存有争议。一般认为行使追索权不限于到期日,在到期日前如有法定原因,持票人亦可行使追索权。基于此,《日内瓦汇票本票统一公约》第 59 条规定,无论到期日前或到期日后,只要持票人行使追索权时都可参加付款,德国、日本等国票据法也有如此规定。但不少学者认为,尽管在汇票到期日前出现法定原因,持票人也可行使追索权,但此时已有参加承兑制度,足以防止追索权行使,参加付款无存在之必要。⑤ 因此,参加付款的时间应

---

① 有学者将此称为"参加付款之程序"。张国键:《商事法论》,台湾三民书局 1980 年修订版,第 469 页。笔者认为使用"参加付款顺序"这一概念更为确切。
② 《日内瓦汇票本票统一公约》第 63 条第 2 款。
③ 郭锋、常风:《中外票据法选》,北京理工大学出版社 1991 年版,第 58、125—126 页。
④ 郑玉波:《票据法》,台湾三民书局 1980 年版,第 187—188 页。
⑤ 王小能:《票据法教程》,北京大学出版社 1994 年版,第 295 页。

定在承兑人或参加承兑人拒绝付款之后,而非持票人可行使期前追索之时。但参加付款者在防止追索权的行使时,不能妨碍持票人行使追索权。各国均规定当事人必须在法定期限内实施参加付款行为。《日内瓦汇票本票统一公约》第 59 条第 2 款规定:"此项付款至迟须在规定作成拒绝付款证书最后一日的次日为之。"参加付款可以使持票人及时获得票据付款,维护票据交易安全。

(4) 参加付款的金额。参加付款的目的在于阻止追索权的行使。因此,《日内瓦汇票本票统一公约》第 59 条第 2 款规定,参加付款须包括被参加人应付的全部金额。我国台湾地区"票据法"第 81 条也有相同规定。① 这一规定包括三层意思:一是此金额不限于票据金额,包括利息和其他费用;二是此金额是被参加人应支付金额的全部,并不一定是票据金额的全部,如付款人已付部分,参加人只要就剩余部分为参加付款即可;三是参加付款人不能就被参加人应付金额的部分为之。

2. 参加付款的款式。即参加付款应记载的事项。参加付款不像其他票据行为那样,必须在汇票记载并签章。但也应在一定的处所表达参加的意旨。对此,《英国票据法》第 68 条规定,参加付款须以公证书证明其参加行为,该公证书应附在拒绝证书之后或作为拒绝证书的增补文件。我国台湾地区"票据法"82 条规定参加付款应于拒绝证书内记载。② 德国等票据立法对参加付款的记载事项并无规定,但强调须开立一张有关参加付款的、附在汇票上、载明付款人的收据,以示证明。因此,一般法律规定参加付款应记载于拒绝证书上,如法律无规定,解释上可记载于汇票上。③ 对于参加付款的事项,一般包括表明参加付款的文义、被参加人的姓名、参加付款人的签章和参加付款的年月日。其中,被参加人的确认通常采用的方法是,若参加承兑人参加付款的,以被参加承兑人为被参加付款人,预备付款人参加付款的,以指定预备付款人为被参加付款人;无参加承

---

① 郭锋、常风:《中外票据法选》,北京理工大学出版社 1991 年版,第 58 页。
② 同上书,第 58、126 页。
③ 王小能:《票据法教程》,北京大学出版社 1994 年版,第 303 页。

兑人或预备付款人,而汇票上也未记载被参加付款人的,以出票人为被参加付款人。① 参加人的签章不是票据行为人表示承担票据责任的签名,而是对参加人参加付款后取得持票人资格的身份证明。

（四）参加付款的效力

参加付款的效力即参加人为参加付款行为后所生法律效果。具体地说:

1. 对参加付款人的效力。具体包括四层意思:一是取得持票人的地位。参加付款人为参加付款行为后,对承兑人、付款人、被参加付款人及其前手取得汇票上的一切权利。二是抗辩切断。票据债务人不得以对原持票人的抗辩事由对抗参加付款人。三是不得背书。汇票经参加付款后,说明该汇票的信用存在问题,故参加付款的汇票不宜再流通,即参加付款人不得以背书再转让该汇票。违反这一规定而为转让的,不发生汇票上背书的效力。四是通知义务,参加付款人为参加行为后,应负通知义务,即将参加事由在法定期限内通知被参加人,否则对此造成的损失,参加付款人应负赔偿责任。这在《日内瓦汇票本统一票公约》和有关国家、地区的票据立法上均有体现。

2. 对持票人的效力。具体包括三层意思:一是持票人不得拒绝。付款人在参加付款后,持票人的权利得到保障,不仅应停止追索权的行使,而且不得拒绝,否则对汇票上所有前手丧失追索权。二是实现权利。即持票人经参加付款后即可实现票据权利。三是交还票据,将票据权利依法转移给参加付款人。因为参加付款并非票据关系的消灭,参加付款人要行使票据上的权利,必须占有票据以证明身份。所以各国票据法均规定参加付款后,持票人应将汇票交付于参加付款人,有拒绝证书、收款收据等代表票据权利的亦应一并交付。否则,持票人应对参加付款人的损失负赔偿责任。

3. 对被参加人及其前后手的效力。具体包括三层意思:一是免于原持票人的追索。即参加付款后,原持票人的权利得以实现,不能向票据债务人追索。二是被参加人的后手免除票据责任。即参加付款后,不仅使被参加人的后手免于被原持票人追索,而且其票据责任

---

① 郭锋、常风:《中外票据法选》,北京理工大学出版社1991年版,第58页。

因此被免除。三是承兑人、被参加付款人及其前手仍应就票据文义负责。因参加付款仅免除被参加人的后手义务,消灭部分关系,故对被参加人及其前手仍享有持票人的权利。

第八节 追 索 权

一、追索权的概述

(一)追索权的概念

追索权,指票据不获承兑、不获付款,持票人履行保全手续后得请求其前手偿还票据金额、利息及有关费用的票据权利。根据票据法原理该定义具体包括如下含义:

一是票据制度为维护持票人利益,增加票据信用而特设的制度。在付款请求权受阻时,才有必要行使追索权。理论上将付款请求权称为"第一次请求权",将追索权称为"第二次请求权",追索权行使时就意味着付款请求权无行使的可能。

二是发生一定原因并履行了保全手续才可行使的票据权利,此类原因主要是不获承兑或不获付款,即导致付款请求权不能或无法实现的情形出现。发生了一定原因后,持票人还不能行使追索权,其必须为相应的保全手续,如在法定期限内提示,并作成拒绝证明等。

三是持票人向其前手请求偿还票据金额、利息和其他费用的权利。付款请求权仅涉及票据金额,且只指向付款人(承兑人),因正常状态下持票人行使付款请求权实现票据权利后,票据关系即告消灭,不会产生利息和行使追索权等其他费用。但追索权的行使意味着付款请求权受阻,故其行使的金额范围一般要大于付款请求权的范围,另其作为利益偿还请求权就不仅针对付款人或直接前手,所及范围包括直至出票人在内的所有前手。

(二)追索权的立法例

持票人享有追索权后,于何时及采用何种方式请求其前手偿还票据金额,取决于各国票据法的规定,采用立法主张不同,其所体现

的特点也不尽相同。根据各国票据法的规定,大致可分为三种立法例:①

其一,一权主义,又称期前偿还主义,指票据到期日前付款人拒绝承兑或拒绝付款的,持票人便可行使追索权的立法主张。《日内瓦汇票本票统一公约》、《英国票据法》、《美国统一商法典》均采此种立法例。② 现德国、法国、日本票据法也采用一权主义。在票据付款人拒绝承兑和拒绝付款时,付款人已不可能在付款日到来时为付款行为,无需等到付款日再行使追索权,因此,该立法主张既利于持票人又切合实际。我国《票据法》也采用一权主义。即汇票到期被拒绝付款的,持票人可以行使追索权;汇票到期日前被拒绝承兑的,持票人也可以行使追索权。③

其二,两权主义,又称担保主义,指持票人在不获承兑时只能请求其前手承担担保责任,于到期日届至不获付款时才能请求前手偿还票据金额、利息及其他相关费用的立法主张。德国、日本旧票据法均采此种立法例,按两权主义,追索权由请求担保和请求偿还金额两项权利组成。这两项权利分别于不同时间行使,在汇票到期日届至前,尚不能确定付款人一定不付款,故即使付款人不承兑,也不可先向前手请求偿还一定金额。因此,该主张更注重逻辑和对票据债务人利益的保护。

其三,选择主义,又称折中主义,指持票人在付款人拒绝承兑时可根据自己意志在请求担保或请求偿还金额、利息和有关费用的两项权利中选择一项,以向前手行使追索权的立法主张。因选择权享有不同又分为两种:一是由持票人选择,即持票人在不获承兑时可任选担保请求权或偿还请求权之一向其前手为追索。西班牙、阿根廷商法采用此主义,该立法利于持票人。二是由被追索人选择,即在持票人行使追索权时,其前手可在提供担保或直接交付金额二者中任选一项向持票人履行。法国旧商法、比利时、荷兰、葡萄牙等采用此

---

① 覃有土:《商法学》,中国政法大学出版社2002年版,第320—321页。
② 《日内瓦汇票本票统一公约》第43条、《英国票据法》第43条、《美国统一商法典》第3-507条等。
③ 《中华人民共和国票据法》第61条。

主义,该立法利于票据债务人。

根据上述一权主义的立法主张,以及票据上所有债务人应对持票人负连带责任的规定,追索权的方式特性可概括为:选择性或称飞越性、变向性或称变更性和移转性或称代位性。[①] 而追索方式的特性也可从追索权的效力体现,即可称为追索权的选择、变更和代位追索效力(相关内容见追索权的对人效力)。

(三) 追索权的种类

根据不同的划分标准,可将追索权分为不同的类型。其主要分类有两种:

1. 以持票人行使追索权的时间为划分标准,可分为期前追索权和到期追索权。从行为角度而言,可称为期前追索和到期追索。所谓期前追索权指在汇票上所载到期日届至前,持票人因债务人发生到期付款不能或可能性显著减少的情况而可为追索的权利。按理到期日前持票人不能行使票据权利,票据债务人也无付款的义务,但如到期前发生影响持票人届时行使付款请求权的原因,仍要求持票人继续等待至到期日才可有所作为,则有失公允。故规定期前追索权可减少不必要的损失,充分保护持票人的权利。但因见票即付的汇票并无确定具体的到期日,其提示之日为到期日,故期前追索权仅限于远期汇票,而不适用见票即付汇票。所谓到期追索权或称期后追索权指汇票到期时,持票人因不获付款而可进行追索的权利。到期追索权可适用于任何类型的汇票,无论是无须承兑的见票即付的汇票,还是经承兑确定到期日的汇票,只要在持票人依法提示付款而未获付款时,即可行使到期追索。此外,区分二者还在于确定追索的金额和参加制度的适用范围,对于期前追索可由参加承兑或参加付款来阻止,对于到期追索只能由参加付款来阻止。

2. 以行使追索权人为划分标准,可分为最初追索权和再追索权。从行为角度来说,可称为最初追索和再追索。所谓最初追索权指持票人在提示承兑或提示付款遭拒绝或有其他法定原因而行使追索的权利。所谓再追索权指受追索而偿还最初追索金额后的票据债

---

① 王小能:《票据法教程》,北京大学出版社1994年版,第308—309页。

务人可向其前手再为追索的权利。我国《票据法》第71条第1款规定,被追索人依法清偿后,可向其他汇票债务人行使再追索权,请求其他汇票债务人支付相应的金额和费用。可见,最初追索权与付款请求权有关,前述的期前和到期追索都是在付款请求权不能实现时由持票人而为的追索,故都应归于最初追索权。而再追索权与偿还请求权有关,是在持票人偿还请求权实现后,由履行偿还义务的被追索人而进行的追索。此外,二者在追索金额和追索权消灭时效上也不同。

二、追索权的行使

追索权的行使事关持票人和票据债务人的利益,以及票据的信用。因此,对于追索权行使的主客体、行使要件和程序等都必须明确相应的规则,以防滥用权利给票据当事人和票据的流通带来负面效应。

(一)追索权的主体和客体

1. 追索权的主体。根据我国《票据法》第61条的规定,汇票到期被拒绝付款的,持票人可以对背书人、出票人以及汇票的其他债务人行使追索权。因此,在票据追索关系中,包括追索人与被追索人。

(1)追索人或称追索权利人即享有并可行使追索权的人。有两种:

一是收款人或持票人,即现实合法的票据持有人。在汇票未经背书转让时,收款人是现实合法的票据持有人,在汇票因背书而流通后,符合背书连续要求的最后被背书人是现实合法的票据持有人。

二是因清偿而取得票据的人,被追索人履行了票据债务,取得持票人的地位后,也享有追索权,此时被追索人成为追索人,可向其前手行使追索权即再追索权。再追索权人包括背书人、保证人,有参加制度的还包括参加付款人。对于清偿后手追索的出票人能否向承兑人为再追索权,理论上有否定和肯定两说。否定说认为,票据追索制度的设立目的在于保护持票人,是付款人(承兑人)不进行付款时对持票人的补救。而出票人是实质上负担最后偿还义务者,因此,当追索至出票人时应停止,承兑人不能再被追索。肯定说认为,出票人清偿追索金额后,票据法的规定并未禁止出票人取得持票人的地位,另票据法规定的再追索的金额也实质上认同了出票人与承兑人之间存在追索与被追索关系。① 本书赞同肯定说,除以上理由外,因承兑人一旦为承兑即成为票据第一债务人,负绝对付款责任,票据关系只有因承兑人付款才全部消灭,故在票据关系存在的前提下,出票人应当可向承兑人为追索。

(2) 被追索人也称追索义务人或偿还义务人,即负有偿还票据金额及其利息和费用责任的人。根据我国票据法规定包括背书人、出票人和其他票据债务人三种。其中,对背书人和出票人为单独列举,因其在我国通常都负有担保承兑和担保付款责任,故应列入被追索人范围,应负偿还义务。对于其他债务人则是概括性规定,且票据法并未明定其范围,但根据相关规定,其他票据债务人应包括保证人和承兑人,因保证人与被保证人负同一责任,且在汇票上签章,应负偿还义务无疑义,而承兑人依法承担最终付款责任,属主债务人,是否有偿还义务？依前述出票人履行追索义务也得向承兑人行使追索权的理解,承兑人也应纳入被追索范畴。此外,在规定参加制度的国家和地区的票据法中参加承兑人也属于被追索之列。因其参加承兑的目的就是为承担票据债务,该债务即偿还义务。

2. 追索权的客体。指追索权人可请求的标的即一定金额。这是由行使追索权的目的所决定的。其包括追索金额和再追索金额。前者是依最初追索权的行使得请求支付的金额;后者是再追索权行使得请求的金额。通常追索金额并不等同于票据金额,也不同于再追索金额,一般追索金额大于票据金额,而小于再追索金额,但期前追索或者允许为部分承兑或部分付款的追索除外。追索权金额的确定,实质为追索权具体内容和效力的反映(相关内容详见追索权对物的效力)。

(二) 追索权的行使要件

1. 追索权行使的形式要件。即持票人应在法定期限提供合法证明以保全追索权,也称追索权的保全,它是追索权行使的前提。换

---

① 王小能:《票据法教程》,北京大学出版社1994年版,第310页。

言之,即使有追索权发生原因,但是持票人未作保全行为的,也将使持票人丧失追索权。一般认为,追索权的形式要件(保全)由提示和提供出示有关证明两个部分组成。

(1)遵期提示。包括承兑提示和付款提示。对票据法规定应请求承兑提示的汇票如见票后定期付款的汇票等,持票人都应在规定期限内为承兑提示,但发生无法承兑如付款人死亡、逃匿、破产、解散等,或者不必承兑如见票即付的情形除外。同样,汇票均应在规定期限提示付款,但如遇付款提示不能或无必要也可免除付款提示,如承兑遭拒绝、承兑人死亡、逃匿、破产等。汇票的提示原本是行使票据权利的表现,但如付款人拒绝承兑或承兑人拒绝付款,其提示行为便成为保全追索权的前提。如持票人未按规定为承兑或付款提示,则对前手丧失追索权。对此,《日内瓦汇票本票统一公约》、各国票据法都有类似规定。

(2)形成有关证明。持票人欲行使追索权仅为提示还不够,依我国《票据法》第62条规定还须就遭拒绝的事实提供并出示有关证明。持票人形成的不获承兑或不获付款的证明,因追索权的发生原因不同而有所区别:

一是由当事人出具的证明。即票据被拒绝承兑或被拒绝付款的,持票人应提供承兑人或付款人出具的拒绝证明或者退票理由书。承兑人或付款人出具的拒绝证明是最直接的证明,依我国《票据管理实施办法》第27条第1款规定,该拒绝证明应当包括下列事项:被拒绝承兑、付款的票据的种类及其主要记载事项;拒绝承兑、付款的事实和法律依据;拒绝承兑、付款的时间;拒绝承兑人、拒绝付款人的签章。如持票人通过票据交换所进行提示,并由承兑人或付款人的代理银行代理承兑或付款时为拒绝承兑或付款的,则应出具退票理由书,依我国《票据管理实施办法》第27条第2款规定,该退票理由书应包括下列事项:所退票据的种类;退票的事实和法律依据;退票时间;退票人签章。为使出票人能确实获得拒绝证明或退票理由书,我国《票据法》第62条第2款规定,出具相应证明是承兑人或付款人于拒绝承兑或拒绝付款时的一项义务,如不履行应承担由此产生的民事责任。

二是由有关机关出具的合法证明。如持票人能从承兑人或付款人处直接获取合法证明,则无须取得其他证明。但特殊情况下如承兑人或付款人死亡、逃匿或者其他原因不能取得拒绝证明的,持票人应依法从有关机关取得并提供其他有关证明。能出具合法证明的机关,应限于与汇票拒绝承兑或拒绝付款相关,并有资格出具有证明力的机关。依我国《票据管理实施办法》第28条规定,"其他有关证明"包括三种:其一,医院或者有关单位出具的承兑人、付款人死亡的证明;其二,司法机关出具的承兑人、付款人逃匿的证明;其三,公证机关出具的具有拒绝证明效力的文书。在这三种证明中,前两种是与拒绝承兑或拒绝付款一事有关的证明,无须提示承兑或提示付款可直接构成追索权行使的形式要件,第三种则是对拒绝承兑或拒绝付款自身事实的证明,故应与拒绝证明发生相同效力,它也应先提示承兑或提示付款。

三是法院作出的司法文书或行政机关的处罚决定。包括两项:其一,承兑人或付款人被人民法院依法宣告破产的,持票人应提供人民法院的有关司法文书。其二,承兑人或付款人因违法被责令停止业务活动的,持票人应提供有关行政主管部门的处罚决定。法院的司法文书或行政机关的处罚决定足以证明承兑人或付款人已丧失承兑或付款能力,因此,也无须经提示程序而直接构成追索权的形式要件。

与我国规定稍有不同,在《日内瓦汇票本票统一公约》和各国票据法中均规定,持票人行使追索权须制作拒绝证书。所谓拒绝证书,指证明持票人已进行票据权利的行使及保全行为,及行使票据权利后未获结果的一种要式证明文件。拒绝证书有证明持票人在规定期限内行使权利和权利行使后未获承兑或未获付款两方面的证据效力。其作为行使追索权的形式要件直接关系到是否可行使追索权。在各国票据法制度中,拒绝证书一般被看成不获承兑或不获付款的唯一法定证据。但在法律规定的特定情形下也可免除持票人作成拒绝证书,即可行使追索权。常见的情况是:第一,票据当事人有免除作成拒绝证书的记载,法律如此规定的原因,是为维护票据的信用并节省相关费用,但因记载人不同,效力也不同,如是出票人作记载,对汇票所有签名者均发生效力;如是背书人或保证人为此记载,仅对该记载人有效,如要向记载人外的债务人行使追索权,仍须作成拒绝证书。① 第二,因一定事由而法定免除作成拒绝证书。如《日内瓦汇票本票统一公约》第54条第4款规定,如不可抗力的事由延至到期日后30日以外时,持票人可直接行使追索权。② 第三,已作成拒绝承兑证书的,无须再作拒绝付款证书,《日内瓦汇票本票统一公约》第44条第4款有此规定。第四,有其他可替代证明的,如有宣告破产裁定司法文书等。

同时,在各国法律均要求拒绝证书由一定机关制作,有的要求公证机关、法院、邮政机关制作(如法国);有的要求公证机关或有关官署制作(如瑞士);有的要求公证机关或无法获得公证服务地方的任何户主或有资产的居民制作(如英国)。各国票据法对拒绝证书的作成时间也有明确的要求,如《日内瓦汇票本票统一公约》第44条规定,拒绝承兑的拒绝证书应于规定的提示承兑期限内作成;定日付款或在出票或见票后定期付款的汇票,其拒绝证书须在汇票应付日后两个营业日内作成;见票即付的票据,应按拒绝承兑证书的作成期限作成拒绝付款证书。③

完整的拒绝证书应载明的事项有:拒绝人及被拒绝人的名称;拒绝的意旨或退票理由,或无从提示承兑或付款的情况;提示承兑或付款的地点、时间;有参加承兑或参加付款时,应记载参加种类、参加人和被参加人的名称;拒绝证书作成的处所、时间;拒绝证书作成人签名、作成机关盖章。

2. 追索权行使的实质要件。即确定持票人能为追索权的法定原因,也称为追索权的发生原因。各国票据法均将持票人不获承兑、不获付款等作为追索权的发生原因。我国《票据法》也不例外。④ 追索权的发生原因(实质要件)因追索权的种类不同而不同。具体分析如下:

---

① 《日内瓦汇票本票统一公约》第46条。
② 王小能:《票据法教程》,北京大学出版社1994年版,第456页。
③ 覃有土:《商法学》,中国政法大学出版社2002年版,第322页。
④ 《中华人民共和国票据法》第61条。

（1）到期追索权发生的原因。持票人在票据到期不获付款是到期追索权发生的原因。主要有两种情形：一是票据到期时，汇票承兑人、见票即付的汇票付款人拒绝付款，以及有参加制度的国家中，汇票的预备付款人、参加承兑人拒绝付款。二是客观上无法实现付款，如付款人不存在或下落不明、票据上所载付款场所不存在，而无法提示付款等。这两种情况下都属到期不获付款，持票人可行使到期追索权。

（2）期前追索权发生的原因。相对到期追索权而言，期前追索权的发生原因较为复杂，一般票据法规定有以下原因：

第一，拒绝承兑。持票人于到期日前向汇票付款人提示承兑后被拒绝承兑的，有参加制度的国家中预备付款人拒绝承兑的，另其还应包括附条件承兑、部分承兑的，持票人也可行使期前追索权。

第二，承兑人或付款人死亡、逃匿。汇票承兑人死亡、逃匿的情况通常应发生在承兑人已为承兑但到期日尚未届至之时。故即使汇票已获承兑，仍因承兑人的死亡或逃匿而使汇票到期付款变为不可能。而付款人死亡、逃匿的情况通常应发生在汇票尚未承兑之时。因票载付款人死亡或逃匿，持票人无法请求承兑，同样也使到期付款成为事实上不可能，因此持票人可在票据到期前行使追索权。

第三，承兑人或者付款人被依法宣告破产或因违法被责令终止业务活动。与承兑人或付款人死亡、逃匿的情况相同，承兑人或者付款人被依法宣告破产或因违法被责令终止业务活动的也应分为两种情况，即付款人被依法宣告破产或因违法被责令终止业务活动的情况，通常应发生在汇票尚未承兑之时；而承兑人被依法宣告破产或因违法被责令终止业务活动的情况，通常应发生在汇票已承兑之时。但因承兑人、付款人被宣告破产或被责令终止业务活动时，都意味其付款能力随之丧失，故票据虽未届到期日，持票人也有权行使追索权。①

（三）追索权的行使程序

当符合票据法规定的实质和形式要件，持票人享有并可行使追

---

① 姜建初：《票据法》，北京大学出版社2000年版，第238—239页。

索权时,还须按票据法规定的步骤进行,按我国《票据法》第 65 条规定,持票人行使追索权时应依法提供、出示拒绝承兑或拒绝付款等有关证明,并应将拒绝事由通知前手。可见追索权行使的必经程序有二:

1. 提供、出示有关证明。在国外票据法规定中即体现为作成拒绝证书,即作成拒绝证书既是保全追索权的有效行为,也是行使追索权的首要步骤。这不仅是拒绝证明等有显示持票人遵期行使权利并遭拒绝承兑或付款的证明力,而且有关证明的存在是为拒绝事由通知基础,如果没有拒绝证明等,仅有拒绝通知既不能保全追索权,也无法行使追索权。因此,将作成拒绝证书作为行使追索权的必经程序是各国票据法的通例。但法律另有规定者除外(相关内容见前述)。

2. 拒绝事由的通知。即持票人取得拒绝承兑或拒绝付款的有关证明后,应将拒绝事由通知其前手(包括出票人、背书人、保证人等票据债务人)。这是因为,行使追索权非汇票中的正常状态,票据债务人中何人于何时会被追索事先难以预料,为此,法律规定持票人有通知义务,可使被追索人得知拒绝事实而做好偿还的准备,或者为防止追索金额的扩大为自动偿还,或者调整相应的基础关系等。该通知在日内瓦统一法系不是保全追索权的形式要件,仅是行使追索权的一个步骤。① 依我国《票据法》第 66 条和日内瓦统一公约等相关规定,拒绝事由通知的规则如下:

(1)通知的当事人和顺序。通知当事人包括通知人和被通知人。前者指持票人或收到通知的背书人及其委托人;后者指出票人、背书人、保证人和其他票据债务人(有参加制度的包括参加承兑人)。对此,英美法系规定的通知当事人范围更广,通知人可包括可能对票据负责的任何人,被通知人包括出票人、背书人的私人代表及

---

① 有学者认为其属追索权行使的附带要件,因为在票据法上该通知义务为非真正义务,与票据追索权行使的实质和形式要件不同,即使持票人未履行或未按法定期限履行该通知义务,也不影响追索权的行使。姜建初:《票据法》,北京大学出版社 2000 年版,第 244—245 页。

其信托人。①

拒绝通知的顺序是,应向持票人的直接前手发出。持票人的直接前手自接到通知后再向其直接前手发出,以此类推,直至出票人。持票人也可以同时向各票据债务人发出拒绝通知。

(2) 通知的形式和时间。拒绝通知须采用书面形式。持票人自收到有关拒绝证明之日起 3 日内将被拒绝事由通知前手;其前手应当自收到通知之日起 3 日内通知其再前手。

对于通知的形式,日内瓦统一法系、各国和有关地区票据法的规定相对都比较宽松,如《日内瓦汇票本票统一公约》第 45 条规定,其允许通知人依任何方式进行,甚至可仅退回汇票。又如《美国统一商法典》第 3-508 条第 3 款也规定,通知可以任何合理方式发出。也就是说,通知形式包括口头、书面等各种合理的方式。

对于通知期限,《日内瓦汇票本票统一公约》和《英国票据法》的规定与我国规定也不一,《日内瓦汇票本票统一公约》第 45 条规定,持票人应自收到拒绝证书之日起 4 个营业日通知前手;受通知人再向前手为通知的期限是接到通知后 2 个营业日;如免除作成拒绝证书的,持票人应在提示后 4 个营业日内为此项通知。若汇票上有保证人的,在对汇票上签名人为通知时,应在同一期限内对其保证人发出同样的通知。《英国票据法》第 49 条 12 款规定的通知期限是,汇票被退票后立即发出,且应在退票后的合理时间内发出,所谓合理时间,指若通知人和被通知人在同地,通知书应及时发出并在退票次日送达;若通知人和被通知人在异地,通知书应退票的次日经最近邮班寄出,如该日无邮班则应经下一邮班寄出。同条第 14 款规定,收到通知人应于持票人在退票后作出通知所需的相同期限内向前手各当事人发出通知。

(3) 通知的方法和内容记载。通知既可自行送达,也可邮寄。持票人若主张通知于法定期限内发出的,应举证。在法定期限内将通知按照法定或约定地址邮寄的,视为已经发出通知。通知的内容应当载明票据的主要记载事项,并说明该票据已被退票。

---

① 王小能:《票据法教程》,北京大学出版社 1994 年版,第 321 页。

(4)不为通知的责任。持票人未进行拒绝通知,或未在法定期限内进行拒绝通知所产生后果的立法例大体有两种:一种是丧失追索权。《英国票据法》、《美国统一商法典》便是如此。另一种是不丧失追索权,但因不为通知或迟为通知而造成前手损失的,应由怠于发通知的人承担赔偿责任,所赔偿的金额以汇票金额为限。《日内瓦汇票本票统一公约》采用这种做法。① 我国《票据法》第66条第2款规定,未按规定期限通知的,持票人仍可以行使追索权。因延期通知给其前手或者出票人造成损失的,由没有按照规定期限通知的汇票当事人,承担对该损失的赔偿责任,但是所赔偿的金额以汇票金额为限。由此说明我国规定与日内瓦统一法系相同。

(5)通知的免除。在英美法系,通知与否涉及追索权的有无,故为保护通知人(主要是持票人)的利益,法律具体列举了免除拒绝事由通知的情形,如《英国票据法》第50条第款规定:其一,经合理努力,本法所要求的通知仍不能发出或送达出票人或应负责任的背书人。其二,明知或默示放弃退票通知,可在发出通知前和漏发通知后免除此等通知。其三,凡属下列情况下的出票人可免发退票通知:① 出票人和付款人为同一人;② 付款人为一虚拟之人或无缔约的行为能力人;③ 出票人为被提示付款的人;④ 付款人或承兑人本人与出票人之间不存在承兑或支付汇票的义务;⑤ 出票人撤销支付。其四,凡属下列情况下的背书人可免发退票通知:① 付款人为一虚拟之人或无缔约行为能力人,而背书人为背书时知悉该事实;② 背书人为被提示付款的人;③ 汇票承兑或签发是为背书人融资的目的。《美国统一商法典》第3-511条对免除拒绝事由通知与提示、拒绝证书的免除一起作了详尽规定。通知免除情形主要包括:当事人不知票据已到期,或如迟延是因无法控制的情况造成,而在造成迟延原因消失后经合理努力的;应对票据负责的人在票据到期前或后已明示或默示放弃该手续,或者已将该票据退票或已撤销付款,或无理由要求对票据承兑或付款的;经过合理努力无法发出退票通知等。

我国《票据法》对此无明文规定。在日内瓦统一法系也未作详

---

① 覃有土:《商法学》,中国政法大学出版社2002年版,第323页。

尽规定,只是在该公约第 45 条第 3 款强调,背书人未于票据上记载住址或记载不明时,可对该背书人免于通知。但从票据法理论而言,拒绝事由的通知仅是追索权人行使追索权的一个程序,对被追索人则是一种权利。如果被追索人自愿放弃,追索权人可免除该通知义务。① 我国台湾地区"票据法"第 90 条规定,出票人、背书人及汇票上其他债务人得在法定通知期限内,免除持票人的通知义务。② 此外,日内瓦法系与英美法系不同,免除拒绝事由通知和免除拒绝证书不得混淆,该公约第 46 条第 2 款规定,免除作成拒绝证书的记载,并不免除持票人应法定期限内提示或为通知的责任。

三、追索权的效力

追索权的效力体现为对人和对物两个方面的效力。

(一) 对人的效力

追索权对人的效力,即对追索权人和被追索人的效力。在法律效力中,通常法律赋予一方权利即意味着相对方就应承担相应义务。为避免重复,故以下仅从追索权人和被追索人的权利介绍其对人的效力。

1. 追索权人的效力。根据《日内瓦汇票本票统一公约》第 47 条和我国《票据法》第 68 条规定,汇票的出票人、背书人、承兑人和保证人对持票人承担连带责任。因此,持票人可以向票据债务人中的任何一人行使追索权。而且,持票人可不依票据债务的发生先后和票据债务人的次序,对票据债务链中的任何一人或数人或全体行使追索权。持票人对票据债务人中的一人或者数人已为追索的,仍可对其他票据债务人行使追索权。被追索权人清偿债务后,取得持票人的地位,与持票人享有同一权利。由此可见,追索权人的效力由最初追索权人的选择追索和变更追索,以及再追索权人的代位追索组成。

(1) 选择追索权。即持票人可不依汇票债务人的先后顺序,选

---

① 王小能:《票据法教程》,北京大学出版社 1994 年版,第 324 页。
② 郭锋、常风:《中外票据法选》,北京理工大学出版社 1991 年版,第 59 页。

择其中对己最为有利的任何一人、数人或者全体行使追索权。又因持票人可越过直接前手对其他票据债务人为追索,故选择追索权也称飞越追索权。在为选择追索权时,应注意背书连续性问题。虽背书不连续并不导致持票人丧失追索权,但持票人对背书中断前的背书人为追索时,会受到该背书人以背书不连续为由的抗辩。

(2)变更追索权。也称变向或转向追索权,即持票人对汇票债务人中的一人或者数人已为追索的,对其他汇票债务人仍可行使追索权。

(3)代位追索权。也称再追索权,即最初追索的被追索人清偿债务后,取得追索人的地位,与持票人享有同一权利,可对自己的前手再行使追索权。也就是说,在汇票关系中,除承兑人作为承担最终追索义务的被追索人外,其他被追索人清偿追索金额都带有暂时偿还性质,且仅解除自己及其后手的票据责任,被追索人的前手仍有票据责任,被追索人可取代持票人的地位,向其前手为选择和变更追索。

2. 被追索人的效力。被追索人原则上包括在票据上签名的所有债务人,但法律有特别规定者除外,如果在汇票上签章的票据债务人为一人,该票据债务人就成为唯一的被追索人;如果汇票上签章的票据债务人有二人以上,基于票据法汇票上债务人对持票人负连带责任的规定,各个票据债务人都有可能成为被追索人。同时,因被追索人履行自己的追索义务后,仅是自己及其后手的票据债务归于消灭,而非票据关系的全部消灭,故对被追索人来说,除应承担相应义务或责任外,也享有如下权利:

(1)汇票等交付请求权。依《日内瓦汇票本票统一公约》第50条第1款规定,被追索人为清偿后,可要求持票人将汇票连同拒绝证书及收款清单一并交出。我国《票据法》第71条第2款也规定,被追索人清偿债务时,持票人或行使再追索权的被追索人,应当交出汇票和有关拒绝证明,并出具所收到利息和费用的收据。法律规定追索权人和再追索权人此项义务,即说明法律赋予被追索人有相应请求交付汇票、其他证明和收据的权利。票据法规定被追索人有此项权利,既反映了票据债务履行具有证券性的特殊要求,也为被追索人行使再追索权提供了便利。

(2) 背书涂销权。依《日内瓦汇票本票统一公约》第 50 条第 2 款规定,任何接受汇票并予清偿的背书人,得涂销其背书及其后手的背书。这是因为,背书人为清偿后,自己及其后手均免责,其所为背书已无再保留在汇票上的必要,更重要的是,如不涂销,则有被汇票善意取得人为再追索的可能。因我国《票据法》无票据涂销制度,故对此当也不作具体规定。

(二) 对物的效力

追索权对物的效力即确定被追索人应偿还的相应金额。日内瓦统一法系及各国票据法都有具体规定,我国《票据法》也不例外。持票人可请求偿还的金额包括最初追索金额和再追索金额两部分。

1. 最初追索权人可请求的金额。我国《票据法》第 70 条规定,持票人行使追索权,可请求被追索人支付的金额和费用有三项:

(1) 被拒绝付款的汇票金额。这是持票人未获付款的那部分金额,应以票据记载的金额为准。它是持票人为追索的目的所在,也是最初追索金额的主要部分。

(2) 汇票金额自到期日或者提示付款日起至清偿日止,按照中国人民银行规定的企业同期流动资金贷款利率计算的利息。该利息性质上是持票人因票据债务人迟延履行而获得的补偿。

(3) 取得有关拒绝证明和发出通知书的费用。即为行使追索权而实际发生的追索费用,该费用以有效收据为计算凭据。一般认为该费用不应包括诉讼费和律师费。[①]

对上述最初追索费用确定时,日内瓦统一法系与我国《票据法》规定有所不同。应注意的有三,一是《日内瓦汇票本票统一公约》第 48 条规定,对付款日确定的汇票,从出票日到付款日的期间可准确确定。该期间的利息可预先设定,故持票人为期前追索的,就应扣除自履行义务之日起至票据到期日止依法定贴现利率计算的贴现利息。换言之,只有持票人为到期追索的,才能请求取得前述追索金额。而我国《票据法》对此无明文规定。二是该公约明定自到期日起依 6% 利率计算利息,而我国《票据法》则规定根据中国人民银行

---

① 王小能:《票据法教程》,北京大学出版社 1994 年版,第 313 页。

规定的利率(企业同期流动资金贷款利率)计算。三是该公约允许部分承兑和部分付款,如在付款人为部分承兑或承兑人为部分付款时,持票人可就剩余部分和约定利息行使追索权,这意味最初追索权行使的金额可小于票载金额。而我国《票据法》则不允许部分承兑或部分付款,故即使期前追索的金额也不会小于票载金额。

2. 再追索权人可请求的金额。依我国《票据法》第71条规定,被追索人清偿债务后,便成为再追索权人,有权向其他票据债务人行使再追索权。再追索的金额有下列三项:

(1) 已清偿的全部金额。即被追索人(再追索权人)已向最初追索人清偿的金额,通常包括最初追索的三项金额。依票据法规定的责任特性,被追索人所承担的不是最终责任,因此,其成为再追索权人可向其他未免责的票据债务人请求偿还。

(2) 前项金额自清偿日起至追索清偿日止,按照中国人民银行规定的企业同期流动资金贷款利率计算的利息。该利息计息利率与最初追索相同,但计息时间则不同,其从被追索人(再追索权人)清偿日起至追索清偿日止。

(3) 发出通知书的费用。即再追索权人为向其前手为再追索所发通知产生的费用。

根据以上规定可见,追索次数与追索金额成正比,即追索次数越多追索的金额越大。其增多部分主要是汇票金额的利息,包括利息和费用的利息。因此,通常再追索金额大于最初追索金额。

四、回头汇票的签发

(一) 签发回头汇票的意义

汇票持票人行使追索权时,可以签发回头汇票的形式向前手追索。即以签发回头汇票的方式达到行使追索权的目的。所谓回头汇票,指以持票人为出票人,以被追索人为付款人,向收款人签发的汇票。我国《票据法》对此未作规定。

签发回头汇票的目的在于,安全便利地行使追索权,以免钱款支付的周折,尤其是持票人与被追索人分处两地的情况,其优势更为显著。由于以签发回头汇票行使追索权的方式有高效率低成本的优点,即既省时省力、省费用,又减少资金提取和支付的环节,极大地增强了票据的功能,与商事交易便利迅捷安全的特性相吻合。因此,《日内瓦汇票本票统一公约》第 52 条规定,任何有追索权的人在无相反规定的情况下,得通过开立新的由其前手汇票债务人付款的汇票,以行使追索权。其他各国或地区如德国、日本票据法等以及我国台湾地区"票据法"也作了类似规定。

(二) 签发回头汇票的要件

回头汇票的签发毕竟是追索权行使的一种特殊形式,故对签发回头汇票应加以相应的限制。一般其须符合以下要件:①

1. 回头汇票的追索性决定了该签发的范围,只能限于出票人为享有追索权的持票人,付款人是被追索人。

2. 汇票金额仅限于追索的金额和有关的费用。签发回头汇票的目的在于行使追索权,故以法律允许追索的金额和有关费用为回头汇票的金额则理所当然。一般法律规定,该汇票金额由法定追索金额的范围、经纪人费用和签发回头汇票的印花税三部分构成。

3. 回头汇票的付款地须是被追索人的住所地,签发回头汇票的主要目的,在于行使追索权时避免往返周折,因此,只有将回头汇票付款地定在被追索人住所地,才能达到这一目的。如 A 市的甲向 B 市的乙签发一张由 B 市的丙为付款人的汇票,当乙不获付款时若向 A 市的甲行使追索权,须将原汇票、拒绝证书等一并寄往 A 市,再由 A 市的甲将金钱寄给 B 市的乙。为避免往返寄送的麻烦,B 市的乙只需向 A 市的甲签发一张由甲为付款人、付款地为 A 市的回头汇票即可。

4. 回头汇票须是见票即付的汇票。这是因为,签发回头汇票的目的是行使追索权。追索权既已行使,不得再展延偿还期,否则,原有票据关系将不能消灭。

5. 当事人无相反的约定。如果汇票当事人事先约定禁止以签发回头汇票的形式行使追索权的,则不能签发回头汇票。

此外,与其他追索权行使相同,追索权人在签发回头汇票时,应

---

① 覃有土:《商法学》,中国政法大学出版社 2002 年版,第 324—325 页。

将原汇票、拒绝证书及偿还计算书等一并附上,以表明自己享有追索权,同时便于回头汇票持票人在获得被追索人债务清偿时交还原汇票及拒绝证书等文件。

五、追索权的丧失

根据日内瓦统一公约,以及我国和其他各国或地区的票据法规定,引起追索权丧失的法定事由有以下各项:

(一)时效的届满。我国《票据法》第 17 条规定,持票人对前手的追索权,自被拒绝承兑或者被拒绝付款之日起 6 个月而消灭;持票人对前手的再追索权,自清偿日或者被提起诉讼之日起 3 个月而消灭。

(二)持票人未在法定期间内提示票据。即持票人未在一定期限行使和保全票据权利,属于欠缺追索权行使的形式要件,而丧失追索权。我国《票据法》第 40 条、第 79 条规定了持票人对出票人、承兑人以外的票据债务人丧失追索权的规则。这在《日内瓦汇票本票统一公约》第 53 条有列举规定,而在我国台湾地区则采概括式规定。①

(三)未提供拒绝证明。提供拒绝证明是行使追索权的必要步骤,其与拒绝事由通知不同,未为拒绝事由通知的,持票人仍可行使追索权,但未提供拒绝证明即无法证明其行使追索权的合法性,故应丧失追索权。我国《票据法》第 65 条规定,持票人不能出示拒绝证明、退票理由书或者未按照规定期限提供其他合法证明的,丧失对其前手的追索权。但是,承兑人或付款人仍应对持票人承担责任。依《最高人民法院关于审理票据纠纷案件若干问题的规定》第 19 条规定,出票人也应承担责任。

此外,日内瓦统一法系规定,持票人拒绝接受参加付款,对因此未能免除债务的人,丧失追索权。参加付款人故意违反优先权规定而参加付款时,该参加人对于因此未能免除债务的人,丧失追索权。②

---

① 王小能:《票据法教程》,北京大学出版社 1994 年版,第 329—330 页。
② 《日内瓦汇票本票统一公约》第 61 条,第 63 条第 3 款。

第九节 复本和誊本

一、票据的复本

(一) 票据复本的概念

复本,是指票据原本的复制本。一份票据可以有数份复本。复本与原本的法律地位完全相同,数份复本之间的法律地位也完全相同。票据的原本与复本,以及各复本各自独立地发生效力,具有相同的流通性。无论票据复本有多少份,所反映的票据关系只有一个,因此,如原本或复本中的任何一份已进行付款,票据关系就此消灭,其他各份票据也失去效力。

复本的签发主要有两个作用:一是预防票据凭证和票据权利的丧失。票据在进行承兑提示或付款提示时,持票人需要将票据送往付款人,倘若持票人与付款人分处两地,难免将票据往复寄送,为了避免票据在寄送过程中灭失,为了避免寄送人因寄送迟延,误误提示期间而丧失票据权利,持票人就会要求出票人签发票据复本,将各复本以不同的运送方式(航空运送、铁路运送等)寄往对方。这样,即使一份复本遗失或迟送到对方,其他各份仍能准时到达对方,不影响票据权利的行使。二是促进票据流通。汇票有承兑制度,在当事人分处两地的情况下,持票人提示承兑时需要进行票据的寄送,付款人承兑后又需要将票据寄还,这样往复寄送,时间都耗费在途中,从而影响了持票人进行票据背书转让,阻碍了票据的流通。票据复本的签发,可以使一本寄送付款人进行承兑提示,另一本进行背书转让,使提示承兑与背书转让同时进行,两不耽误,从而促进了票据的流通。由于复本具有上述两个主要作用,所以,多数国家的立法例都采用此制。

我国票据法无复本制度。

(二) 票据复本的签发

票据复本一般仅限于汇票。本票、支票无复本制度。《日内瓦统一支票公约》虽然也有支票复本制度,但仅限于记名的外国支票。所谓外国支票,即付款地在外国,或出票地及付款地均在外国的支票。

复本的签发人只限于出票人。换言之,只有出票人才能签发汇票复本。

复本的签发方式应与原本完全一样,复本所记载的内容也应与原本完全相同。签发复本时,应在复本上记载"复本"字样,以表明该复本属于票据复本,此外,还得编上号码,让人明白是第几号复本。票据凭证未标明"复本"字样的,即使签发人签发时的意思为票据复本,也应视其为独立的票据,发生独立的票据效力。当该票据被追索时,出票人、背书人、保证人不得对善意持票人拒绝承担票据责任。

复本的签发既可以在出票时进行,也可以在出票后进行。出票后签发复本,须由收款人向出票人提出签发复本的请求。如果票据业经背书,被背书人不能直接请求出票人签发复本,而只能向其直接前手提出签发复本的请求,其前手再向直接前手提出签发复本的请求,依次前溯,直至出票人。出票人签发复本后,交付给收款人,由收款人在背书栏中进行与原本相同的背书,签章后再交付其直接后手,后手也应进行与原本相同的背书,签章后再交付其直接后手,依次向后,直至持票人。

请求签发复本的,应向出票人交付原本;请求背书人在复本上签章的,也应交付原本,否则,复本无从签发。未交付原本的,出票人可以拒绝签发复本,背书人也可以拒绝在复本上签字。持票人丧失原本的,无权要求签发复本。

(三)票据复本的效力

票据复本签发后,产生以下效力:

1. 各份复本与原本具有同一效力

复本制度的建立是为防止票据的灭失及助长票据的流通,故法律赋予各票据复本与原本具有相同的效力。由于各本票据所表现的是同一票据关系,因此,一本票据付款后整个票据关系便消灭,其他各本(无论是原本还是复本)均失去效力。然而,基于票据权利的外观性,基于保护善意第三人的利益和维护票据交易安全,法律就复本问题对承兑人和背书人作了特别规定。

(1) 对承兑人的特别规定

承兑人在汇票复本上为承兑的,于付款时应收回经其承兑的全部复本,持票人未向承兑人交付经其承兑的全部复本的,承兑人可以此抗辩拒绝付款。如果承兑人在付款时未收回全部经其承兑的汇票的,应对其未收回的复本负责,但是,持票人若有恶意或重大过失的除外。现就承兑人的责任分述如下:

其一,承兑人对经其承兑的原本付款的,还应对经其承兑的未收回复本负付款责任,但承兑人可对抗已获得付款的持票人。

其二,承兑人对未经其承兑的复本,可以不负票据付款责任,因为票据为文义证券,复本未经承兑,持票人不得以此进行付款提示。

其三,承兑人对未经其承兑的复本为付款的,仍应对经其承兑的未收回汇票复本负责,因为该付款的效力不及于其他经承兑的汇票复本或原本,但承兑人可对抗已获得付款的持票人。

其四,同一持票人已就汇票为付款提示,并受领承兑人的付款后,即使其还持有经承兑人承兑的汇票复本,仍不能向付款人提示,若向付款人提示的,承兑人可以进行抗辩。

其五,恶意持票人或持票人有重大过失的,即使其持有经承兑人承兑的汇票复本或原本,只要承兑人已对该汇票履行了付款义务,便可以拒绝履行义务。

其六,持票人在提示付款时,因汇票原本或复本灭失、遗失而不能交还全部汇票复本的,承兑人有权要求持票人提供担保。

(2) 对背书人的特别规定

背书人将汇票复本转让给他人的,当持票人向其行使追索权时,背书人应收回所有经其背书的复本,持票人未交付经其背书的所有复本的,背书人可以拒绝履行票据义务,但持票人提供担保的除外。背书人将汇票复本分别转让给两人以上的,应对经其背书而未收回的复本负责。

2. 汇票复本承兑的特别规定

《日内瓦汇票本票统一公约》规定,当事人为提示承兑而送出汇票复本之一的,须在其他各份汇票复本上载明接收(占有)该汇票复本凭证人的姓名或名称及其住址;汇票上有此记载时,持票人有权请求汇票复本接收人(占有人)交还所接收的汇票复本;如接收人(占有人)拒绝交还汇票的,持票人可以行使追索权,持票人行使追索权的应作成拒绝证书,在拒绝证书上载明以下两项事项:(1)曾向接收汇票复本的人请求交还该汇票复本而未获归还。(2)以其他汇票复本进行票据承兑或付款的提示后,未获承兑或付款。①

二、票据的誊本

(一)票据誊本的概念

誊本,是指按票据原本而作成的誊抄本。誊本的作用与复本基本相同。当持票人将汇票原本提示承兑时,或持票人基于某种原因而未占有汇票、本票原本时,持票人可以制作誊本,以便于票据的背书转让,从而促进票据的流通。

我国无誊本制度。

(二)票据誊本的签发

并非所有的票据均可以签发誊本,依据《日内瓦汇票本票统一公约》规定,允许签发的誊本限于汇票、本票,支票不能签发誊本。

享有誊本签发权的人是持票人,而非出票人。所以,持票人欲签发票据誊本的,无需像签发复本那样向出票人或其前手提出请求,只需要直接按原本制作即可。

誊本的签发既可以在出票时,也可以在出票后,只要到期日未届至,持票人都可以签发票据誊本。

誊本签发时应载明"誊本"字样,以示与原本的区别。誊本应按原本的文义进行誊抄,欠缺原本绝对必要记载事项的,不发生誊本效力。原本上的背书及保证也应当是誊抄部分。誊抄必须记载"界限文句",即自何处起至何处止为原本誊抄部分,以便使人明确票据的誊本中哪些记载是原本的誊抄部分,哪些记载是在誊本上所进行的票据行为。

票据誊本虽然无需编号,但为了便于票据关系人及交易第三人知道有誊本记载的情况,誊本作成后,应在原本上载明誊本已作成的

---

① 《日内瓦汇票本票统一公约》第66条。

文句。否则,誊本不发生效力。

誊本作成后,票据关系当事人可以在誊本上进行票据行为,但仅限于票据的背书及保证,其他票据行为不能进行。

(三) 票据誊本的效力

誊本无独立的票据效力。这是誊本与复本的主要区别之一。

誊本上所进行的背书与保证行为具有与原本背书与保证行为相同的效力。这是因为,誊本制度的建立意在助长票据流通,因此,法律赋予誊本背书和保证与原本具有同一效力。然而,誊本毕竟无独立效力,持票人在行使权利时除誊本外,还必须依据票据原本。换言之,持票人只有同时依誊本、原本两份票据凭证才能行使票据权利。

持票人进行承兑提示而送交原本的,付款人(即原本接收人)应在誊本上载明原本接收人的姓名、名称及其住址;誊本上有此记载的,持票人有权请求接收人交还原本。接收人拒绝交还原本时,持票人应作成拒绝证书,并在拒绝证书中载明原本经其索取后未获归还,否则,持票人无权行使追索权。

誊本的记载与原本的记载不一致时,誊本记载不发生效力。比如,出票人在签发票据时曾载明"禁止背书"的事项,受款人在誊抄时未誊抄"禁止背书"的文句,并且用该誊本背书;背书人在背书时记载"禁止背书"的事项,被背书人在誊抄时未抄写"禁止背书"的文句,并且用该誊本背书,这两种誊本均无效。

思考题

1. 简述汇票的基本特征。
2. 简述背书的种类和效力。
3. 试析承兑的性质。
4. 汇票保证与民法上保证有何区别?
5. 汇票到期日的记载有哪些?如何确定和计算到期日?
6. 试述我国《票据法》追索权的行使要件。
7. 试述我国汇票的出票款式和效力。

第十二章 本　　票

内容提示　本章在介绍本票的概念、特征和种类的基础上,阐述了本票特殊规则,分析了本票在出票、见票等方面的特性;介绍了本票强制执行的条件、程序和范围。

第一节　本票的概述

一、本票的概念与特征

（一）本票的概念

本票,指出票人签发于见票时或指定到期日由自己无条件支付一定金额给收款人或持票人的票据。在本票基本关系中,仅有两个当事人即出票人和收款人。

本票作为一种支付手段,具有安全、迅速的功效,在有关经济活动中,被较为广泛地采用。同时,本票作为一种信用手段,在现代经济中对促进资金流转,也具有信用担保的功能。

我国《票据法》第73条第1款规定:"本票是出票人签发的,承诺自己在见票时无条件支付确定的金额给收款人或者持票人的票据。"第2款规定:"本法所称本票,是指银行本票。"在我国,本票为见票即付的银行本票。

（二）本票的特征

本票作为票据的一种形式,除具有票据的一般特征外,与汇票、支票相比还有如下特点:

1. 本票是由出票人承诺自己付款的票据。本票的出票人是付款人,属自付证券,它不需要像其他票据那样委托第三人承付,而只需自己承诺无条件付款即可。而汇票和支票都属委托证券,通常由受托的第三方为付款。虽在汇票中也存在出票人充任付款人的对己汇票,但其属变式汇票,是汇票的特殊形态。相反,在本票中绝对不会出现独立付款人的情况,出票人为付款人是一种常态。

2. 本票无承兑制度。本票付款前无须经过承兑手续。本票出票人自出票行为完成后付款责任就已确定,即出票人在任何情况下,都是处于第一债务人的地位,对本票的债务负有绝对清偿的责任。收款人无须像汇票那样,须为承兑提示以确定付款责任,他可在本票到期日直接请求付款。因此,持票人无不获承兑的追索权,只有不获付款的追索权。除出票人破产外,持票人不能期前行使追索权。

3. 本票为信用证券。《日内瓦汇票本票统一公约》、德国等票据法均规定本票有到期日,出票人既可以约定自己在见票时付款,也可以约定自己在某一到期日届满时付款。这表明本票不同于支票但与汇票相同,并非只适用于见票即付,仅属即期付款的支付证券,而可发挥信用功能用于远期,在指定到期日无条件支付票款。

我国《票据法》虽规定本票是见票即付的票据,但与支票相比,法律对本票提示见票期间所作的限制比支票要小得多,这使本票信用功能仍有发挥余地。

二、本票的种类

从各国情况看,本票的分类与汇票大致相同。以不同的划分标准,可将本票作如下分类:

(一) 商业本票和银行本票

这是以发票人不同为划分标准作出的分类。商业本票,指法人或个人签发并承诺在见票时或指定到期日无条件支付一定金额给收款人或持票人的票据。这种本票主要用于清偿出票人自身的债务。银行本票,指银行向申请人(客户)收妥款项后签发承诺在见票时或指定到期日无条件支付一定金额给收款人或持票人的票据。[①] 这种本票因银行签发及付款信用较高,在商业交易中较受欢迎。

---

① 我国《票据法》对银行本票无定义,但在中国人民银行制定的《支付结算办法》第97条规定:银行本票是银行签发的,承诺自己在见票时无条件支付确定的金额给收款人或者持票人的票据。

我国无商业本票。我国《票据法》规定的本票是银行本票。立法以此限定本票的签发人范围,原因在于商业本票极易因出票人资金不足而发生支付不能,致持票人权利受损。[①]

在我国,尽管票据法未规定银行本票的种类,但在中国人民银行制定的《支付结算办法》第 99 条中将银行本票分为不定额本票和定额本票两种。不定额银行本票是按照实际支付金额需要而签发的本票,亦即本票金额于出票时记载而不是预先印载金额的本票。不定额本票记载金额的起点为 100 元,无上限。定额银行本票是以固定面额而签发的本票,亦即本票金额事先已印制在票据凭证上的本票。《支付结算办法》第 102 条规定,定额银行本票面额为 1 千元、5 千元、1 万元和 5 万元。此外,银行本票又有现金本票和转账本票之分。前者为支付现金的本票,后者为通过转账方式完成支付的本票。

(二)即期本票和远期本票

这是以到期日记载方式不同为划分标准作出的分类。即期本票是见票即付的本票,远期本票是在指定期日为付款的本票。远期本票简称为期票,它又可分为三种:一是定日付款的本票或称定期本票,即出票人在发行本票时就在票上表明一定日期为到期日的本票。二是发票日后定期付款的本票或称计期本票,即出票人在发行本票时没有指定到期日,而于出票日后经过一定期间付款的本票。三是见票后定期付款的本票亦称注期本票,即在见票后计算到期日的本票。注期本票应由见票制度来规范和调整。

我国《票据法》规定的银行本票均为见票即付的即期本票。

(三)记名式、指示式和不记名式本票

这是以记载收款人不同为划分标准的分类。记名式本票指本票上记载收款人姓名或名称的本票。这种本票要求出票人出票后,应将该本票交付票载收款人,才发生票据上的效力,其转让以背书和交付为要件。指示式本票指本票上不仅记载收款人姓名或名称,并附加"或其指定人"字样的本票。这种本票与记名本票相似,亦能通过背书交付转让但不得在出票时记载禁止背书字样。无记名本票指本

---

① 刘心稳:《票据法》,中国政法大学出版社 2002 年版,第 229 页。

票上未记载收款人的姓名或名称,或仅记载"付来人"字样的本票。这种本票持票人只能以交付的方式转让。但若持票人在本票的空白内记载自己或他人为收款人,使之变为记名本票后,也能背书交付转让。

在我国银行本票一律采用记名式本票。

此外,在英美法系中,还以签发地和付款地不同,将本票分为国内本票和国外本票。

第二节 本票的特殊规则

汇票与本票有许多共同规则,通常各国票据法又将之合于一法规范,为避免重复,就本票使用了准用汇票的规则。一般各国票据法都规定,本票的出票、背书、保证、付款行为和追索权的行使等,除关于本票的特殊规定外,适用汇票的规定。我国《票据法》第80条规定:"本票的背书、保证、付款行为和追索权的行使,除本章规定外,适用本法第二章有关汇票的规定。本票的出票行为,除本章规定外,适用本法第24条关于汇票的规定。"然而本票、支票又有其区别于汇票的规则,所以,此处着重介绍本票尤其是我国票据法规定的本票的特殊规则或特殊之处。

一、本票的出票

(一) 本票出票的概念及其效力

本票出票是本票出票人在本票上完成法定事项的记载并签名后,将本票交付给收款人的票据行为。本票的出票行为由本票的作成行为和本票的交付行为构成。本票的作成即签发人依票据法规定的方式制作本票,这是出票行为的前提,若本票未依法作成,则票据关系缺少具体反映各方当事人权利义务的形式,当然也就无法进入流通领域。收款人没有持有票据的,不能享有并行使付款请求权。要达到出票人签发本票的目的,就必须将依法作成的本票交付于收款人,使其能凭票行使付款请求权。也唯有如此,出票行为才最终完成,本票的出票效力才随之发生。

我国《票据法》对本票的出票人规定较严,对出票人的资格予以必要的限制,这主要体现在两个方面:首先,在我国《票据法》第73条中规定本票仅限于银行本票,把本票出票人限定在银行范围内。票据法作如此规定,主要是考虑到我国正处于经济体制的转轨过程中,信用制度的建立与管理仍相对薄弱。其次,我国《票据法》第74条规定,本票的出票人必须具有支付本票金额的可靠资金来源,并保证支付。出票人具有可靠的资金来源,不仅是保证本票顺利付款的前提,而且也是防止和减少少数人故意签发没有资金保证的本票,骗取资金或进行诈骗的有效措施。不可否认,这些限制是根据我国目前的实际情况而提出的,随着市场经济的发展和发达,随着票据的广泛使用和流通,为更好地发挥本票的作用,立法对本票出票人资格的限制亦将逐渐适当放宽。

本票出票行为完成后,收款人就能实际享有票据权利,出票的法律效力也得以发生。本票的出票效力主要是:

1. 对出票人的效力。即出票人应当自己承担付款责任。《日内瓦汇票本票统一公约》第78条第1款规定,本票出票人应负之责,与汇票承兑人相同。我国《票据法》第77条也规定,本票的出票人在持票人提示见票时,必须承担付款的责任。由此可见,本票出票人一经出票,就成为本票的第一债务人,对本票所载金额承担绝对的付款责任。也就是说,出票人的付款责任承担,不需要任何前提和条件,只要付款日一到,持票人就可直接向出票人行使付款请求权。而且,持票人未在规定期间为付款提示、见票提示或作成拒绝证书的,出票人在诉讼时效届满前仍不能免除付款责任。

2. 对持票人的效力。本票是自付证券,出票人应负的付款责任是一种绝对责任,从而决定了持票人一旦取得本票,就立即获得付款请求权,可在到期日直接向本票出票人请求支付票款,而无须在向他人请求无果时,才向出票人提示付款。当然,持票人除有权请求出票人付款外,亦可在见票提示遭拒绝后作成拒绝证书,向其前手行使追索权。无疑,本票出票行为对持票人产生的效力,要比汇票更有利于持票人。

(二) 本票出票的款式

本票出票的款式,即本票的出票人在签发本票时,依法应记载的事项。本票的记载事项,理论上也可分为必要记载事项和任意记载事项,在必要记载事项中又有绝对与相对之分,各记载事项的效力也与汇票相同。我国《票据法》第75条规定,本票必须记载下列事项:(1)表明"本票"的字样。(2)无条件支付的承诺。(3)确定的金额。(4)收款人名称。(5)出票日期。(6)出票人签章。上述六项均为绝对必要记载事项,欠缺其中一项,本票无效。此外,我国《票据法》第76条还规定,本票应记载付款地、出票地。未记载付款地的,出票人的营业场所为付款地;未记载出票地的,出票人的营业场所为出票地。综合我国、日内瓦统一公约以及其他各国和地区的票据立法,本票的应记载事项主要有:

1. 表明"本票"的字样。即记载本票文句以显示本票与其他票据的区别,有的国家规定表明与本票相通的文字也可。我国票据法仅承认银行本票,实际操作中,出票人所使用的本票是按统一格式印制好的银行本票。在这种统一印制的本票上"本票"字样已印好,事实上出票人已不必重复填写该事项。

2. 无条件支付承诺。通常用"凭票付与""凭票即付"字样表示。与汇票支付文句不同的是,本票是无条件支付的承诺,而汇票是无条件支付的委托,是委托他人予以付款的票据。这是由本票与汇票的不同性质所决定的。

3. 确定的金额。此与汇票上的要求相同。

4. 收款人的名称或姓名。我国票据法仅规定由银行签发的本票,其主要用于法人之间的结算,故对收款人的记载,一方面强调应表明收款人的名称(但如收款人为个人时,表达为记载收款人的姓名更妥),另一方面则不允许签发无记名本票。

5. 出票地。出票地是本票上记载的出票行为所在地,即签发本票的地点。出票地不一定就是真正签发本票的地方,若二者不一致,应依本票上记载的出票地为准。

6. 付款地。即本票金额的支付地点,也是持票人请求付款遭拒绝时作成拒绝证书的场所。

7. 出票日期。即出票人签发本票后并交收款人的时间,若本票上记载的出票日期与实际签发本票的日期不一致,应以本票上记载的出票日期为准。

8. 到期日。我国《票据法》只允许发行银行本票且一律见票即付,出票人没有选择的自由。因此,出票人只能以见票即付的方式,而不得以定日付款、出票后定期付款和见票后定期付款等方式在本票上记载付款日期。

9. 出票人的签章。

以上的 1、2、3、4、7、9 项在我国均作为绝对必要记载事项,如有欠缺,本票无效。这在《日内瓦汇票本票统一公约》以及德国、日本、法国票据法中也是如此。而我国台湾地区"票据法"未将出票人的签名列入记载事项,而是认为其与出票行为密切联系,即有人为出票行为就必须签名。另外,他们将收款人的名称或姓名作为相对必要记载事项,若本票未记载收款人的,即为无记名式本票,以持票人为收款人。①

以上的 5、6、8 项为本票的相对必要记载事项,如有欠缺,法律另行拟定其效果,而不使所发行的本票无效。对本票未载出票地或付款地的,《日内瓦汇票本票统一公约》第 76 条规定,如无特殊记载,票据的出票地视为付款地,同时视为出票人的住所地;若未载出票地的,出票人姓名旁所载地点视为出票地。德国、日本、法国票据法等均有相同规定。我国《票据法》则将出票人的营业场所推定为付款地、出票地。对本票到期日的记载,日内瓦统一法系因允许签发远期汇票,故出票人可记载到期日,如本票未记载到期日的,一般都视为见票即付。而我国《票据法》未将到期日列入必要记载事项,仅从我国《票据法》有关条款②及《支付结算办法》第 108 条的规定中,反映出我国只有见票即付的银行本票,而无远期本票适用的余地的,由此表明我国现行立法对所允许签发的银行本票持谨慎态度,对其到期

---

① 我国台湾地区"票据法"第 120 条。郭锋、常风:《中外票据法选》,北京理工大学出版社 1991 年版,第 64—65 页。

② 我国《票据法》第 77 条规定本票出票人在提示见票时,必须承担付款责任。第 78 条规定,本票自出票日起,付款期限最长不得超过 2 个月。

日予以必要限制。

本票除记载上述必要事项外,有的国家的票据法还允许有任意事项的记载,如担当付款人、利息及利率、禁止背书文句、见票提示期限延长或缩短的特约、付款提示期限延长或缩短的特约、免除作成拒绝证书的文句以及禁止发行回头本票等,并强调这些事项一经记载,即具有票据法上效力。而若记载票据产生原因的文句、附条件付款的文句、支付方式的限制等,则可能影响本票的效力,一般视为未记载。

(三) 我国银行本票的签发、使用和基本样式

1. 我国银行本票的签发和使用。在我国根据《支付结算办法》第100条规定,银行本票的出票人为办理银行本票业务的银行机构。签发银行本票绝对必要记载事项有六项:表明"银行本票"的字样、无条件支付的承诺、确定的金额、收款人名称、出票日期和出票人签章。对于签章,我国《最高人民法院关于审理票据纠纷案件若干问题的规定》第41条指出,银行本票上的出票人的签章,为该银行的本票专用章加其法定代表人或者其授权的代理人的签名或者盖章,票据出票人在票据上的签章上不符合票据法以及该规定的,该签章不具有票据法上的效力。该规定第42条则强调,银行本票的出票人在票据上未加盖规定的专用章而加盖该银行的公章的,签章人应当承担票据责任。

由于本票限于银行签发,因此交易活动中的当事人需要使用本票的必须向银行申请,申请人应将本票交付给本票上记明的收款人。申请人使用银行本票,应向银行填写"银行本票申请书",填明收款人名称、申请人名称、支付金额、申请日期等事项并签章。申请人和收款人均为个人需要支取现金的,应在"支付金额"栏先填写"现金"字样,后填写支付金额。但申请人或收款人为单位的,不得申请签发现金银行本票。① 出票银行接受银行本票申请并收妥款项后签发银行本票,交付申请人。② 申请人应将银行本票交付本票上记明的收

---

① 《支付结算办法》第104条。
② 《支付结算办法》第105条。

款人。收款人取得银行本票后便享有票据权利。

收款人取得银行本票时应审查下列事项：一是收款人是否确为本单位或本人；二是银行本票是否在提示付款期限内；三是必须记载的事项是否齐全；四是出票人签章是否符合规定，不定额银行本票是否有压数机压印的出票金额，并与大写出票金额一致；五是出票金额、出票日期、收款人名称是否更改，更改的其他记载事项是否由原记载人签章证明。① 如收款人取得银行本票后以背书转让给被背书人的，被背书人除按规定审查上述事项外，还应审查下列事项：一是背书是否连续，背书人签章是否符合规定，背书使用粘单的是否按规定签章；二是背书人为个人的身份证件。②

2. 我国银行本票的基本样式。见下表：

二、本票的背书

本票的背书从原理到具体做法，都基本与汇票背书相近。但因

---

① 《支付结算办法》第 106 条。
② 《支付结算办法》第 107 条。

本票以出票人为付款人,没有承兑制度,故不能有预备付款人的记载。另外,鉴于本票无承兑制度这一特征,它当然不能准用汇票中关于背书人担保承兑的规定。我国票据法也未对本票背书作重复规定,而采用法定适用的办法规定,准用有关汇票的规定。

三、本票的见票

根据日内瓦统一法系有关规定,见票须按法定程序经历见票提示和出票人"签见"两个阶段。出票人"签见"后应将本票返还持票人。见票后付款日便确定。出票人拒绝"签见"的,持票人在作成拒绝证书后可以行使追索权。这是因为,从日内瓦统一法系的规定及理论上分析,本票到期日记载方式也可分为见票即付、定日付款、见票后定期付款和出票后定期付款四种。其中,见票即付、定日付款和出票后定期付款的本票的付款日期在出票时就已明确;唯有见票后定期付款本票的到期日,在出票时还未确定,持票人何时能行使票据权利,有待于付款人见票后才能确定。但本票无承兑制度,故各国票据法特设见票制度,以使持票人在提示见票后确定见票后定期付款本票的到期日。

我国《票据法》目前只准签发见票即付的银行本票,不准签发远期本票包括见票后定期付款的本票,本身无须见票和"签见",而我国《票据法》第77条和第79条中规定的"提示见票"与票据法理论上的见票制度截然不同。实质上该"提示见票"是为了请求付款,与持票人向出票人提示付款相差无几,不是见票制度中为了确定付款日期的见票。但随着票据立法的健全和完善,对本票信用功能的重视将指日可待。因此,须对见票这一本票的特殊制度加以关注。

(一)见票的概念

见票指本票出票人为确定见票后定期付款本票到期日的起算点,在持票人提示见票时,于本票上记载见票字样并签章的行为。

见票制度是票据法为本票而特设的,而且只有见票后定期付款的本票,才需要见票。这是因为本票不能适用汇票的提示承兑制度,但对见票后定期付款的本票,如无见票提示,就无法确定该注期本票的到期日。因此,见票后定期付款的本票,要求持票人在法定期限内向本票出票人为见票提示,并由本票出票人签名并记载见票字样及日期,以便让持票人明确该本票的到期日,届时能行使付款请求。

由此可见,见票制度的功能与承兑制度相仿,二者都具有确定到期日起算点的作用。但二者毕竟属不同的制度,在具体适用中决不能相互替代、混淆。其主要区别在于:

第一,行为主体不同。本票的见票表示是由本票的出票人进行,而汇票的承兑是由汇票的付款人实施。

第二,目的不同。本票的见票仅是确定本票到期日的起算点,至于本票出票人的付款责任并不由此确定,而且即使出票人未见到本票也应负绝对责任。而汇票承兑除了确定汇票到期日的起算点外,更重要的是还确定了承兑人的付款责任。

第三,适用范围不同。正因二者目的不同而使其对远期票据的适用范围也不同。在汇票制度中,除见票即付外,其他种类包括定日汇票、出票后定期汇票和见票后定期汇票,均须通过承兑来确定承兑人的付款责任。而见票制度在本票中仅针对见票后定期付款的本票。

(二) 见票的程序

根据各国票据法的有关规定,见票须按法定的程序进行,见票由如下环节组成,即见票提示、出票人的"签见"和交还本票。

1. 见票提示,是持票人为确定注期本票到期日的起算点而实施的行为。但从广义而言,见票提示还是持票人请求本票出票人依票载文义付款的必要条件,因为票据具有流通性,持票人不为提示,出票人无法知道谁是票据权利人。所以持票人应通过出示票据,以证明自己的权利人身份。此时,见票提示之作用与民法上的请求相似。所不同的是,见票必须出示票据,而不能用口头表示。由此也说明见票是出票人"签见"的前提,没有持票人的见票提示,出票人也就无法"签见"。

见票提示当属持票人的权利,但若任持票人自由行使,就可能因注期本票的到期日未确定,而使票据关系无法终结。因此,各国和有关地区的票据法一般均对见票提示加以限制,即规定见票提示的期限,准用汇票承兑提示期限的规定。我国台湾地区"票据法"第122

条规定,见票后定期付款的本票,应自出票日起6个月内进行见票提示,但出票人可以特约缩短或延长,延长的期限不得超过6个月。《日内瓦汇票本票统一公约》第78条规定,见票后定期付款的本票,应自出票日起1年内进行见票提示,且允许出票人自由伸缩该期限,但背书人只能缩短该期限。德国、日本、法国等票据法的规定与之相同。英、美等国只强调在一段合理的期间为提示。

2."签见"。"签见"行为由出票人完成,即持票人见票提示时,出票人验看无误后,应在本票上签名,记载见票字样和日期。《日本票据法》第78条第2款对见票记载的事项作了明确规定,若出票人未记载见票日期的,以法定提示见票期限的最后一日为见票日。

3. 交还本票。本票经出票人"签见"后,应由出票人将本票交还给持票人,使之能在到期日行使付款请求权。至此见票程序才告结束。

(三) 见票的效力

本票见票的效力主要表现为,见票具有确定见票后定期付款本票到期日的效力。但具体可能出现如下情况:

1. 出票人在持票人见票提示时,拒绝"签见"的,持票人应在提示见票期限内请求作成拒绝证书以证明见票拒绝的事实。此后,持票人就不必再为付款提示,也不必再作成付款拒绝证书,就可直接向其前手行使追索权。

2. 出票人在持票人于到期日为付款请求时拒绝付款的,持票人应请求作成付款拒绝证书,并凭此行使追索权。

3. 持票人若未在规定期限内进行见票提示或作成拒绝证书的,则丧失对除出票人外的前手的追索权。

四、本票的付款

本票付款是本票出票人所为的消灭票据关系的支付票载金额的行为。本票付款也应按法定程序进行,即须经过付款提示和付款两个阶段。因此,各国票据法均规定,汇票关于付款的规定,基本准用于本票。

但是,基于本票是自付证券的特性,它与汇票付款还略有区别的是:其一,本票无承兑制度,故汇票付款中关于承兑人的规定,在适用本票时,都应理解为本票的出票人。其二,本票的出票人就是付款人。此外,在汇票有关参加付款的规定中,除参加承兑人或预备付款人的规定外,其他的规定本票都可适用。

我国《票据法》在第 78、79、80 条中,对本票的付款作了具体规定。其特点是:首先,针对我国票据法规定本票只是银行本票,一律见票即付的规定,强调了本票的提示付款期限,即规定本票自出票日起付款期限不得超过 2 个月。据此,本票的持票人应当在出票日起的 2 个月内,向出票人提示付款。持票人若未按规定期限提示付款的,就会丧失对出票人以外的前手的追索权。其次,出票人是本票的绝对义务人,故票据法要求本票出票人在持票人持票提示付款时,必须承担付款的责任。即使持票人未按期提示付款,出票人仍应对持票人承担票据责任。

第三节 本票的强制执行

持票人行使票据追索权时,如出票人不为清偿的,持票人通常只能依民事诉讼程序取得法院裁决后,才可向法院申请强制执行,但如此就得花费相当的时间,与设立票据的基本目的相悖。因此,我国台湾地区在 1960 年修订其"票据法"时规定,持票人向出票人行使追索权时,可直接向法院申请裁定后强制执行。[①] 增加这一规定的意义在于,使权利人在无法自救的前提下,借助于法律的强制力实现自己的权利,并以此达到保护本票持票人合法权益,加强本票的索偿性,并促进本票流通的目的。[②]

我国无本票强制执行制度。

一、本票强制执行的条件

本票的强制执行须具备如下条件:

[①] 我国台湾地区"票据法"第 123 条规定。郭锋、常风:《中外票据法选》,北京理工大学出版社 1991 年版,第 65 页。

[②] 戴銡隆、凌相权:《台湾商事法论》,武汉大学出版社 1992 年版,第 194 页。

第一,必须是持票人可以行使追索权。即持票人只有在见票或付款提示遭到拒绝后,其已能行使追索权时,才能申请法院裁定强制执行。这是因为在持票人付款请求权是否能行使还不明确的情况下,就允许其申请强制执行,这不仅在法律上无法成立,而且也于情理不合。因此,持票人向法院申请裁定强制执行的,应提交有关拒绝证书,否则法院可不予受理。

第二,必须向本票出票人行使追索权。即持票人申请法院强制执行的本票债务人只能是本票出票人,对于票据上的其他债务人如背书人,则不能申请法院裁定强制执行。至于本票出票人的保证人虽与出票人负同一责任,但因持票人对出票人行使追索权的方法与对出票人的保证人有所区别,因此,持票人不得对保证人要求适用申请裁定强制执行的规则。

二、本票强制执行的程序

本票强制执行必须适用非诉讼程序进行。本票申请裁定强制执行属非诉讼案件,故不需经过民事诉讼程序,只需依简单的非诉讼程序即可,即在取得法院裁定后,就可申请法院强制执行,其管辖法院为票据付款地法院。对于申请本票强制执行的案件,其不涉及实体权利的确定,法院在受理后,只能就本票作形式上的审查,如必要记载事项有无欠缺、有无作成拒绝证书等,若形式没有欠缺,法院就应裁定进行强制执行。若本票当事人对实体权利有争执,可通过诉讼程序另行解决,而不受非讼案件裁定的拘束。若对票据有无伪造、变造发生争议,这也属实体问题,一般认为法院仍应为准许强制执行的裁定。但这样做有可能被不法之徒利用该程序获取非法利益。因此,为公平地保护各方利益,我国台湾地区有关规定强调,出票人主张本票系伪造、变造的,应在接到强制执行裁定后,向法院提起确认之诉。[①] 出票人如证明自己已按法律规定起诉时,执行法院应停止强制执行。但可依持票人的申请,允许其提供相当担保,继续强制执行,同样出票人也可申请,并提供相当担保,以停止强制执行。

---

① 杨建华:《商事法要论》,台湾地区广益印书局1984年版,第317—318页。

三、许可强制执行的范围

许可强制执行的范围,是法院裁定持票人可以向本票出票人取得的利益。依我国台湾地区"票据法"第124条引用的第97条规定,本票中所载的票据金额,因出票人负绝对付款责任,故无可非议地应纳入在许可强制执行的范围内,本票上所记载的票据金额的利息,也应归入许可强制执行的范围。而违约金由于不是票据法规定的记载事项,因此即使票据当事人有约定,并记载于本票上也不产生票据上的效力,自然也不能列入许可强制执行的范围。

思考题

1. 简述本票的基本特征。
2. 本票的见票与汇票承兑的区别。
3. 试述我国《票据法》上本票的种类及其基本款式。

第十三章 支 票

内容提示 本章在介绍支票概念、特征和种类的基础上,阐述了支票的特殊规则,分析了支票出票和付款等特性;介绍并分析了划线支票、保付支票的出票和效力;介绍并讨论了对空头支票的法律制约。

第一节 支票的概述

一、支票的概念与特征

(一)支票的概念

支票,指出票人签发一定的金额,委托银行或其他金融机构在见票时无条件支付给收款人或持票人的票据。我国《票据法》第81条将支票定义为:支票是出票人签发的,委托办理支票存款业务的银行或者其他金融机构在见票时支付确定的金额给收款人或者持票人的票据。一般认为,支票关系的当事人由三方组成,即:出票人或称发票人,是签发票据并担保按照支票文义付款的一方;付款人,是接受出票人委托承担相对支付票款责任的一方;收款人,是依出票人签发的支票所载金额提取票款的一方。出票人是支票的债务人,收款人是支票关系中的债权人,出票人在付款人处的存款足以支付支票金额时,付款人应在当日足额付款。

支票是支付工具,它与其他票据一样具有安全、迅速的功效。此外,支票经过背书转让,亦具有节省通货的作用。但是签发支票不能像签发其他票据那样,达到短期融资的目的。尽管如此,各国和有关地区对其仍非常关注,将它作为票据的法定形式之一规定在票据法之中。但英美法将支票作为汇票的一种,统一由票据法调整。如《英国票据法》第73条规定,支票是以银行为付款人的凭票即付的汇票。而德国、日本、《日内瓦支票统一公约》则认为支票与汇票存在不少区别,将它作为一种独立票据,专门归支票法调整。在理论上前者为合并主义,后者为分离主义。我国既注意到支票与其他票据的共性,又意识到支票的特殊性,故在将支票纳入票据法调整的同时,又以第四章专门规定之。

(二) 支票的特征

无论采用何种立法体例,在理论上支票仍是票据的一种。它除应具备票据的一般特征外,与汇票和本票相比有自身的特殊性,其主要特征如下:

1. 支票是委托金融业机构付款的票据。支票与汇票同属委托证券与本票作为自付证券有别。但支票的付款人仅限于金融业者,其他单位和个人都不能担任付款人,而汇票则无此限制。这一特征又将支票与汇票相区别。法律之所以作如此限制,是因为支票为支付证券,注重现实支付,以金融业者为付款人,有利于出票人凭借银行等金融业者的信用,而使支票的支付性得以强化。

2. 支票是支付证券。支票作为支付工具为见票即付。与本票、汇票不同,支票就理论上而言就没有到期日,也不存在承兑或见票制度。因此,支票只能采用见票即付的方式,付款人一旦见票,就必须无条件依票载金额向收款人或持票人付款。法律对支票提示付款的期限也很短,属"短期提示付款期限制度"。持票人未依法在规定的期限内提示付款,便丧失对出票人以外的其他债务人的追索权。①

3. 支票是通常以出票人在出票时在银行(付款人)有足够存款为前提的票据。换言之,支票的签发,不是根据出票人的信用,而是根据其在付款人处有足够的资金,因此,实质上支票的出票人是第一债务人并负绝对责任,而付款人则负相对责任,这也是决定付款人无办理承兑手续必要的因素之一。我国《票据法》第82条和《支付结算办法》第117条规定,支票的出票人必须在经中国人民银行当地分支行批准办理支票业务的银行机构开立可以使用支票的存款账

---

① 覃有土:《商法学》,中国政法大学出版社2002年版,第328页。

户,并存入一定的资金。即强调在支票签发前,必须在出票人与付款人之间先有资金关系,以增强支票的信用。

二、支票的种类

以不同的划分标准,支票大致可分为如下几种:

(一) 记名式、指示式和无记名式支票

这是以是否记载收款人为划分标准作出的分类。记名式支票亦称抬头支票,指在支票上记载收款人姓名或名称的支票。使用这种支票收款人须亲自在支票上签名或盖章,否则付款人不能支付。同样,转让时也须收款人背书。指示式支票指出票人在支票上记载收款人姓名或名称,并附加指定文句的支票。这种支票应经收款人或其指定人签章后,付款人才能付款,与记名支票相似,也能由持票人背书转让。无记名支票指出票人在票据上未载明收款人姓名或名称,或仅记载"付来人"字样的支票。这种支票任何人都可持票直接到银行请求支付,而不必有收款人的签章。其转让的方式为交付转让,但持票人使之成为记名式支票后,也可背书转让。对无记名支票日内瓦统一法系和多数国家和地区都认为有效,此点与对无记名汇票和本票的态度不同。我国票据法对此也予认可。

(二) 对己支票、指己支票和受付支票

这是以一人是否兼任二个以上的当事人为划分标准作出的分类。对己支票是出票人以自己为付款人而发行的支票。这种支票的发行一般要求出票人具有发行资格,即为金融机构。指己支票是出票人以自己为收款人而签发的支票。这种支票只要出票人在银行等金融机构有存款即可签发。受付支票是出票人以付款人为收款人而签发的支票。这种支票通常仅限于在金融机构中签发。在上述三种支票中,各国和有关地区票据法只对指己支票有较为统一的认识,均规定出票人可以自己为收款人签发支票。对于其他两种的规定有所不同,如受付支票,只有在我国台湾地区"票据法"中有较明确的规定[①],多数国家则未提及。又如对己支票,在《日内瓦支票统一公约》中第 6 条第 3 款规定,只有在同一出票人下的不同机构中可以签发,德国、法国等支票法与此相同。而日本等国则未作如此明确的限制,且明文规定可以签发对己支票。[②] 在我国《票据法》中除规定了指己支票可适用外,对其他两种只字未提。

(三) 普通支票和特种支票

这是以付款方式是否有特别保障或限制为划分标准作出的分类。普通支票是法律无特别限制或保障的支票。特种支票是票据法对付款方式规定了特别保障措施的支票。特种支票又分划线支票和保付支票。

划线支票亦称平行线支票,指在支票正面左上角划两道平行线的支票。划线支票又分为普通划线支票与特别划线支票。前者仅划两道平行线,后者在两道平行线中记载银行的名称;前者只能向金融机构付款,后者只能向特定金融机构付款。非金融机构的社会组织或个人持有划线支票的,必须委托金融机构取款。由于划线支票只限于银行转账,而不能凭此支取现金,这对于支票被盗或遗失后防止他人冒取票款有积极的意义。我国无特别划线支票。

保付支票指付款人在支票上承诺承担付款责任的支票。即支票付款人在支票上记有"照付"或"保付"字样或与此同义的文句的支票。支票一经保付便发生以下效力:一是付款人承担付款责任。为保障付款,付款人在保付时从出票存款中将票款划出,另立账户专门用于付款。二是免除其他票据债务人的责任。其他票据债务人包括出票人、背书人。我国无支票保付制度。

(四) 即期支票和远期支票

这是以出票日与实际出票日间隔的情形不同为划分标准作出的分类。即期支票指票据记载的出票日为出票当日的支票。亦即记载

---

① 我国台湾地区"票据法"第 125 条第 3 款。郭锋、常风:《中外票据法选》,北京理工大学出版社 1991 年版,第 66 页。

② 《日本支票法》第 6 条。

的出票日与实际出票日一致,可即时提示付款的支票。远期支票指票据记载的出票日为将来某一时日的支票。亦即记载出票日与实际出票日不一致,持票人须在记载的出票日届至才可提示付款。

严格地说,支票中只有即期支票一种,远期支票一词在法律上并无依据。这是因为支票是一种支付工具,注重现实支付,若付款期过长,签发人不易掌握资金情况,容易产生空头支票,所以立法规定只能签发即期支票,不准签发远期支票;支票上只能记载出票日,不能记载到期日。如《日内瓦支票统一法公约》第 28 条规定,支票限于见票即付,任何相反规定视为无记载。在载明为出票日前作付款提示的支票,应予提示日付款。但在不少国家中,人们往往赋予支票新的经济机能,将它充任为信用工具。因此,实践中远期支票已有一席之地。就习惯上所称的远期支票而言,其实质是将出票日填后的支票,即票载出票日晚于实际出票日的支票。这样使持票人早于票载出票日得到支票,就等于延长了支票的提示付款期间。对此,学理上称为预开支票或倒填支票。① 另英美等国票据制度均认可远期支票。远期支票中所记载的出票日虽然与实际出票日不一致,但仍然有效,持票人可以背书转让票据权利,但不得提前提示付款,因为票据上记载的出票日期尚未届至。持票人须等待票据上记载的出票日到来时,才能向付款人提示付款。因远期支票上记载的出票日未届至而不获付款的,持票人也不能行使追索权。付款人期前付款的,持票人受领并非无效。因期前付款造成他人损失的,付款人应承担赔偿责任。我国无远期支票制度,实践中发现远期支票的,视为即期支票。②

(五) 转账支票和现金支票

这是以持票人是否能凭票支取现金为划分标准作出的分类。转账支票是出票人在支票正面载明转账字样或专门为转账而制作,并通过银行转账程序将票款进入持票人账户的支票。这种支票只能用

---

① 杨建华:《商事法要论》,台湾地区广益印书局 1984 年版,第 322 页。
② 覃有土:《商法学》,中国政法大学出版社 2002 年版,第 329 页。

于转账,不能用于支取现金。现金支票是出票人在支票正面载有现金字样并以现金支付票款的支票。这种支票只能用于支取现金。支票上未印有"现金"或"转账"字样的为普通支票,普通支票既可用于支取现金,也可用于转账。在普通支票左上角划两条平行线的,为划线支票,划线支票只能用于转账,不得支取现金。

第二节 支票的特殊规则

各国票据立法中尽管有合并主义和分离主义的不同体例,但考虑到支票与汇票都同属票据,存在诸多共性,尤其是三票合立于一法的国家还为避免重复,故也会像本票那样规定准用关于汇票规定的相关规则。一般对支票的出票、背书、付款、追索权的行使等,除支票的特殊规则外,可适用汇票的规定。我国《票据法》第93条规定:"支票的背书、付款行为和追索权的行使,除本章规定外,适用本法第二章有关汇票的规定。支票的出票行为,除本章规定外,适用本法第24条、第26条关于汇票的规定。"但与本票相同,支票也有特殊规则或特殊之处。

一、支票的出票

(一) 支票的出票限制和效力

1. 支票的出票限制。支票的出票是支票出票人依法在支票上记载必要事项并签名后将支票交给收款人的票据行为。支票的出票与汇票基本相同,也由作成票据与交付票据两方面组成。但就法律规定而言,支票的出票通常受到相应的限制,有其独特之处。主要表现如下:

(1) 支票的发行,除对己支票外,出票人与付款人间要有委托付款的合同和支票资金关系的存在。在理论上支票的资金关系的存在形式,既可是存款也可是透支信用契约等(我国现行制度只限于存款)。在签发支票后,银行(付款人)应为出票人代为付款。为督促支票出票人与付款人资金关系的确定,各国的票据立法都对支票出票人予以相应的限制,我国也不例外。

按我国《票据法》规定并非任何人均可签发支票,只有在银行开立可以使用支票的存款账户的单位和个人才能签发支票。而支票存款账户的开立又得符合票据立法的要求。我国《票据法》第82条规定:"开立支票存款账户,申请人必须使用其本名,并提交证明其身份的合法证件。开立支票存款账户和领用支票,应当有可靠的资信,并存入一定的资金。开立支票存款账户,申请人应当预留其本名的签名式样和印鉴。"可见,我国票据立法对开立支票存款账户有三方面的要求:一是申请人在向银行申请开立支票存款账户时,必须使用本名,不得使用化名、假名等,并应提交能够证明其身份的合法证件如身份证等,以便让受理银行查验、确认,从而防止有人故意冒名开立支票存款账户进行诈骗活动。二是申请人应有可靠的资信。通常要求申请人有两个推荐人推荐,同时还应当预先存入一笔资金,以确保申请人资信状况的可靠和支票的顺利支取。三是申请人应预留本名签名和印鉴。如此做法,一方面可防止有人冒用签名、私刻印鉴骗取支票资金;另一方面也可为确认银行在付款中是否可以免责提供依据。无疑,从严把好开立支票存款账户的关,对保证支票正常和顺利的流通是至关重要的。

(2) 禁止出票人签发空头支票和与其预留本名签名式样或者印鉴不符的支票。支票出票人签发的支票金额,不得超过付款时出票人在付款人处实有的存款金额。即支票出票人签发支票后,必须保证支票付款时在付款人处存有足以付款的资金。如果出票人签发的支票金额超过了付款时他在付款人处实有的存款金额,出票人就是签发空头支票。根据我国《票据法》的有关规定,签发空头支票诈骗犯罪的,应当承担刑事责任;情节轻微不构成犯罪的,依照国家有关规定给予行政处罚。法律之所以如此规定,是因为支票的功能主要在于作为支付凭证。如出票人签发空头支票,将使支票的作用荡然无存,并影响票据的正常流通乃至于整个经济秩序。支票出票人签发支票时的签名或印鉴,必须与他事先预留于付款银行的签名和印鉴相一致,这是支票出票人必须遵守的规定,是出票人的义务。因为支票作为一种支付凭证,不仅是持票人行使权利的依据,而且也是付款人确认持票人是否真正权利人的依据。所以,对于出票人来说,不得签发与银行预留签名和印鉴不符的支票,对于付款银行来说,则应严格审查支票签名或印鉴与出票人预留签名和印鉴是否一致。

支票出票人与付款人间的合同和资金关系,并非支票出票的有效条件,纵使支票出票人与付款人间无合同关系,支票出票人开具的支票仍然有效。也就是说,出票人在付款人处无存款或不存在信用透支关系,致使付款人拒绝付款时,持票人仍可依票据关系向票据债务人行使追索权。①

2. 支票出票的效力。支票出票行为完成后,随即产生与之相应的出票法律效力。其主要体现在三方面:

(1) 对出票人的效力。即出票人的责任,除经付款人保付的支票外,出票人应依支票所载文义担保付款人必须付款,如付款人没有付款或没有足额付款,出票人应承担最后偿还的责任。我国《票据法》第89条第1款规定:"出票人必须按照签发的支票金额承担保证向持票人付款的责任。"

(2) 对付款人的效力。因支票出票人仅委托付款人代为付款,而付款人在支票上并未签章,故支票的出票行为对付款人来说并无强制性效力,付款人不因出票行为而承担票据债务。但我国《票据法》第89条第2款规定"出票人在付款人处的存款足以支付支票金额时,付款人应当在当日足额付款",以此约束付款人。

(3) 对收款人的效力。支票出票后,收款人即取得了向付款人请求付款的权利。若收款人按期提示付款遭拒绝并依法作成拒绝证明的,则可行使追索权。

(二) 支票出票的款式和我国支票的基本样式

1. 支票出票的款式。即支票出票人在签发支票时所应记载的事项。其中可分为必要记载事项(包括绝对和相对必要记载事

---

① 《日内瓦支票统一法公约》第3条。

项)和任意记载事项。各记载事项的效力也大致与汇票相同。我国票据法规定,签发支票须记载下列事项:(1)表明"支票"的字样。(2)无条件支付的委托。(3)确定的金额。(4)付款人名称。(5)出票日期。(6)出票人签章。上述事项缺一不可,否则票据无效。支票的收款人名称、金额可以空白,授权他人补记。支票应记载付款地、出票地,未记载的,付款人的营业场所为付款地,出票人的营业场所、住所或者经常居住地为出票地。[①] 结合《日内瓦支票统一公约》以及各国和有关地区的票据法规定,支票应记载事项有:

(1)表明支票的字样。即表明其为支票的文字,以区别于其他票据。在我国统一印制的支票上,都已印好"支票"字样。

(2)无条件支付的委托,即委托付款银行无条件支付的文句。虽然支票和汇票都是要载明无条件支付的委托,但两者含义略有不同。这是因为汇票付款人在承兑前无付款义务,是否为承兑又是付款人的自由,故出票人的委托能否实现,完全取决于付款人的决定。而支票出票人在签发支票时,事先已在付款人处存有资金,故支票付款人尽管仍可独立决定是否为付款,但已受到票据法规定的相应约束。

(3)确定的金额。即应载明一个确定的支票金额,但一般不得超过付款时出票人在付款人处的实有存款金额。

(4)付款人的名称。即付款银行的名称,在支票付款人的记载中,不能记载个人姓名和企事业单位、机关、团体的名称。

(5)收款人的姓名或名称。即支票创设时的最初权利人,他可以是出票人自己。

(6)出票地。含义作用同于汇票。

(7)出票年月日,即出票日期。含义作用同于汇票。

(8)付款地。含义作用同于汇票。

(9)出票人的签名。对此,我国《最高人民法院关于审理票据纠纷案件若干问题的规定》第41条指出,支票上的出票人的签章,

---

① 《中华人民共和国票据法》第84、85、86条。

出票人为单位的,为与该单位在银行预留签章一致的财务专用章或者公章加其法定代表人或者其授权的代理人的签名或者盖章;出票人为个人的,为与该个人在银行预留签章一致的签名或者盖章。票据出票人在票据上的签章上不符合票据法以及该规定的,该签章不具有票据法上的效力。该规定第42条则强调,支票的出票人在票据上未加盖与该单位在银行预留签章一致的财务专用章而加盖该出票人公章的,签章人应当承担票据责任。

以上(1)、(2)、(3)、(4)、(7)、(9)项,在我国和日内瓦统一法系中,均作为绝对必要记载事项,未记载前列事项的支票无效。我国《票据法》规定出票人可签发金额未填写的"空白支票"。第85条又规定"支票上的金额可以由出票人授权补记,未补记前的支票,不得使用"。这一规定与支票金额为绝对必要记载事项的要求并不矛盾。因为尽管出票人在出票时可不记载一定金额,但在持票人使用时必须补齐,否则不得使用。当然,补记支票金额必须由出票人授权。

以上(5)、(6)、(8)项,一般认为属于相对必要记载事项。这些事项如有欠缺,法律另行拟定其效果,而不使所发行的支票无效。但我国规定与《日内瓦支票统一法公约》以及各国和有关地区的具体规定稍有不同。通常,对未载收款人的支票即无记名支票,视为来人(持票人)为收款人[1],我国《票据法》也认同未记载收款人名称的支票,但在提示付款前,须经出票人授权补记。[2] 对未记载付款地的支票,《日内瓦支票统一公约》第2条规定,付款人姓名旁记载的地点视为付款地,如付款人姓名旁所载地点有数处时,以第一处为支票付款地,未载付款地及无任何其他表示者,以付款人主要机构所在地为支票付款地。而我国《票据法》则规定付款人的营业场所为付款地。对未载出票地的支票,《日内瓦支票统一公约》等规定,出票人姓名旁所载的地点视为出票地,我国《票据法》是将出票人的营业场所、

---

[1] 《日内瓦支票统一法公约》第5条第4款。
[2] 《中华人民共和国票据法》第87条。

住所或经常居住地为出票地。

　　支票除应记载上述事项外,不少国家和地区还允许记载任意事项,如平行线、自提示日起的利息和利率、禁止背书的文句等,并认为这些事项一经记载,即具有法律效力。但应注意的是,有些事项是不能记载的,如需承兑的记载等,这种记载至少被视为无记载。我国《票据法》中对支票的任意记载事项不加禁止,但除某些记载外,不发生票据效力。

2. 我国支票的基本样式

××银行支票存根
支票号码
科目
对方科目
出票日期　年　月　日
收款人：
金额：
用途：
单位主管　会计

本支票付款期限十天

××银行　支票（　）
出票日期（大写）壹玖　年　月　日
收款人：
人民币（大写）　千百十万千百十元角分
用途
上列款项请从
我账户内支付
出票人签章
地名
支票号码：
付款行名称：
出票人账号：
科目（借）
对方科目（贷）
转账日期　年　月　日
复核　记账

××银行现金支票存根
支票号码
科目
对方科目
出票日期　年　月　日
收款人：
金额：
用途：
单位主管　会计

本支票付款期限十天

××银行　现金支票
出票日期（大写）　年　月　日
收款人：
人民币（大写）　千百十万千百十元角分
用途
上列款项请从
我账户内支付
出票人签章
地名
支票号码：
付款行名称：
出票人账号：
科目（借）
对方科目（贷）
付讫日期　年　月　日
出纳　复核　记账
贴对号单处　出纳对号单

[转账支票样张]

二、支票的背书

支票没有预备付款人,也不存在承兑制度,因此除有关预备付款人和汇票中背书人担保承兑的规定外,支票均可适用汇票关于背书的规定。

须注意的是:第一,《日内瓦支票统一公约》对支票付款人的背书有所限制,该公约第15条第5款规定:"以付款人为被背书人的,只发生收据的效力。但付款人有数个机构,而被背书人不是该支票的付款机构时,不在此限。"我国《票据法》中对此未作规定。第二,支票在转让时实质上多数以交付转让,这是由支票付款提示期限较短所决定的。第三,对支票能否为设质背书有争论,有认为支票不能为设质背书的[1],也有认为支票可为设质背书的[2],根据我国《担保法》第75条规定支票可质押,故应可为设质背书,但因支票有效期短,故其作质押的实际效用会受影响。

三、支票的付款

支票签发后,出票人对持票人负票据付款的担保责任。因此,出票人所签发的支票金额不得超过其付款时在付款人处实有的存款金

---

[1] 王小能:《票据法教程》,北京大学出版社1994年版,第405页。
[2] 刘心稳:《票据法》,中国政法大学出版社2002年版,第253页。

额,不得签发与其预留本名的签名式样或者印鉴不符的支票。

支票的付款由付款提示和付款两个阶段所组成,且依其性质,它不能完全准用汇票的有关规定,因此,各国和有关地区的票据法或支票法对此都有专门规定,分述如下:

(一) 支票的付款提示

支票为票据的一种,支票收款人或持票人在行使付款请求权时,必须在法定期限内进行付款提示。票据法中关于支票提示的规定主要有如下方面:

1. 支票的提示期限。支票为支付证券,注重付款的效率,因此支票均为见票即付,形式上应不存在到期日的规定,根据《日内瓦支票统一公约》的规定,支票的提示期限以支票上所记载出票日的次日为起算点,以支票的出票地与付款地间的距离来确定提示期限的长短。具体为:(1) 在国内付款的支票,应于 8 日内作付款提示;(2) 在一国出票另一国付款的支票,应于 20 日或 70 日内作付款提示,该期限的长短,依签发地和付款地是否位于同一洲而定;(3) 在欧洲一国出票,于地中海沿岸一国付款的支票,或于地中海沿岸一国出票,于欧洲一国付款的支票,视为由同一洲签发并付款的支票。① 另如支票的签发地和付款地的日历不同,其出票日应解释为是付款地日历的相应之日。② 德国、法国、日本等国支票法与之基本相同,唯有日本对于国内签发并付款的支票规定在 10 日内为付款提示。③ 我国《票据法》第 90 条规定,支票限于见票即付,不得另行记载付款日期。若有记载,该记载无效。同时,该法第 91 条明确规定支票的持票人应当自出票日起 10 日内提示付款,异地使用的支票,其提示付款的期限由中国人民银行另行规定。

2. 付款提示被拒绝的证明。支票持票人在法定期限内为付款提示而遭到拒绝时,应于提示期限内或者拒绝付款日及其后规定的日期内,通常是规定拒绝付款日后的次日,请求作成拒绝证书。④ 拒

---

① 《日内瓦支票统一公约》第 29 条、30 条。
② 《日内瓦支票统一公约》第 30 条。
③ 《日本支票法》第 29 条第 1 款。
④ 《日内瓦支票统一公约》第 41 条。

绝证书的作成,与汇票相同,收款人或持票人在取得拒绝证明后可以行使追索权。付款人在支票或粘单上记载有关拒绝文义及年月日并签名的,应与作成拒绝证书具有同一效力。若仅在支票记载拒付而未经付款人记明年月日并签名的,或者另由付款人出具证明书证明持票人为付款提示的,一般认为均不得产生与拒绝证书相同的效力。

3. 未合法提示或未作成拒绝证书的法律后果。持票人在法定提示期限内未为付款提示,或在拒绝付款日或其后规定期限内未请求作成拒绝证书的,丧失了对出票人以外的票据债务人的追索权。也就是说,持票人对出票人主张支付票载金额的权利则不因未在法定期限内提示或未作成拒绝证书而受影响。就理论而言,不能排除商业银行倒闭的可能,故因持票人怠于提示,造成出票人损失的,持票人亦应在票面金额的范围内承担赔偿责任。

(二) 支票的付款

付款人在出票人的存款数额足以支付支票金额时,除非收到出票人宣告破产的通知,均应在当日足额付款。其付款的方式一般准用汇票的规定。但根据支票的特性,多数国家和有关地区另有如下规定:

1. 提示期限经过后的付款。出票人在提示期限经过后,仍应负票据上的责任,而付款人受出票人的委托付款,与出票人间必有契约关系,为免除出票人的责任,在提示期限经过后,付款人也应付款。如《日内瓦支票统一公约》第32条第2款规定,支票如未付款,即使在提示期限届满后付款人亦得付款。然而,如果出票人撤销付款委托或票据上权利因时效而消灭的,除保付支票外,均不得再进行付款,否则付款人应依民法上委托的原理,向出票人承担损害赔偿责任。此外,支票遗失或被盗后,恶意取得票据者,虽然不能享有票据上的权利,但此项事实,非付款人能认定,应通过有关诉讼程序来处理,因此,出票人也不得撤销付款之委托。

对于提示期限经过后付款的规定,《日内瓦支票统一公约》与我国《票据法》的规定有所不同。我国《票据法》第91条第2款规定:"超过提示付款期限的,付款人可不予付款,付款人不予付款的,出票人仍应当对持票人承担票据责任。"由此可见,我国《票据法》更注重出票人的责任,对付款人与出票人间的内部关系不加任何硬性规定,付款人是否愿为付款,由其自己决定。但一旦实施付款行为,付款人除有恶意或重大过失的付款外,对出票人不再承担委托付款责任,对持票人不再承担付款的责任。

2. 支票的部分付款。《日内瓦支票统一公约》认为,如果出票人的存款或信用契约所约定的数额,不足以支付全部金额时,支票的付款人可以仅就支票金额的一部分付款。付款人部分付款时,持票人不得拒绝,并应在支票上记载实收数额,付款人则有权要求持票人另给收据。① 这是因为持票人对未获付款部分仍可行使追索权,所以,持票人无须将支票交给付款人,以便继续行使追索权。多数国家票据法也都持相同态度。但是,我国《票据法》对部分付款问题没有明确规定。

3. 支票的转账、抵销及其他规定。支票付款人的付款,应以现实支付为原则,但以支票转账或抵销债务的,应与现实的货币支付具有相同效力。② 我国台湾地区"票据法"第129条规定,以支票转账或为抵销者,视为支票的支付。③ 我国《票据法》虽对此无明确规定,但从理论上来说应能成立,如A、B均在C银行有账户,A将其持有B签发由C付款的支票向C提示付款,C可自B的账户内将票载金额转入A的账户,此即为转账。又如A在B银行开设支票账户,A同时又对B负有债务,A可签发票载金额与其所负债务相同并以B为收款人的支票,清偿所欠债务,此即为抵销。转账或抵销虽均未发生现实的支付,但持票人的票据权利均得以实际实现。

另外,由于支票无承兑制度,不能适用提存的有关规定,因此,支票付款人付款时,有权要求收款人在支票上签章并将该支票收回,以证明收讫事项完成。

(三) 支票付款人的责任及付款效力

1. 支票付款人的责任。支票的付款人与汇票的承兑人不同,他原本并不应承担付款责任,只不过为维护持票人的利益,票据法才规

---

① 《日内瓦支票统一公约》第34条。
② 王小能:《票据法教程》,北京大学出版社1994年版,第412页。
③ 郭锋、常风:《中外票据法选》,北京理工大学出版社1991年版,第67页。

定支票的付款人在一定条件下,应负相对的付款责任。所谓一定条件,一是指出票人的存款或信用契约所约定的数额足以支付支票金额;二是付款人未收到出票人破产宣告的通知。这是因为出票人一旦受破产宣告,其所有的财产就应归入破产财产,当然其在付款人处的存款也不能例外。因此,当付款人收到破产宣告通知后,就不得再进行付款。此外,付款人根据出票人的委托,依票载文义付款时,一般不得任意变更,只要支票的背书完整连续,付款人通常就得付款。也就是说付款人付款时仅负审查背书是否连续完整的义务,对背书人签名是否真实则无审核之义务。即使持票人是拾得或盗窃得到支票,付款人付款后也不承担赔偿责任。但付款人有恶意或重大过失者除外。

2. 支票付款的效力。支票付款人依法向持票人按期足额付款后,即产生如下两方面的效力:一是对付款人的效力。支票付款人一旦依法向持票人支付票载金额,他对出票人和持票人就不再承担票据上的责任。我国《票据法》第 92 条规定,付款人依法支付支票金额的,对出票人不再承担受委托付款的责任,对持票人不再承担付款的责任。但是,付款人以恶意或者有重大过失付款的除外。二是对其他债务人的效力。付款是一种以消灭票据关系为目的的行为。付款后票据上的债权债务关系应随之消灭。因此,当支票的付款人依法按期足额向持票人付款后,不仅使自己对出票人、持票人的责任免除,而且也使支票上的其他债务人的责任也一并解除。但若付款人在付款时有恶意或重大过失的,也应当除外。

四、支票的追索权

支票的追索权与汇票追索权的规定大致相同,我国《票据法》对此未作出特别规定。但事实上基于支票的某些特性也将对支票追索权有所影响,因此在《日内瓦支票统一公约》中作出不同规定,其主要体现为:第一,支票不可能发生不获承兑的期前追索,因支票为见票即付,无承兑制度,即不经付款提示无法确定能否实现票据权利。故不存在该期前追索。为此,《日内瓦支票统一公约》第 40 条,仅规定了不获付款是持票人行使追索权的原因,而我国台湾地区"票据法"则将在付款提示期限内提示付款遭拒绝和付款人因破产、被责令停止营业等,作为持票人行使追索权的原因。第二,最初追索权金额的计算不包括约定利息,有记载约定利息的,不发生票据法上效力;另同样是因为支票为见票即付,无到期日,故法定利息不能从到期日起算,而只能在提示付款之日起算。①

第三节 特种支票

特种支票包括划线支票和保付支票,因票据立法对其规范与普通支票不尽相同,故分述如下:

一、划线支票

(一)划线支票的概念

划线支票又称平行线支票、横线支票,指在支票正面划两道平行线的支票。划线支票起源于英国。② 当时在支票上划二道线,并在其中写上银行名称,让票据交换所分清该票据属于谁,以便分别记账。这种方式对冒领票款也具有预防作用,1882 年英国票据法对此进行了规定。美国、欧洲和《日内瓦支票统一公约》也接受了这一形式。随着划线支票被迅速地推广,它已成为票据法中的规定。但我国《票据法》未作规定,但实践中有普通划线支票的做法。

划线支票的特点是以银行作为收款人。也就是说,付款人不能直接将现金付给持票人,只能付给持票人的银行,持票人只有成为银行的客户,即通过自己开户的银行才能取得现金。相对一般支票而言,划线支票减少了支票遗失、被窃的风险,弥补了付款人不负责调查持票人取得支票是否有合法原因带来的不足,体现了支付票款的安全可靠性,有效地保护了真正持票人的利益。

划线支票应由谁进行划线记载,票据法不作强行规定,一般认为任何与支票有关之人如出票人、背书人、持票人等均可为此记载,甚

---

① 王小能:《票据法教程》,北京大学出版社 1994 年版,第 430—432 页。
② 戴鍏隆、凌相权:《台湾商事法论》,武汉大学出版社 1992 年版,第 200 页。

至银行或其他金融机构接受委托取款时,也能作该项记载。划线的记载仅是限制持票人提示付款,故无须在划线后签名及填列日期;平行线究竟应划在何处,一般认为应划在支票正面左上角处,以防止与票据的涂销相混。

(二) 划线支票的种类

划线支票又有普通划线和特别划线支票之分。普通划线支票,指在支票上只划两道平行线或只在横线内记载银行或其他相同文义的支票。如《日内瓦支票统一公约》第37条第3款规定,只在平面划线二行线,或在二线之间加"银行"或其他相同词语,为普通划线支票。而《英国票据法》第76条规定的普通划线支票是,支票票面划线并在线内记载"××公司"一词或任何相关的缩写,记或不记"不得流通转让"字样;或者仅划两条平行线,记或不记"不得流通转让"字样者。我国台湾地区"票据法"第139条规定,普通划线支票指仅在票面上划二道平行线者。而实务中也有线内记载银行或公司字样或相同词义的情况。① 可见,其对普通划线支票的定义稍有不同。特别划线支票,指除在支票上划两道横线外,还在横线中间表明特定的收款银行的支票。对此《日内瓦支票统一公约》、《英国票据法》以及我国台湾地区的规定相同,都强调应记载银行的名称。这种支票的付款只能由横线内指定银行为收款时才有效。一般规定,普通支票可以转为划线支票,但划线支票不得转变为普通支票;普通划线支票可变为特别划线支票,但特别划线支票不得改变为普通划线支票。此外,划线或记载的指定银行不得涂销,若涂销的。视为未涂销。②

(三) 划线支票的效力

支票一经划线产生如下效力:

1. 普通划线支票的付款人仅可对银行或付款人的客户支付票载金额;特别划线支票的付款人仅可对指定银行付款。若被指定银行为付款人时,只能向本银行的客户支付票载金额。若被指定银行

---

① 王小能:《票据法教程》,北京大学出版社1994年版,第419页。
② 《日内瓦支票统一公约》第37条第4、5款。

委托其他银行代为收款,付款人也应予以支付。

2. 银行只能从其客户或另一银行处取得划线支票,并只能为其客户或另一银行结算,而不得为其他人代收划线支票。

3. 对有数对特别平行线的支票,付款人不得支付,但若有两对特别平行线,而其中之一是在票据交换所托收的,不在此限。

4. 付款人违反平行线的有关规定,对因此造成的损害,应在不超过支票金额的范围内,负赔偿责任。如《日内瓦支票统一公约》第38条第5款和我国台湾地区"票据法"第140条都有此规定。

二、保付支票

(一) 保付支票的概念

保付支票是付款人在支票上记载了照付或保付或其他同义字样的支票。保付制度渊源于美国。由于支票作为支付工具,贵在迅速兑现,不可能设立妨碍及时行使权利的承兑制度。因此,能落实支票付款责任又不违反支票制度特性的保付制度就应运而生。保付实质上是一种特殊的票据行为,其功效相同于汇票的承兑,支票一经保付,付款人即成为第一债务人,票据其他债务人的责任得以免除。如《美国统一商法典》第3-411条规定,对支票的保付即承兑,在持票人的支票获得保付后,出票人和全体保付前的背书人均免责。现在保付制度已在不少国家和地区中施行。在我国保付支票曾是一种传统的支付工具,但由于银行本票业务的开展,为简化结算种类而取消了保付支票。因此我国票据法对此也未作规定。

支票的保付,只有当付款人在支票的正面记载"保付"、"照付"或其他同义字样,并附日期和付款人签名时,才发生保付效力。保付不应附条件,附条件者视为条件未记载。保付也不得就部分支票金额进行保付,更不得对支票上所载事项进行任何变更。

(二) 保付支票的效力

支票经保付后将发生如下效力:

1. 支票经保付后,支票付款人即从非票据债务人变为债务人,其付款责任与汇票承兑人相同。而且付款人是支票上唯一绝对的债务人,出票人、背书人均因保付行为而免除其责任。当持票人作付款提示时,付款人见票后就须立即依票载金额予以支付,不得以资金关系对抗善意持票人。此外,不论持票人是否在法定期限内提示付款,或者支票已经过期,付款人都须付款。

2. 付款人为支票保付行为时,应从出票人存款中将票载金额转出,另立户头,把该户头款项作为保付支票的专门款项,以便在持票人请求付款时使用。若出票人的存款不敷票据金额或出票人所签支票金额超过信用契约所定的数额,付款人均不得为保付行为,持票人的前手及出票人也不能因此免除责任。

(三) 保付与保证、承兑的区别

1. 保付与保证的区别。保付与保证制度的确立,目的均在于增强票据的信誉,但保付是支票特有的制度,而保证是票据共有的制度,故两者不能混淆。其区别主要有:

(1) 行为主体资格限制不同。支票保付只能由付款人进行,其他票据债务人以外的第三人均不能为支票的保付行为。票据的保证通常是由票据债务人以外的第三人进行,相对而言,保证人的范围较广。

(2) 责任不同。支票经保付后,支票的保付人是支票上唯一的、绝对的债务人,其他债务人均因保付而免责。票据保证后,保证人与被保证人负同一责任,票据上的其他债务人不因此而免责,他们仍须各负其责。

(3) 付款后的效力不同。支票的保付人支付票载金额后,支票关系即告消灭,不存在追索权的行使。票据保证人付款后,得视被保证人的地位而定。通常,票据关系依然存在,被保证人后手责任可免除,而保证人还需向被保证人及其前手行使追索权。

2. 保付与汇票承兑的区别

支票经保付与汇票经承兑后,均使保付人和承兑人承担绝对付款责任,但两者毕竟是支票和汇票中的特有制度,故仍存在不同之处。具体表现为:

(1) 主体地位与责任不同。支票经保付后,付款人成为支票的债务人,且是唯一的债务人,其他债务人均因此免责。汇票经承兑后,承兑人成为有付款义务的人,但其他汇票债务人并不免责,仍需各负其责。

(2) 行使权利的限制不同。首先支票经保付后,持票人不受提示期限的约束,过期后仍可请求付款。汇票承兑后,持票人还需按期为付款提示,否则将丧失对前手的追索权。其次支票付款人若拒绝保付,持票人不能因此行使追索权;若付款人保付后不付款,持票人也不能行使追索权,只能另寻解决办法。汇票承兑人若拒绝承兑,持票人可进行期前追索,若承兑后不付款,持票人也可向其前手行使追索权。

第四节 空 头 支 票

一、空头支票的概念

空头支票是出票人签发的支票金额超过付款人处实有存款金额,或出票人在付款人处根本无可供处分的资金,又未与之订立信用透支契约,而擅自发行不能获得付款的支票。空头支票一词源于社会上人们的习惯用语,现逐渐被各国在立法或司法中使用。签发空头支票是套取银行信用、破坏金融秩序、损害持票人合法权益的一种违法行为。对此,各国和有关地区的立法均非常重视,从不同的角度对其予以定性,并加以制裁,以加强票据的管理,维护付款人和持票人的合法权益。

二、滥发空头支票的责任

各国和有关地区对滥发空头支票均规定了一定的制约措施,强调签发空头支票者必须承担相应的法律责任,但具体应承担何种法律责任,各国和有关地区规定不尽相同,主要有以下三种处罚方法:[①]

(一) 承担民事责任

采用这种处罚方法的国家认为,没有资金而签发支票属于个人

---

① 王小能:《票据法教程》,北京大学出版社1994年版,第436—437页。

行为,并不损害公共利益,持票人可向出票人行使追索权,并在造成损失时采用民事损害赔偿办法即可救济,而无须采用行政或刑事制裁。如《瑞士债务法》第1103条第3款规定,发行支票者,对于付款人指示无权处分的金额时,对于持票人除所致之损失外,应赔偿其指示未得偿付额之5%。

(二) 承担行政责任

采用这种处罚方法的国家认为,滥发空头支票是违反票据管理的违法行为,但未损害国家和公共利益,因此应处以行政上的罚款,不宜给予刑事制裁,如《日本支票法》第71条规定,支票的出票人签发空头支票,处5000日元以下的罚款。

(三) 承担刑事责任

实行这种处罚的国家认为,出票人签发空头支票后,使持票人不能获得付款,此种违法行为纵使未构成刑法上的诈欺故意,亦属民事上的欺诈,造成损失后承担民事责任理所当然,更何况这种行为还扰乱金融秩序,结果不堪设想。因此,出票人除承担民事责任外,还应承担刑事责任。我国台湾地区"票据法"曾有如此规定。其1977年对"票据法"修正时规定处以3年有期徒刑,且采取一票一罚主义。但由于不少学者认为在商事法中充斥刑罚规定,不合乎法理。因此在1989年12月31日后该刑事责任不再运用。应指出的是,对支票不获付款本身不予以刑事处罚,并不排除刑法上诈欺罪的适用,多数国家和地区的立法均规定,签发空头支票以骗取钱财的,可按刑法上诈欺罪论处。[①]

我国对于签发空头支票的做法也一贯予以禁止,但以往采用的处罚措施,主要是给予低额的罚款,如1977年我国的有关规定中,仅强调给予签发空头支票者处以票面金额1%的罚款。1989年中国人民银行颁发的《银行结算办法》对此的处罚稍有加重,对签发空头支票者银行除退票外,还要按票面金额处以5%但不低于50元的罚款。对屡次签发空头支票者,银行根据情节轻重给予警告、通报批评,直到停止其向收款人签发支票。目前适用的《支付结算办法》第

[①] 戴铨隆、凌相权:《台湾商事法论》,武汉大学出版社1992年版,第205—206页。

125条规定,出票人签发空头支票,银行应对其进行按票面金额处以5%但不低于1000元的罚款;持票人有权要求出票人赔偿支票金额2%的赔偿金。对屡次签发的,银行应停止其签发支票。可见,对签发空头支票的处罚越来越严。此外,我国《票据法》在借鉴了各国和有关地区的规定后,对签发空头支票骗取他人财物的行为,在适用民事、行政责任外也规定应追究刑事责任。

思考题

1. 简述支票的法律特征。
2. 简述保付支票的效力。
3. 试述我国《票据法》上的支票种类和基本款式。

后 记

本教材的分工如下：王跃龙撰写"序论"即第一、第二章；傅鼎生撰写"总论"即第三至第十章；张驰撰写"分论"即第十一至第十三章。本教材由中国人民大学教授王利明、中国政法大学教授张俊浩、中国政法大学教授柳经纬审定。

全国高等教育自学考试法律专业

票据法自学考试大纲

（含考核目标）

全国高等教育自学考试指导委员会制定

出 版 前 言

　　为了适应社会主义现代化建设事业对培养人才的需要,我国在20世纪80年代初建立了高等教育自学考试制度。高等教育自学考试是个人自学、社会助学和国家考试相结合的一种高等教育形式,是我国高等教育体系的重要组成部分。实行高等教育自学考试制度,是落实宪法规定的"鼓励自学成才"的重要措施,是提高中华民族思想道德和科学文化素质的需要,也是培养和选拔人才的一种途径。自学考试应考者通过规定的专业课程考试并经思想品德鉴定达到毕业要求的,可以获得毕业证书,国家承认学历,并按照规定享有与普通高等学校毕业生同等的有关待遇。经过二十多年的发展,高等教育自学考试已成为我国高等教育基本制度之一,为国家培养造就了大批专门人才。

　　高等教育自学考试是标准参照性考试。为科学、合理地制定高等教育自学考试的考试标准,提高教育质量,全国高等教育自学考试指导委员会(以下简称"全国考委")按照国务院发布的《高等教育自学考试暂行条例》的规定,组织各方面的专家,根据自学考试发展的实际情况,对高等教育自学考试专业设置进行了研究,逐步调整、统一了专业设置标准,并陆续制订了相应的专业考试计划。在此基础上,全国考委各专业委员会按照专业考试计划的要求,从培养和选拔人才的需要出发,组织编写了相应专业的课程自学考试大纲,进一步规定了课程学习和考试的内容与范围,使考试标准更加规范、具体和明确,以利于社会助学和个人自学。

　　近年来,为更好地贯彻党的十六大和全国考委五届二次会议精神,适应经济社会发展的需要,反映自学考试专业建设和学科内容的发展变化,全国考委各专业委员会按照全国考委的要求,陆续进行了相应专业的课程自学考试大纲的修订或重编工作。全国考委法学类专业委员会参照全日制普通高等学校相关课程的教学基本要求,结合自学考试法律专业考试工作的实践,组织编写了新的《票据法自学考试大纲》,现经教育部批准,颁发施行。

《票据法自学考试大纲》是该课程编写教材和自学辅导书的依据,也是个人自学、社会助学和国家考试的依据,各地教育部门、考试机构应认真贯彻执行。

全国高等教育自学考试
指导委员会
2005 年 7 月

I 本课程的性质与设置目的

票据法课程是全国高等教育自学考试法律专业的选修课之一。

票据法学是一门关于阐述和研究票据,以及票据制度的学科。它以票据签发、背书、承兑、参加承兑、保证、付款、参加付款、追索等运作技术和运作规律为研究对象。通过对票据交易活动的研究,揭示票据本质和票据交易活动的规律。本学科通过对票据运作实践、交易习惯、运作规则进行理性分析,并抽象概括,上升为票据法原理,以指导票据活动的实践,并形成科学、健全、完善的法律制度,作为票据活动的行为规范,将票据交易纳入法制轨道。

票据具有信用功能、汇兑功能、支付功能、融资功能、抵销功能等,是市场经济条件下不可或缺的商业信用工具,因此,各国法律无不将票据关系作为调整对象。调整票据关系的法律是商法的组成部分。票据法无论被归置于商法典或民法典中,还是作为一个独立的法律部门出现,其在商法中的地位是显而易见的。本课程阐述了票据法的基本理论和票据法律制度的基础知识,设置本课程,进行票据法的知识和理论的教育有助于使法学专业的学生具备完善的商法学理论。本课程是基础性课程,学习本课程对于奠定扎实的法学基础知识具有积极意义。

学习本课程的基本要求是:了解和认识票据和票据法的基本知识和基本理论;认识和掌握票据制度和票据运作的一般规则,诸如,票据关系、票据权利、票据行为、票据抗辩、票据时效、票据丧失的救济等,及其相关理论;认识和掌握汇票、本票、支票的签发、背书、付款,汇票、本票的保证,汇票的承兑,票据追索权的行使等运作技术与原理。

票据法为私法。在民商合一的国家中,票据法是民法的特别法,或者是民法的组成部分,票据法中的制度由民法原理解释。票据关系虽由票据法调整,但是票据法没有规定的,回归民法调整。票据法属于商法的组成部分,票据法的特点和基本原则是商法的特点和基本原则的具体体现。票据规则属于商事规则。票据法还涉及程序问题,尤其是票据丧失救济制度中的公示催告制度更是民事诉讼制度之一。因此,学习本课程应当具备宪法学、法理学、民法学、商法学、民事诉讼法学的基础知识和基本理论。

本课程的基本要求是:

牢记本课程中的基本概念,理解与熟记其内涵。例如,理解票据的含义与特征,汇票、本票、支票的概念与特征等。牢记票据法的基本制度,诸如票据签发制度、背书制度、保证制度、承兑制度、付款制度,以及票据追索权制度、票据代理制度、票据复本与誊本制度、空白票据制度、票据伪造的认定、票据变造、更改、涂销制度、票据抗辩制度、票据丧失救济制度、票据时效制度、利益偿还请求权制度。理解并牢记每一项制度的内容、基本规则,明确每一项制度的立法依据与立法理由,掌握各制度间的内在关系,了解不同国家票据制度的区别,联系实际充分认识该制度的实际运作。全面掌握票据法学的基本理论,诸如票据的本质、票据法的基本原则、票据无因性理论、票据权利理论、票据行为理论等,能运用基本理论分析、研究、解决实际问题。掌握运用票据法基本制度和票据法学基本原理分析案件的技能。

本课程的重点是:票据的特征;票据关系;票据权利;票据行为;票据抗辩;汇票的签发、背书、承兑、保证、付款;本票的签发、见票、付款;支票的签发、付款;追索权的行使。

本学科的难点是:票据运作中具体的技术问题和票据制度理论依据的抽象思考。

本学科的疑点是:我国票据制度的无因性;我国票据制度的对价性;以单纯交付方式转让票据权利问题;参加承兑、参加付款问题;票据复本、誊本问题。

Ⅱ 课程内容与考核目标

第一编 序 论

第一章 票据概述

学习本章的目的和要求

通过本章学习,了解有价证券的基本概念,了解有价证券的种类,理解各类有价证券的基本含义;理解票据的基本概念和特征,了解票据学理上的分类与法律上的分类;通过对票据的沿革了解,深刻理解票据的性质,进而了解票据的功能,尤其是票据的信用功能。

课程内容

第一节 有价证券

有价证券的概念、有价证券的分类。

第二节 票据的概念与特征

票据的概念、票据的特征。

第三节　票据的种类

票据学理上的分类、票据法律上的分类。

第四节　票据的沿革

欧洲票据之沿革、我国票据之沿革。

第五节　票据的性质和功能

票据的性质、票据的功能。

考核知识点

有价证券的概念、分类；票据的概念、特征；票据学理上的分类、法律上的分类；票据的性质、功能。

考核要求

1. 有价证券的概念、有价证券的分类

识记：有价证券的含义及特征；债权证券、物权证券、证权证券、设权证券、完全证券、不完全证券、有因证券、无因证券、记名证券、无记名证券、流通证券与非流通证券、金钱证券与非金钱证券的含义。

2. 票据的概念、票据的特征

领会：票据的概念、票据的特征。

3. 票据学理上的分类、票据法律上的分类

（1）识记：预约证券、委托证券、信用证券、支付证券、远期票据、即期票据。

（2）领会：汇票、本票、支票的划分。

（3）综合应用：参见第十二章第一节之考核要求中"本票与汇票的区别"、第十三章第一节之考核要求中"支票与本票、汇票的区别"。

4．票据的性质、票据的功能

（1）领会：票据汇兑功能、融资功能。

（2）简单应用：支付功能、信用功能。

（3）综合应用：票据的性质。

第二章 票据法概述

学习本章的目的和要求

通过本章学习,了解票据法的调整对象,理解票据法的基本概念,掌握票据法的基本特征;熟练掌握票据法各项基本原则的含义、理由、在制度层面上的体现;了解票据法的立法体例、各票据法系的特点和票据法的统一运动。

课程内容

第一节 票据法的概念和特征

票据法的调整对象、票据法的概念和特征。

第二节 票据法的基本原则

票据交易迅捷原则、票据交易确定原则、票据交易安全原则、票据交易公平原则。

第三节 票据法的法系、体例结构、统一运动

票据法的法国、英国、德国法系,票据法的体例结构,票据法的国际统一运动。

考核知识点

票据法的调整对象、概念和特征;票据交易迅捷原则、票据交易确定原则、票据交易安全原则、票据交易公平原则;票据法的法国、英国、德国法系,体例结构,国际统一运动。

考核要求

1. 票据法的调整对象、票据法的概念、票据法的特征
(1) 识记:票据法的调整对象。
(2) 领会:票据法的概念、票据法的特征。
2. 票据法的基本原则
(1) 识记:票据交易迅捷原则、票据交易确定原则、票据交易安全原则、票据交易公平原则的含义与内容。
(2) 领会:票据交易迅捷原则、票据交易确定原则、票据交易安全原则、票据交易公平原则的确立依据和具体表现。
(3) 简单应用:票据交易公平原则。
(4) 综合应用:票据交易迅捷原则、票据交易确定原则、票据交易安全原则。
3. 票据法的法国、英国、德国法系,票据法的体例结构,票据法的国际统一运动
(1) 识记:法国、英国、德国法系的基本特点;票据法的统一运动。
(2) 领会:票据法与民法、商法的关系;汇票、本票、支票规定于一部法律抑或两部法律之中的问题。
(3) 简单应用:票据法的体例结构、章节的设置以及相关的立法技术。

第二编 总 论

第三章 票据上的法律关系

学习本章的目的和要求

通过本章学习,理解票据关系的概念特征,了解票据关系的种类;掌握各种票据关系的主体、各个票据关系当事人享有的权利和承担的义务;理解票据法上非票据关系的概念和特征,了解票据法上非票据关系的种类和内容;理解民法上非票据关系的概念和特征,掌握民法上非票据关系的种类与内容;熟练掌握民法上非票据关系与票据关系的联系。

课程内容

第一节 票 据 关 系

票据关系的概念与特征、票据关系的种类和内容。

第二节 非票据关系

票据法上的非票据关系的概念与特征、票据法上非票据关系的种类与内容、民法上非票据关系的概念和特征、民法上非票据关系的

种类与内容

考核知识点

票据关系的概念和特征,商业汇票发行、背书、承兑、保证关系的主体与内容,本票发行、背书、保证关系的主体与内容,支票发行、背书关系的主体与内容;票据法上非票据关系的概念和特征,民法上非票据关系的概念、特征,各种民法上非票据关系(票据原因关系、票据预约关系、票据资金关系)的内容及其与票据关系的联系。

考核要求

1. 票据关系的概念和特征,商业汇票发行、背书、承兑、保证关系的主体与内容;本票发行、背书、保证关系的主体与内容;支票发行、背书关系的主体与内容

(1) 领会:票据关系的概念、票据关系的特征。

(2) 简单应用:商业汇票的发行关系、背书关系、承兑关系、保证关系的主体与内容;本票的发行关系、背书关系、保证关系的主体与内容;支票发行关系、背书关系的主体与内容。

2. 票据法上非票据关系的概念和特征、民法上非票据关系的概念和特征、各种民法上非票据关系(票据原因关系、票据预约关系、票据资金关系)的内容及其与票据关系的联系

(1) 识记:票据法上非票据关系的概念与特征。

(2) 领会:民法上非票据关系的概念与特征。

(3) 简单应用:票据原因关系、票据预约关系、票据资金关系的内容。

(4) 综合应用:票据关系与民法上的非票据关系的联系。

第四章 票据权利

> **学习本章的目的和要求**

通过本章学习,理解票据权利的概念特征,理解票据权利的分类;熟练掌握票据权利的内容、票据权利的行使与保全;掌握票据权利取得的原因,了解票据权利取得的分类;掌握票据权利取得的限制。

> **课程内容**

第一节 票据权利概述

票据权利的概念与特征、票据权利的分类、票据权利的内容。

第二节 票据权利的取得与消灭

票据权利的取得事由、票据权利取得的分类、票据权利取得的限制、票据权利的消灭。

第三节 票据权利的行使与保全

票据权利的行使、票据权利的保全。

考核知识点

票据权利的概念与特征、票据的主权利与从权利、票据的先序权利与后序权利、票据权利的内容、票据权利的取得事由、票据权利取得的限制、票据权利的消灭、票据权利的行使方式、票据权利的保全。

考核要求

1. 票据权利的概念与特征、票据的主权利与从权利、票据的先序权利与后序权利、票据权利的内容

（1）识记：票据权利的概念、票据权利的特征、票据的主权利与从权利、票据的先序权利与后序权利。

（2）领会：提示付款的性质、提示承兑的性质、追索权的性质。

2. 票据权利的取得事由、票据权利取得的限制、票据权利的消灭

（1）识记：取得票据权利的各种票据行为、取得票据权利的其他法律事实、引起票据权利消灭的各种法律事实。

（2）领会：单纯交付。

（3）简单应用：限制票据权利取得的两种情形。

（4）综合应用：我国《票据法》第10条第2款及第11条关于无对价取得票据之法律后果上的差异。

3. 票据权利的行使方式、票据权利的保全

（1）识记：票据权利保全的概念。

（2）领会：票据权利行使的方式、票据权利保全的方式。

（3）简单应用：我国《票据法》关于未保全票据权利所产生的后果。

第五章 票据行为

学习本章的目的和要求

通过本章学习,理解票据行为的概念和特征,了解票据行为的分类,掌握票据行为的性质;熟练掌握票据行为的有效条件,了解我国《民法通则》、《合同法》关于民事法律行为无效、撤销规则在票据行为中的适用;熟练掌握票据行为的解释原则;掌握票据代理制度、空白票据制度;了解票据的粘单。

课程内容

第一节 票据行为的概念与特征

票据行为的概念,票据行为的特征。

第二节 票据行为的性质和种类

票据行为的性质,票据行为在法律上的分类及在学理上的分类。

第三节 票据行为的有效条件

票据行为的有效条件,我国《民法通则》、《合同法》关于民事法律行为无效、撤销规则在票据行为中的适用。

第四节　票据行为的解释

票据行为外观解释原则、文义解释原则、有效解释原则。

第五节　票据代理

票据代理的概念、票据行为代理的要件、票据行为的无权代理。

第六节　空白授权票据

空白票据的概念与特征、空白票据的成立要件、空白票据的效力。

第七节　票据的粘单

票据粘单的概念、票据粘单的要件、票据粘单的效力。

考核知识点

票据行为的概念与特征，我国票据行为的性质、分类、有效条件；我国《民法通则》、《合同法》关于民事法律行为无效、撤销规则在票据行为中的适用；票据行为的解释；票据代理的概念与要件、票据行为的无权代理；空白授权票据的概念、特征、成立要件、效力；票据粘单的概念、要件、效力。

考核要求

1. 票据行为的概念与特征
领会：票据行为的概念与特征。

2. 我国票据行为的性质、票据行为分类

(1) 识记:"出票、背书、承兑、保证"这一法律上的分类。

(2) 领会:"票据行为与附属票据行为"这一学理上的分类。

(3) 综合应用:我国票据行为的性质。

3. 票据行为的有效条件,我国《民法通则》、《合同法》关于民事法律行为无效、撤销规则在票据行为中的适用

(1) 识记:无民事行为能力的人及限制民事行为能力的人实施的票据行为的效力。

(2) 领会:票据行为的形式不符合法律规定的效力。

(3) 简单应用:因受欺诈、胁迫或因重大误解进行票据行为的效力。

(4) 综合应用:票据行为的有效条件。

4. 票据行为的解释

综合应用:票据行为的外观解释原则、文义解释原则、有效解释原则。

5. 票据代理的概念、票据代理的要件、票据行为的无权代理

(1) 领会:票据代理的概念。

(2) 简单应用:票据代理的要件、票据行为的无权代理。

6. 空白授权票据的概念与特征、空白授权票据的成立要件、空白授权票据的效力

(1) 领会:空白授权票据的概念与特征。

(2) 简单应用:空白授权票据的成立要件。

(3) 综合应用:空白授权票据的效力。

7. 票据粘单的概念、票据粘单的要件与效力

(1) 识记:票据粘单的概念。

(2) 领会:票据粘单的要件与效力。

第六章 票据的伪造与变造

学习本章的目的和要求

通过本章学习,理解票据伪造的概念,了解票据伪造的形态,掌握票据伪造的构成要件,理解票据伪造的后果;理解票据变造的概念和特征,掌握票据变造的构成要件,理解票据变造的法律后果。

课程内容

第一节 票据的伪造

票据伪造的概念、票据伪造的构成要件、票据伪造的后果。

第二节 票据的变造

票据变造的概念、票据变造的构成要件和效力。

考核知识点

票据伪造的概念、形态和构成要件;我国《票据法》关于票据伪造行为对于被伪造人、伪造人以及真正签名人的效力;票据变造的概念、特征和构成要件;我国《票据法》第14条关于票据变造的效力。

考核要求

1. 票据伪造的概念、形态和构成要件;我国《票据法》关于票据伪造行为对于被伪造人、伪造人以及真正签名人的效力

(1) 识记:票据伪造的形态。

(2) 领会:票据伪造的概念。

(3) 简单应用:票据伪造的构成要件。

(4) 综合应用:我国《票据法》关于票据伪造行为对于被伪造人的效力、对于伪造人的效力、对于真正签名人的效力。

2. 票据变造的概念、特征和构成要件;我国《票据法》第14条关于票据变造的效力

(1) 领会:票据变造的概念和特征。

(2) 简单应用:票据变造的构成要件。

(4) 综合应用:我国《票据法》第14条关于票据变造的效力、票据伪造与票据变造的区别。

第七章 票据的更改与涂销

学习本章的目的和要求

通过本章学习,理解票据更改概念,掌握票据更改的成立要件;了解票据更改的程序,理解票据更改的效力;理解票据涂销的含义;掌握票据权利人故意涂销、票据权利人无意涂销和非权利人涂销的不同法律后果。

课程内容

第一节 票据的更改

票据更改的概念和成立要件、票据更改的程序和效力。

第二节 票据的涂销

票据涂销的含义、涂销的后果。

考核知识点

票据更改的概念和成立条件、票据更改的程序和效力、票据涂销的含义、票据权利人故意涂销票据的构成要件和效力、票据权利人无意涂销票据的后果、非票据权利人涂销票据的后果。

考核要求

1. 票据更改的概念和成立条件、票据更改的程序和效力

（1）识记：票据更改的程序。

（2）领会：票据更改的概念。

（3）简单应用：票据更改的成立条件和效力。

2. 票据涂销的含义、票据权利人故意涂销票据的构成要件和效力、票据权利人无意涂销票据的后果、非票据权利人涂销票据的后果

（1）领会：票据涂销的含义。

（2）简单应用：票据权利人故意涂销票据的构成要件和效力、票据权利人无意涂销票据的后果、非票据权利人涂销票据的后果。

（3）综合应用：票据伪造与票据更改的区别、票据变造与票据更改的区别。

第八章 票据抗辩

> 学习本章的目的和要求

通过本章学习,理解票据抗辩的概念,了解票据抗辩的种类,理解票据抗辩分类的意义;熟练掌握票据抗辩限制制度,理解票据抗辩限制的例外情形;掌握票据抗辩的范围。

> 课程内容

第一节 票据抗辩的概述

票据抗辩的概念、票据抗辩的种类。

第二节 票据抗辩的限制

票据抗辩限制的立法、票据抗辩的限制、票据抗辩限制的例外。

第三节 票据抗辩的范围

票据抗辩范围之规则、票据抗辩之事由。

考核知识点

票据抗辩的概念和种类、票据抗辩的两种限制(即,票据债务人不得以自己与出票人之间的抗辩事由,对抗持票人;票据债务人不得以自己与持票人的前手之间的抗辩事由,对抗持票人)、票据抗辩限制的例外情形、票据抗辩的事由。

考核要求

1. 票据抗辩的概念、票据抗辩的种类
(1) 识记:票据抗辩的概念。
(2) 领会:阻却的抗辩与灭却的抗辩的分类、权利否定之抗辩与拒绝履行义务之抗辩的分类。
(3) 简单应用:绝对抗辩与相对抗辩的分类。
2. 票据抗辩的两种限制(即,票据债务人不得以自己与出票人之间的抗辩事由,对抗持票人;票据债务人不得以自己与持票人的前手之间的抗辩事由,对抗持票人)、票据抗辩限制的例外情形
(1) 简单应用:票据抗辩限制的例外情形。
(2) 综合应用:票据抗辩的两种限制(即,票据债务人不得以自己与出票人之间的抗辩事由,对抗持票人;票据债务人不得以自己与持票人的前手之间的抗辩事由,对抗持票人)。
3. 票据抗辩的事由
(1) 简单应用:绝对抗辩的各项事由。
(2) 综合应用:相对抗辩的各项事由。

第九章　票据的丧失

学习本章的目的和要求

通过本章学习,理解票据丧失的概念;了解票据丧失救济的各国立法制度;掌握挂失止付的制度,熟练掌握公示催告制度;掌握在提供担保的前提下请求出票人签发新的票据、在提供担保的情形下请求票据债务人履行票据债务的票据丧失后的救济措施。

课程内容

第一节　票据丧失的概述

票据的丧失的概念、票据丧失救济之立法例。

第二节　我国票据丧失之救济

公示催告、请求出票人签发票据或请求票据债务人承担票据责任。

考核知识点

票据丧失的概念、我国票据丧失救济制度(挂失支付、公示催告、请求出票人签发票据或请求票据债务人承担票据责任)。

考核要求

1. 票据丧失的概念

识记:票据丧失的概念。

2. 我国票据丧失救济制度

(1) 识记:挂失止付的概念。

(2) 领会:止付请求人及可以挂失止付票据的范围、止付通知的对象。

(3) 简单应用:挂失止付的程序和效力

(4) 综合应用:票据丧失后公示催告的救济制度、在提供担保前提下请求出票人签发票据或请求票据债务人承担票据责任的救济制度。

第十章　票据时效与票据利益偿还请求权

> 学习本章的目的和要求

通过本章学习,理解票据时效的概念,掌握各种票据时效的期间及其计算;理解票据利益偿还请求权的概念,掌握利益偿还请求权主体范围、被请求的对象范围;熟练掌握利益偿还请求权的成立条件;了解利益偿还请求权的内容;掌握利益偿还请求权的行使方法;了解利益偿还之债务的履行地。

> 课程内容

第一节　票　据　时　效

票据时效的概念、票据时效期间、民法规定的回归适用。

第二节　票据利益偿还请求权

利益偿还请求权的概念、利益偿还请求权的要件、利益偿还请求权的效力。

考核知识点

票据时效的概念、期间和计算;利益偿还请求权的概念、要件和效力。

考核要求

1. 票据时效的概念、我国票据时效期间及其计算
(1) 领会:票据时效的概念。
(2) 简单应用:我国各种票据时效期间及其计算。
2. 利益偿还请求权的概念、利益偿还请求权的要件、利益偿还请求权的效力
(1) 识记:利益偿还请求权的概念。
(2) 领会:利益偿还请求权的要件。
(3) 简单应用:利益偿还请求权的效力。

第三编 分 论

第十一章 汇 票

学习本章的目的和要求

通过本章学习,了解汇票的概念、特征,理解汇票的分类;理解出票的概念,掌握汇票的款式,熟练掌握我国商业汇票的出票程序和效力;理解背书的概念、性质、种类,掌握我国汇票背书的款式、效力(一般和特殊转让背书的效力,以及非转让背书效力);理解承兑的概念和性质,掌握我国汇票承兑的程序、款式、效力;理解票据保证的概念和特征、票据保证与民法保证的异同、票据保证的种类,掌握我国票据保证的款式、效力;理解到期日的概念和种类,掌握我国票据制度关于到期日的确定和计算;理解付款的概念和种类,掌握我国汇票付款的程序、效力;理解追索权的概念和种类,掌握我国票据法关于追索权制度的相关规定;了解复本、誊本制度。

课程内容

第一节 汇票的概念和种类

汇票的概念、汇票的种类。

第二节 出　　票

出票的概念、汇票的款式、我国汇票的出票程序和票据样式、出票的效力。

第三节 背　　书

背书的概念和性质、背书的种类、背书的款式、背书的效力。

第四节 承　　兑

承兑的概念和性质、承兑的种类、承兑的程序、承兑的款式、承兑的效力、参加承兑。

第五节 票 据 保 证

票据保证的概述、票据保证的种类、票据保证的款式、票据保证的效力。

第六节 到　期　日

到期日的概念和种类、到期日的确定和计算。

第七节 付　　款

付款的概念和种类、付款的程序、付款的效力、参加付款。

第八节 追　索　权

追索权的概述、追索权的行使、追索权的效力、回头汇票的签发、追索权的丧失。

第九节 复本和誊本

票据的复本、票据的誊本。

考核知识点

汇票概念、特征、种类；出票的概念、我国汇票的款式、我国商业汇票的出票程序和效力；背书概念、性质、种类；我国汇票背书的款式、效力（一般和特殊转让背书的效力，以及非转让背书效力）；承兑的概念和性质，我国汇票承兑的程序、款式、效力；票据保证的概念和特征、票据保证与民法保证的异同、票据保证的种类、我国票据保证的款式及效力；到期日的概念和种类、我国票据制度关于到期日的确定和计算；付款的概念和种类、我国汇票付款程序及效力；追索权的概念和种类、我国票据法关于追索权制度的相关规定（追索权的主体和客体、行使要件、行使程序、效力，回头汇票的签发，追索权的丧失）；复本、誊本。

考核要求

1. 汇票概念、特征和种类
（1）识记：汇票概念和特征。
（2）领会：商业汇票与银行汇票的分类、商业承兑汇票与银行承兑汇票的分类、即期汇票与远期汇票的分类、一般汇票与变式汇票的分类。
2. 出票的概念、我国汇票的款式、我国商业汇票的出票程序和效力
（1）识记：出票的概念。

（2）领会：我国商业汇票的款式。

（3）简单应用：我国商业汇票的出票程序和效力。

（4）综合应用：汇票的出票对背书、承兑、付款和追索的影响。

3. 背书的概念和性质、种类，我国汇票背书的款式和效力

（1）识记：背书的概念。

（2）领会：背书的性质、种类。

（3）简单应用：我国票据制度关于禁止背书、期后背书、不获承兑不获付款后背书、回头背书、空白背书的效力。

（4）综合应用：我国票据权利转让背书、质押背书、委托取款背书的款式及效力。

4. 承兑的概念和性质，我国汇票承兑的程序、款式、效力

（1）识记：承兑的概念。

（2）领会：承兑的性质。

（3）简单应用：我国汇票承兑的程序、款式、效力。

（4）综合应用：汇票承兑对出票、付款和追索的影响。

5. 票据保证的概念、特征，票据保证与民法保证的异同，票据保证的种类，我国票据保证的款式和效力

（1）识记：票据保证的概念和特征。

（2）领会：票据保证与民法保证的异同、全部保证和部分保证的分类、单独保证和共同保证的分类。

（3）简单应用：我国票据保证的款式、效力。

（4）综合应用：票据保证与汇票出票、承兑、付款的关系。

6. 到期日的概念和种类、我国票据制度关于到期日的确定和计算

（1）领会：到期日的概念、到期日的种类。

（2）简单应用：我国票据制度关于到期日的确定和计算。

7. 汇票付款的概念、种类，我国汇票付款的程序、效力

（1）识记：付款的概念。

（2）领会：付款的种类。

（3）简单应用：我国汇票付款的程序、效力。

（4）综合应用：汇票付款与出票、承兑、背书和追索的关系。

8. 追索权的概念和种类、我国票据法关于追索权制度的相关规定(追索权的主体和客体、行使要件、行使程序、效力,回头汇票的签发,追索权的丧失)

(1) 识记:追索权的概念。

(2) 领会:期前追索与到期追索、最初追索与再追索。

(3) 简单应用:追索权的主体和客体、追索权的行使要件、追索权的行使程序、追索权的效力、回头汇票的签发、追索权的丧失。

(4) 综合应用:追索权与出票、承兑和背书的关系。

9. 复本、誊本

识记:复本的概念、誊本的概念。

第十二章 本 票

> **学习本章的目的和要求**

通过本章学习,了解本票的概念、特征,理解本票的分类;理解本票的出票概念;掌握我国本票关于出票人的限制、出票的款式和效力;掌握我国本票的见票与付款;了解本票的强制执行的含义。

> **课程内容**

第一节 本票的概述

本票的概念与特征、本票的种类。

第二节 本票的特殊规则

本票的出票、本票的背书、本票的见票、本票的付款。

第三节 本票的强制执行

本票强制执行的条件、本票强制执行的程序、许可强制执行的范围。

考核知识点

本票的概念、特征、种类；本票的出票概念，我国本票关于出票人的限制、出票的款式和效力；我国本票的见票与付款；本票的强制执行；我国本票出票、背书、保证、付款行为和追索权的行使的法律适用。

考核要求

1. 本票的概念、特征、种类
（1）识记：本票的概念和特征。
（2）领会：商业本票与银行本票的分类、即期本票与远期本票的分类。
2. 本票的出票、背书、见票和付款
（1）识记：本票出票的概念。我国本票出票、背书、保证、付款行为和追索权的行使的法律适用。
（2）领会：我国本票的见票。
（3）简单应用：我国本票关于出票人的限制、我国本票出票的款式和效力、我国本票的付款。
（4）综合应用：本票与汇票的区别。
3. 本票强制执行
识记：本票的强制执行含义

第十三章 支　　票

学习本章的目的和要求

通过本章学习,了解支票的基本概念和种类,理解支票的基本特征;掌握支票的特殊规则,了解划线支票、保付支票、空头支票的含义。

课程内容

第一节　支票的概述

支票的概念与特征、支票的种类。

第二节　支票的特殊规则

支票的出票、支票的背书、支票的付款、支票的追索权。

第三节　特 种 支 票

划线支票、保付支票。

第四节　空 头 支 票

空头支票的概念、滥发空头支票的责任。

考核知识点

支票的概念、特征、即期支票、远期支票、转账支票、现金支票;支票出票的概念、支票的出票限制和效力、我国支票出票的款式、我国支票的付款;我国支票的出票、背书、付款行为和追索权行使的法律适用;划线支票的概念、空头支票的概念。

考核要求

1. 支票的概念、特征、即期支票、远期支票、转账支票、现金支票
（1）识记:支票的概念、特征。
（2）领会:即期支票、远期支票、转账支票、现金支票。
2. 支票的出票、背书、付款和追索权
（1）识记:支票出票的概念、支票出票的限制。
（2）领会:我国支票的出票、背书、付款行为和追索权行使的法律适用。
（3）简单应用:我国支票出票的款式,支票出票的效力,我国支票的付款。
（4）综合应用:支票与本票、汇票的区别。
3. 划线支票、保付支票。
识记:划线支票的概念、保付支票的概念。
4. 空头支票
识记:空头支票的概念。

Ⅲ 有关说明与实施要求

为使本课程大纲的规定在个人学习、社会助学和考试命题中得到贯彻和落实,现对有关问题作如下说明,并提出实施要求。

一、本课程大纲的目的和作用

本课程大纲是根据法学专业自学考试计划的要求,结合自学考试的特点而确定。其目的是针对个人自学、社会助学和课程考试命题进行指导和规定。

本课程大纲明确了课程学习的内容以及深、广度,规定了自学考试的范围,是社会助学组织进行自学辅导的依据,是自学者学习教材、掌握课程内容知识范围和程度的依据,也是自学考试命题的依据。

二、本课程大纲与教材的关系

教材依据本课程大纲而编写,是学习掌握课程知识的基本内容与范围。教材的内容是大纲所规定的课程知识和内容的扩展与发挥。

三、自学教材与主要参考资料

学习教材:《票据法》,全国高等教育自学考试指导委员会组编,傅鼎生主编,北京大学出版社2007年版。

参考资料:1996年1月1日施行的《中华人民共和国票据法》;2000年11月21日施行的《最高人民法院关于审理票据纠纷案件若干问题的规定》;1997年10月10日施行的中国人民银行《票据管理实施办法》;1997年12月1日施行的中国人民银行《支付结算办法》。

四、自学要求

本课程大纲的各章中,列出了学习目的和要求,以明确课程学习的内容以及深广度。大纲各章规定了考核知识点与考核要求,以明确考试的范围。由于各知识点在各课程中的地位、作用以及知识自身的特点不同,学习目的与要求对各部分内容的掌握程度的要求由低到高按"了解";"理解";"掌握";"熟练掌握"依次分为四个层次。

本课程共3学分。

票据法实务性、技术性很强,学习票据法基本理论时必须与票据制作实践和运作实践相结合。票据凭证或票据凭证样张对于票据法原理的学习具有积极意义。

五、对社会助学的要求

按照大纲的目的、范围和要求全面指导学生学习本课程。在全面学习指导的基础上,重点辅导相关内容,使学生深刻领会本课程重点部分。抓住难点,进行深入分析和讲解。某些知识点虽非重点、难点,但未对此清楚理解,将会成为学习票据法进程中的障碍,对于这些关键点应当帮助学生掌握。

引导学生把握、理解每一个基本概念和基本制度,不能望文生义,应当认识概念的内涵。辅导学生理解每一项基本制度之形成的理论依据及立法理由。帮助学生将所有的票据制度融会贯通。

加强实际操作,向学生提供票据凭证或样张,以提高感性认识,帮助理解本课程的内容。

六、考核内容与考核目标

本课程中各章的内容均由若干知识点组成,在自学考试中作为考核知识点。本课程大纲中所规定的考试内容是以分解为考核知识点的方式给出的。由于各知识点在课程中的地位、作用以及知识自身的特点不同,自学考试将对各知识点分别按四个认知层次确定其考核要求。

四个认知层次由低到高依次是:识记;领会;简单应用;综合应用。

识记,是指正确认识知识点的含义,并能牢记与准确表达。如,准确表达概念的定义、制度的内容、事物(如相关法律事实)的成立要件、效力等。

领会,是指在识记基础上,全面掌握知识点所涉基本原理、事物(如相关制度)的性质、事物形成依据与理由、事物的联系与区别、事物的表现形式、事物的抽象与概括,并能清晰阐述。

简单运用,是指在领会的基础上,针对单一现象运用单一知识点所涉基本原理,分析并解决理论与实际问题。

综合运用,是指在简单运用的基础上,针对多种或复杂现象,运用多个知识点所涉基本原理,综合分析并解决理论与实际问题。

在考试之日起6个月前,由全国人民代表大会和国务院颁布或修订的相关法律、行政法规都列入本课程的考试范围。凡大纲、教材内容与现行法律、行政法规不符的,以现行法律、行政法规为准。

七、考试命题的要求

1. 本课程的考试方式为闭卷考试,考试时间150分钟。

2. 考试命题覆盖到章,并适当考虑课程重点、章节重点,加大重点内容的覆盖度。

3. 命题不应有超出大纲中考核知识点范围的题,考核目标不得高于大纲中所规定的相应的最高能力层次要求,命题应着重考核自学者对基本概念、基本知识和基本理论是否了解或掌握,对基本方法能否运用或熟练运用。不应出与基本要求不符的偏题或怪题。

4. 本课程在试卷中对不同能力层次要求分数比例大致为:识记占20%,领会占30%,简单应用占30%,综合应用占20%。

5. 要合理安排试题的难易程度,试题的难度可分为:易、较易、较难、难。每份试卷中不同难度的试题的分数比例一般为:2:3:3:2。

试题的难易程度与能力层次有一定的联系,但二者不是等同的概念。

6. 课程考试命题的主要题型有单项选择题、多项选择题、简答题、论述题、案例分析题。

题型见附录。

Ⅳ 题型示例

（一）**单项选择题**（在每小题列出的四个备选项中，只有一个是符合题目要求的，请将其代码填写在题后的括号内。错选、多选、未选均无分）

1. 依据我国《票据法》的规定，承兑附条件的，将发生如下法律后果　　　　　　　　　　　　　　　　　　　　　　[　　]
   A. 票据无效　　　　　　B. 承兑有效
   C. 拒绝承兑　　　　　　D. 承兑有效，条件无效

2. 依据我国《票据法》的规定，票据金额以中文大写和数码记载不一致的，其后果为　　　　　　　　　　　　　　[　　]
   A. 票据无效　　　　　　B. 按中文大写发生效力
   C. 按数码记载发生效力　D. 按金额大的发生效力

（二）**多项选择题**（在每小题列出的五个备选项中，至少有两个是符合题目要求的，请将其代码填写在题后的括号内。错选、多选、少选或未选均无分）

1. 依据我国《票据法》的规定，本票的签发除应当在票据上表明"本票"字样的，还必须记载下列事项　　　　　[　　]
   A. 无条件支付的承诺　　B. 确定金额
   C. 收款人名称　　　　　D. 出票日期
   E. 出票人签章

（三）简答题
1. 简述票据伪造与票据变造的区别。
2. 为什么票据行为不得附条件？

（四）论述题
1. 论票据的抗辩。

（五）案例分析题
某甲伪造某乙的签章向某丙签发票据一张，某丙将该票据背书

351

给某丁,以购买某丁的货物。某丁未向某丙履行买卖合同项下的货物交付义务,却向某乙、某丙行使票据权利。

请根据我国《票据法》的相关规定,回答如下问题。

问:1. 某丁是否对某甲、某乙、某丙享有票据权利?为什么?

2. 若某丁向某丙行使追索权,某丙能否抗辩?为什么?

后　　记

  本大纲的分工如下：王跃龙撰写"序论"即第一、第二章；傅鼎生撰写"总论"即第三至第十章；张驰撰写"分论"即第十一至第十三章。本大纲由中国人民大学教授王利明、中国政法大学教授张俊浩、中国政法大学教授柳经纬审定。